Die Buntbarsche der Alten Welt – Tanganjikasee –

Hans-Joachim Herrmann

Die Buntbarsche der Alten Welt

Tanganjikasee

2., verbesserte Auflage
161 Farbfotos
63 Schwarzweißfotos

E.U.
VERLAG
EUGEN
ULMER

Dieses Buch erschien in 1. Auflage
in der Edition Kernen
(Reimar Hobbing Verlag, Essen)

Umschlagbild: Hans-J. Herrmann.
Tropheus duboisi aus der
Umgebung von Maswa.

Bildnachweis:

Bjørneskov: Seite 107; Büscher: Seite 65 oben, 104; Eysel: Seite 188 unten; Kilian: Seite 233; Maßmann: Seite 105 oben; Melke: Seite 153; Schmelzer: Seite 89 Mitte, Schraml: Seite 88; Spreinat: Seite 56 oben; Staeck: Seite 44 oben, 69 Mitte, 85 oben rechts, 161 Mitte rechts, 162 oben links, 165 unten, 185 unten, 188 Mitte, 227 unten; Stawikowski: Seite 45 unten, 50 links, 52, 56 unten, 86, 89 oben, 108 Mitte, 128, 137 unten rechts, 189 oben, 220, 235; van den Nieuwenhuizen: Seite 227 oben; Zurlo: Seite 156 oben.
Alle übrigen Fotos: Verfasser. Zeichnungen: Seiler.

CIP-Titelaufnahme der Deutschen Bibliothek

Herrmann, Hans-Joachim:
Die Buntbarsche der Alten Welt: Tanganjikasee / Hans-Joachim Herrmann.
2., verb. Aufl. – Stuttgart : Ulmer, 1990
ISBN 3-8001-7940-7

Wollgrasweg 41, 7000 Stuttgart 70 (Hohenheim)
Printed in Germany
Lektorat: Ulrich Commerell
Herstellung: Thomas Eisele
Einbandgestaltung: A. Krugmann, Freiberg am Neckar
Satz: Typobauer Filmsatz GmbH
Druck und Bindung: F. Pustet, Regensburg

Inhalt

Vorwort

Sind Tanganjikacichliden Modefische? — Seit vielen Jahren schon gehören die Buntbarsche des Tanganjikasees zu den beliebtesten Aquarienfischen. Warum sind sie so begehrt? Ihre Körperfarben und Zeichnungsmuster können eigentlich nicht der Grund dafür sein, denn Buntbarsche aus anderen Regionen der Erde sind viel farbenprächtiger und führen oft nur ein „Schattendasein" in der Aquaristik. Man muß die Ursache also anderswo suchen: in der Vielgestaltigkeit und den vielfältigen Verhaltensweisen dieser Cichliden. Sie bieten dem Aquarianer eine reichhaltige Palette äußerst reizvoller Aquarienpfleglinge, die zudem — sieht man einmal von einigen Ausnahmen ab — keine unerfüllbaren Pflegeansprüche stellen.

Auch für die Wissenschaft sind die Tanganjikacichliden lohnenswerte Studienobjekte. Die zahlreichen Veröffentlichungen von vielen Ichthyologen — Max Poll ist nur einer von ihnen — zeigen dies. Aber auch die Publikationen der Aquarianer sind wertvoll und runden das Wissen über diese Buntbarsche ab. Jeder ernsthafte Cichlidenliebhaber kann wichtige Erkenntnisse sammeln und der Allgemeinheit zugänglich machen.

Das will auch dieses Buch, das ohne die Hilfe vieler Aquarianer in dieser Form nicht zustande gekommen wäre. All denen, die mich unterstützten, danke ich herzlich. An dieser Stelle sei Alfred Ufermann genannt, der mir schwer zugängliche wissenschaftliche Literatur zur Verfügung stellte. Auch Eric Schoop und Bernd Seiler leisteten wertvolle Arbeit. Ganz besonders danken möchte ich aber Rainer Stawikowski als Lektor und meiner Frau Katharina, die mir die mühsame Arbeit des Manuskriptschreibens abnahm.

Hamburg, im Frühjahr 1987

Urlaubsidylle an der Ndole Bay

Der Tanganjikasee im Wandel der Zeit

Schon lange Zeit, bevor die Aquarianer sich für die großen Seen Afrikas interessierten, zeichnete Claudius Ptolemäus, der um 140 n. Chr. in Alexandria lebte, sein Weltbild auf Papier. Für die Ägypter war der Nil immer ein Lebensspender, und so war der Naturwissenschaftler und Astronom Ptolemäus natürlich am Ursprung dieses Flusses interessiert. Nach Berichten von Reisenden zeichnete Ptolemäus drei große Seen im Herzen Afrikas als Quellen des Nils auf seiner Weltkarte ein. Einer dieser Seen war wohl der Tanasee in Äthiopien. Die beiden anderen Seen wurden durch die schneebedeckten Mondberge gespeist, bei denen es sich um das Ruwenzori-Massiv gehandelt haben konnte, das 5109 Meter hoch zwischen dem Edward- und dem Albertsee liegt.

Östlich des Ruwenzori, übrigens einer der wenigen Orte, an dem es noch Berggorillas gibt, liegt der Viktoriasee, der größte See Afrikas und gleichzeitig Sammelbecken des Viktorianils. Südlich des Ruwenzori liegt der Kivusee, und dann folgt, durch einen Fluß mit ihm verbunden, der Tanganjikasee.

Mitte des 19. Jahrhunderts galt der Tanganjikasee als einer der Quellseen des Nils. Das ging unter anderem auf den Offizier und Geographen Richard Burton zurück, nach dem übrigens die Burton-Bucht im Norden des Sees und der Cichlide Astatotilapia burtoni benannt wurden. Burton und ein gewisser John Henning Speke versuchten vom Indischen Ozean aus, landeinwärts zu den Quellen des Nils vorzudringen. Der erste Versuch scheiterte, und erst durch die Unterstützung der Englischen Königlichen Geographischen Gesellschaft gelang es Burton und Speke im Jahre 1858, die zentrale Ostküste des Tanganjikasees zu erreichen. Dort hörten die beiden Forscher von den Eingeborenen, daß es nördlich des Sees einen Fluß namens Rusisi gebe; niemand schien aber zu wissen, ob der Fluß in den See hinein oder aus dem See heraus floß. Speke vermutete, daß der Rusisi in den See fließt, wie es auch heute natürlich noch der Fall ist. Burton aber meinte, hier die Quelle des Nils entdeckt zu haben.

AUF DER SUCHE NACH DEN QUELLEN DES NIL

Auf dem Rückweg zur Ostküste Tansanias machte Speke allein einen Abstecher nach Norden und entdeckte den Viktoriasee. Erst 1862, bei einer zweiten Reise, standen Speke und Grant am Abfluß des Viktorianils. Auf der Rückreise trafen sie Samuel Baker und seine Frau Florence, die von Ägypten aus den Nil stromaufwärts gesegelt waren. Dieses Forscherehepaar entdeckte später den Albertsee. Speke kam bei einem Jagdunfall in England auf unerklärliche Weise ums Leben, und Burton begann erneut, den Tanganjikasee als die von ihm entdeckte Quelle des Nils zu bezeichnen.

Auch der große Afrikaforscher David Livingstone, der 1859 den Njassasee, heute Malawisee, entdeckte, war der Auffassung, der Tanganjikasee könnte der Ursprung des Nils sein. Livingstone erforschte Tansania, Malawi und Sambia. Er fand dabei den Bangweulusee und den Luapula sowie den Lualaba, zwei Flüsse, die später auf ihrem Weg nach Norden zum Zaire-River werden; vorher mündet aber noch der Lukuga, der einzige Abfluß des Tanganjikasees, in den Lualaba. Livingstone war seit vie-

Ein herrliches Fleckchen Erde: die Nkamba Bay in Sambia

len Jahren ohne Kontakt zu den Europäern, und so verbreitete sich das Gerücht, er sei verstorben. Ein junger Zeitungsreporter namens Henry Morton Stanley machte sich im Jahre 1871 von Bagamoyo auf den Weg, um Livingstone zu suchen. In Ujiji am Tanganjikasee traf Stanley am 10. November 1871 auf den mittlerweile kranken Livingstone. Die ersten Worte, die Stanley in britischer Manier herausbrachte, waren: „Dr. Livingstone, wenn ich nicht irre". Sie gingen damals um die Welt. Was muß in diesem Moment in den Herzen dieser beiden Männer vor sich gegangen sein? Nachdem sich Livingstone erholt hatte, segelten beide an das Nordende des Sees und überzeugten sich davon, daß der Rusisi in den See hineinfließt; somit war Burtons Vermutung widerlegt. Stanley kehrte nach Europa zurück. Livingstone starb 1873 im Alter von 60 Jahren in der Nähe des Bangweulusees. Seine treuen afrikanischen Freunde schnitten sein Herz aus seinem Körper und begruben es unter einem riesigen Affenbrotbaum. Seinen Leichnam transportierten die Eingeborenen einbalsamiert bis an die Küste des Indischen Ozeans. In Sambia gibt es heute noch eine Gedenkstätte für Livingstone, und auch andere afrikanische Länder ehren den großen weißen Afrikaforscher und Missionar.

Ein Mann namens Cameron, der ursprünglich aufgebrochen war, um Livingstone zu suchen, untersuchte den Tanganjikasee etwas genauer und entdeckte den Lukugafluß, der bei Kalemie, dem früheren Albertville, den Tanganjikasee entwässert. Cameron untersuchte den Lukuga flußabwärts und stellte die Verbindung zum Lualaba fest. Der floß nun nach Norden und konnte somit vielleicht doch ein Quellfluß des Nils sein. Erst Stanley brachte Klarheit über den Verlauf des Lualaba, und die Kartographen konnten ein weiteres weißes Gebiet auf ihren Karten farbig ausmalen. Auf sehr abenteuerliche Weise zog Stanley den Lualaba hinauf bis an den Atlantischen Ozean; aber das ist eine andere Geschichte.

Unter Wasser findet man am Strand der Ndole Bay zusammengebackene Sandsteinformationen

Besonders auf die großen Nilbarscharten haben es die Angler abgesehen

Nachdem nun der Wissensdurst der Geographen gestillt war, kamen die Zoologen und Botaniker, die die neu entdeckten Gebiete genau untersuchten. Hatten schon Speke und Grant einige brauchbare Sammlungen mitgebracht, so ist es vor allem J. E. S. Moore zu verdanken, daß der Tanganjikasee faunistisch genauer erforscht wurde. Ihm zu Ehren wurden dann später auch die Buntbarsche Tropheus moorii und Variabilichromis moorii benannt. Moore sammelte nicht weniger als 146 Fischarten, von denen immerhin 121 endemisch waren, das heißt nur im Tanganjikasee vorkommend. Auch wurden seinerzeit Süßwasserquallen und Mollusken entdeckt, die die Vermutung nahelegten, die Fauna des Tanganjikasees sei marinen Ursprungs. Inzwischen ist den Zoologen klar, daß der Tanganjikasee seine Fauna nicht aus dem Meer erhalten hat. Durch die Jahrtausende lange Isolation konnte sich eine eigenständige Fauna bilden.

ICHTHYOLOGEN ERFORSCHEN DEN TANGANJIKASEE

Es folgten viele Wissenschaftler, die Untersuchungen vor Ort anstellten; hier sind besonders Marlier, Leleup, Carpart und Max Poll zu nennen. Poll untersuchte zusammen mit anderen Wissenschaftlern während der Jahre 1946/47 systematisch den Tanganjikasee. Er entdeckte etliche neue Fischarten, die er später auch beschrieb. Sein wissenschaftliches Werk von 1956, „Exploration Hydrobiologique Du Lac Tanganika", zählt heute noch zu den umfangreichsten Standardwerken über die Fische des Tanganjikasees und bildet die Grundlage für alle nachfolgenden Bücher.

Aber nicht nur Forschungsreisende und Wissenschaftler waren in Ostafrika tätig. Daran erinnern auch viele Zeugnisse aus der deutschen Kolonialzeit. So gibt es zum Beispiel in Burundi noch ein deutsches Postmeisterhaus, das Anfang des 20. Jahrhunderts in Bujumbura am Tanganjikasee gebaut wurde. Auch ist das heutige Frachtpassagierschiff Liemba, das regelmäßig als Linienschiff auf dem Tanganjikasee fährt, noch ein Relikt aus alten Zeiten, ein Überbleibsel der deutschen Kriegsmarine. Als 1914 die Eisenbahn der Deutsch-Ostafrika-Linie von Daressalam bis Kigoma nach neunjähriger Bauzeit fertiggestellt wurde, stand Europa kurz vor dem ersten Weltkrieg. Als der beendet war, war es der damalige Oberst von Lettow-Vorbeck, der einige Tage nach dem Waffenstillstand in Europa in Abercorn kapitulierte. Abercorn ist heute als Mbala auf den Landkarten wiederzufinden. Es liegt in Sambia und ist nur 35 Kilometer von der Küste des Tanganjikasees entfernt.

Mittlerweile waren viele Cichlidenliebhaber am Tanganjikasee, der seinen Reiz immer noch nicht verloren hat, und ein reger Austausch von Informationen fand und findet nach wie vor statt. In Sambia ist sogar schon ein wenig Tourismus entstanden, was vor allem an der Aufgeschlossenheit der übrigens englisch sprechenden Sambianer liegt und an den drei Lodges, die sich direkt an die Ufer des Tanganjikasees schmiegen. Hier findet nicht nur der streßgeplagte Europäer Ruhe, sondern jeder Aquarianer einen idealen Ausgangspunkt, um Boote zu mieten, Tauchfahrten zu unternehmen und Unterwasserbeobachtungen zu machen.

Ein weiteres einfach zu erreichendes Ziel ist Burundi am Nordende des Sees. Auch hier gibt es Hotels und die Möglichkeit, Boote zu mieten, doch fehlt die ländliche Ruhe in der Stadt Bujumbura. Reisende tun hier gut daran, ein wenig Französisch zu lernen.

Das gilt auch für Zaire, das die gesamte Westküste des Tanganjikasees innehat. Nur ist dieser große Staat zur Zeit leider noch nicht in der Lage, seinen Besuchern die Infrastruktur zu bieten, die einen Aufenthalt möglich macht. Einfacher hat es der Reisende da schon in Tansania, dessen Staatssprache Englisch ist. Dort befinden sich Hotels in der kleinen Stadt Kigoma, und von diesem Ort aus ist es dann durchaus möglich, auf den See hinauszufahren. Für den gesamten Tourismus am Tanganjikasee gilt jetzt und wohl auch noch in nächster Zukunft, daß er noch in den „Kinderschuhen" steckt. Wer aber das „Individuelle" sucht, der wird sich schnell mit den fehlenden oder schlechten Straßen, den Versorgungsschwierigkeiten und anderen Unzulänglichkeiten abfinden.

Klimatisch die beste Reisezeit ist die große Trockenperiode in den Monaten Mai bis Oktober. Während in den ersten vier Monaten dieser Zeit die Nächte auf der südlichen Erdhalbkugel kühl und Tageshöchsttemperaturen von über 30° C selten sind, ist von September bis Oktober ein deutlicher Temperaturanstieg zu verzeichnen. Regentage gibt es kaum, und die Luftfeuchtigkeit liegt bei etwa 40 Prozent. Vermissen wird der Reisende das Grün der Bäume und Sträucher sowie die herrlichen Wolkenbildungen, wie sie zum Ende der Regenzeit häufig sind. Dafür kann man aber am See während der Trockenperiode auf Insektenschutzmittel fast völlig verzichten. Die Anopheles-Mücke, die die Malaria überträgt, trifft man so gut wie gar nicht an, und die Tsetsefliege, Überträgerin der Schlafkrankheit, kommt nur im Landesinnern häufiger vor. Von Blutegeln, die im Februar und März gelegentlich zur Plage werden, wird der Schnorchler in den afrikanischen Wintermonaten meist verschont, und vor Bilharziose braucht man das ganze Jahr über keine Angst zu haben.

WANN IST DIE BESTE REISEZEIT?

Im Juli und August können zeitweise kräftige Winde wehen, die den See erheblich aufwühlen, so daß neben der jahreszeitlich bedingten Algenblüte noch zusätzliche Trübstoffe im Wasser vorkommen, so daß man unter Umständen unter Wasser keine fünf Meter weit sehen kann. An den felsigen Küstenabschnitten ist aber meist dennoch mit recht guten Unterwassersichtverhältnissen zu rechnen, am Cape Chaitika etwa 15 Meter.

In den Monaten November bis März gibt es häufig Regenfälle; trotzdem liegt die Wassertemperatur mit rund 27° C um 3° höher als zur Trokkenperiode. Die Sonne kann dem Schnorchler jetzt übel mitspielen: Während dieser Jahreszeit das T-Shirt möglichst auch im Wasser anbehalten! Durch die Tagestemperaturen von über 30° C und die hohe Luftfeuchtigkeit kann eine solche Reise schnell zur Strapaze werden, besonders wenn abends verschiedene „blutdürstige" Fluginsekten aufkreuzen. Das Wasser aber ist in dieser Jahreszeit recht sauber, es sei denn, man hält sich in der Nähe von in den See einfließenden Flüssen auf. Sie tragen natürlich besonders während der Regenzeit große Mengen Sedimente mit sich.

Die große Angelsaison beginnt im Dezember. Dann haben die Petrijünger das Sagen. Sie fangen hauptsächlich die großen Lates-Arten (Nilbarsche). Aber auch Welse, Tigersalmler und Buntbarsche gehören zur Beute. Die begehrtesten Cichliden sind Boulengerochromis microlepis („Nkupi“), Oreochromis tanganicae, Lobochilotes labiatus, Cyphotilapia frontosa, aber auch die verschiedenen Bathybates-Arten.

Die Angler meiden es meist, in Ufernähe ins Wasser zu gehen, um ein kühlendes Bad zu nehmen. Das hat manchmal seinen berechtigten Grund: Eine Gefahr, mit der man im Tanganjikasee ständig rechnen sollte, sind die Krokodile. Diese Echsen halten sich hauptsächlich an versumpften Flachwasserzonen auf. Größere Exemplare durchstreifen aber auch schon einmal einen Geröllabschnitt. Die meisten Todesopfer durch wilde Tiere gehen auf das Konto der vielen Krokodile.

Die Flußpferde, auch „Hippos“ genannt, sind da als Vegetarier wesentlich angenehmer, obwohl man auch ihnen Respekt zollen muß. Flußpferde halten sich tagsüber im See auf und können einige Minuten lang unter Wasser bleiben. Gegen Mitternacht kommen sie heraus und stampfen dann grasend, wie an der Kasaba Bay Lodge, über den Rasen.

GEFAHREN BEIM TAUCHEN UND SCHNORCHELN

Gewöhnlich trifft der Reisende in Afrika selten auf Schlangen; das ändert sich jedoch, sobald man im See schnorchelt. Ich zählte schon einmal sieben Wasserkobras in einer einzigen Tauchstunde. Boulengerina annulata stormsi, wie ihr wissenschaftlicher Name lautet, besitzt wie alle Kobras ein tödliches Gift. Ein Serum gegen das Gift der Wasserkobra gibt es nicht! Dennoch braucht man nicht beunruhigt zu sein, da diese Schlange nicht beißlustig und aggressiv ist. Dem Schnorchler und Taucher begegnet sie neugierig und kommt sogar bis auf wenige Meter heran. Angst braucht man deshalb nicht zu haben; wichtig ist aber ein ruhiges und besonnenes Verhalten. Boulengerina annulata stormsi ernährt sich von Fischen, die die bis zu drei Meter lange Schlange meist im Fels- und Geröllitoral erbeutet.

Ebenfalls auf Fischfleisch haben es die hübschen Schreiseeadler abgesehen, die vor allem durch ihre weißen Federn an Kopf, Hals und Schwanz auffallen. Wer genau hinsieht, wird alle 500 bis 1000 Meter einen dieser stolzen Greifvögel entdecken; häufig ist dann in der Nähe auch sein Partner zu finden. Am Himmel kreisend, geben sie ständig ihre lauten Schreie von sich.

Reiher und Eisvögel gehören ebenso zum Bild des Tanganjikasees wie die vereinzelt vorkommenden Fischotter, die in den Fluten ihr neckisches Spiel treiben. Der nicht nur aquaristisch interessierte Besucher kann also eine ganze Reihe wildlebender Tiere am und im See beobachten. Das gilt vor allem für die Nationalparks, von denen zwei direkt am See liegen. Der Gombe Stream National Park, bekannt wegen seiner Schimpansen, liegt nördlich von Kigoma in Tansania. Der zweite Park befindet sich in Sambia; es ist der Sumbu National Park. Häufig kann man Springböcke, Zebras und gelegentlich auch Elefanten beim Saufen am See beobachten.

Wer mehr über diese Länder erfahren möchte, sollte sich bei den Touristikbüros oder bei den Botschaften erkundigen. Die Adressen finden Sie im Anhang dieses Buches.

Der Lukuga in Zaire ist der einzige Abfluß des Tanganjikasees

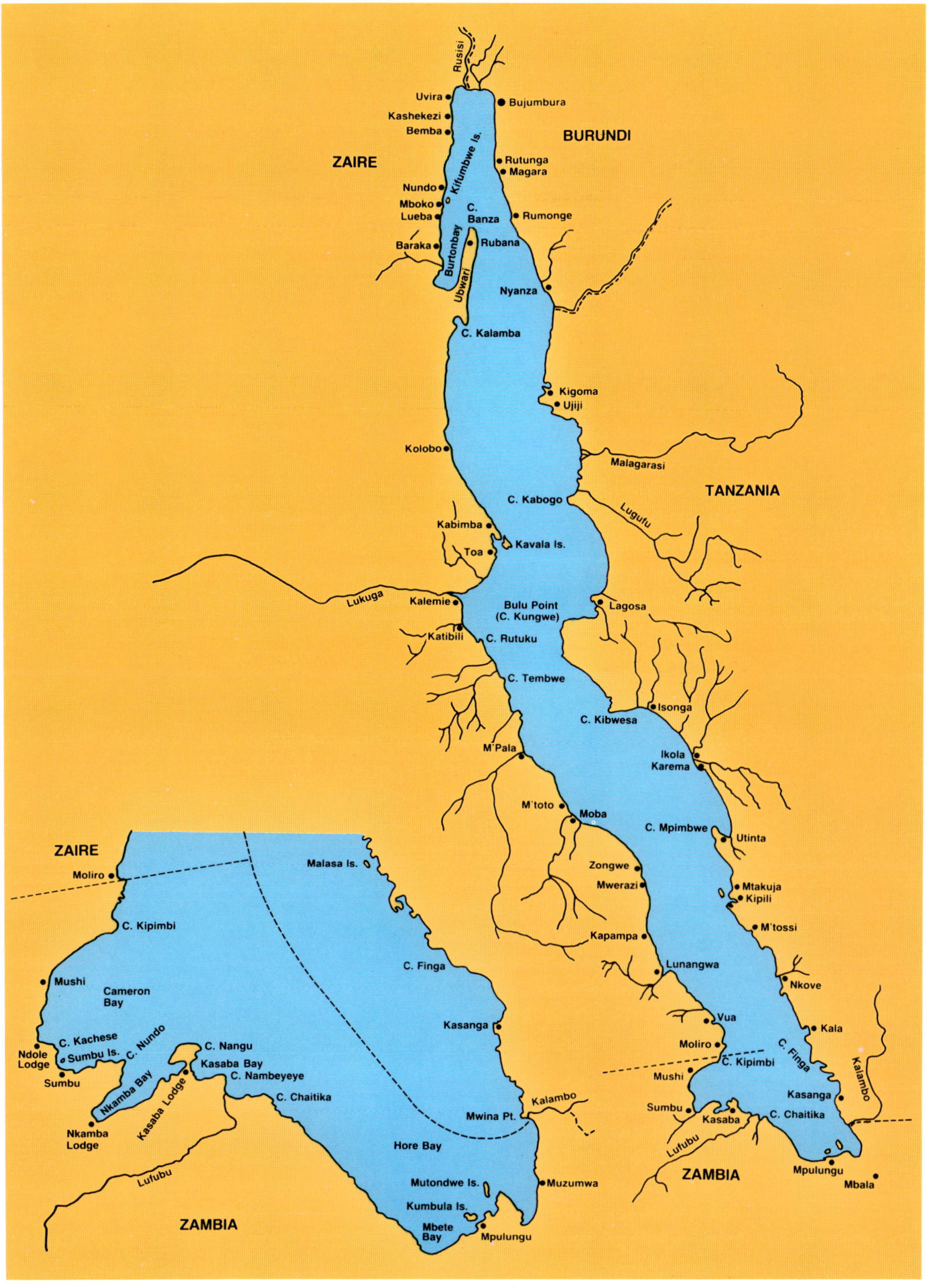

Ein wenig Geographie und Wasserchemie

Das Nordende des Tanganjikasees liegt ungefähr 380 Kilometer unter dem Äquator. Die Gesamtlänge des Sees beträgt 670 Kilometer, seine maximale Breite etwa 80 Kilometer. Um sich diese gewaltigen Maße vor Augen zu halten, stellen Sie sich doch einmal vor, Sie könnten von Hamburg aus München auf einem See mit dem Schiff erreichen.

Aber der Tanganjikasee hat noch weitere Superlative zu bieten. So ist er nach dem Baikalsee der zweittiefste Binnensee der Erde. Wie winzig würde da das Hamburger Wahrzeichen, der Michel, auf dem 1470 Meter tiefen Grund aussehen, zumal sich unter den Bergen um diesen See herum so manche Zweieinhalb-, ja sogar Dreitausender befinden! Und könnte das klare Süßwasser des Sees wie durch einen Badewannenabfluß herauslaufen, so würden 35 000 000 000 000 Kubikmeter Frischwasser den Weg ins Freie suchen. Die Stadt Hamburg verbraucht übrigens in einem Jahr ungefähr 143 000 000 Kubikmeter Wasser. Mit 773 Metern über dem Meeresspiegel gehört der Tanganjikasee schon zu den Bergseen; jedenfalls beginnt für die Sporttaucher das Bergseetauchen bei 700 Metern über dem Meeresspiegel!

IM ZENTRALAFRIKANISCHEN GRABENBRUCH LIEGT DER TANGANJIKASEE

Ganz nüchtern gesehen, handelt es sich bei diesem See um einen riesigen Graben, der voll Wasser gelaufen ist. Dieses Grabensystem wird auch „Zentralafrikanischer Grabenbruch" genannt. In ihm liegen von Norden nach Süden der Albertsee, der Edwardsee und der Kivusee, der in den darauffolgenden Tanganjikasee entwässert. Etwa auf Höhe der Stadt Kalemie, die in Zaire an der Westküste des Tanganjikasees liegt, teilt sich dieser Riß in der Erdkruste. Ein Teil endet südlich des Tanganjikasees, und der andere Bruch läuft direkt auf den Ostafrikanischen Graben zu und endet südlich des Malawisees.

Den Tanganjikasee selbst kann man unterteilen in den südlichen Abschnitt, der bis zu 1470 Meter tief ist, und den nördlichen, der mit knapp 1300 Metern nur unbedeutend flacher ist. Zustande kommt diese Nord-Süd-Abtrennung durch ein Unterwassergebirge, das etwa 600 Meter hoch ist und von Osten nach Westen verläuft. Als der See vor vielleicht zehn Millionen Jahren entstand, waren mit Sicherheit beide Teile voneinander isoliert. Erst im Laufe seiner Entwicklungsgeschichte füllte sich der See langsam bis auf den jetzigen Wasserstand auf. Interessant ist, daß es im Tanganjikasee von vielen Cichlidenarten eine nördliche und eine südliche Variante gibt. So sind zum Beispiel die nördlichen Tropheus-moorii-Rassen durch ihr Jugendkleid eindeutig von den südlichen zu unterscheiden.

Gibt es in den tropischen Meeren noch zahlreiches Leben in sehr großer Tiefe, so stellt man fest, daß im Tanganjikasee ab ungefähr 250 Meter Tiefe wahrscheinlich kein Leben mehr existiert. Das liegt an den ausgesprochen gleichmäßigen Temperaturen, die zwischen der Wasseroberfläche mit etwa 26°C bis in große Tiefen um nur etwa 3°C differieren. Dadurch können keine temperaturabhängigen Strömungen auftreten, und somit bleibt sauerstoffreiches Wasser nur in den obersten 200 bis 250 Metern, während unterhalb dieser fließenden Grenze kein Sauerstoff mehr vorhanden ist; und wo es keinen Sauerstoff gibt, da ist auch kein höheres

Leben zu erwarten. Zudem ist das Wasser in diesen Tiefen durch den vulkanischen Ursprung des Untergrundes stark schwefelhaltig.

Wenn man als Schnorchler das Wasser zum Strand hin verläßt, dann wird man feststellen, daß an den Flossen feuchter Sand klebt, dessen feine Körnchen sogar sehr fest an den Flossen haften. Nach dem Trocknen in der Sonne ist es äußerst schwierig, diesen Sand wieder abzubekommen. Geht man dagegen zum Beispiel in der Ostsee baden, so fällt trockener Sand meist von ganz allein wieder ab.

Interessant ist auch die Beobachtung, daß es in den untersuchten Sandlitoralen fast immer Steinplatten gibt. Sie sind jedoch ganz anders strukturiert als die Steine des Fels- und Geröllitorals: Während die nämlich außerordentlich hart und fest sind, bestehen die Steinplatten aus zusammenklebenden Sandkörnern und haben keine große Festigkeit. Geröll- und Felsgestein wirken „geschichtet", so daß man davon ausgehen kann, daß es sich um Sedimentgestein handelt.

Als Brillenträger bekommt man schnell zu spüren, wie viele gelöste Mineralien im Tanganjikaseewasser vorhanden sind. Bei einer flotten Bootsfahrt auf dem See und bei hohem Wellengang ist eine Brille schnell naßgespritzt. Trocknen die Wassertropfen auf dem Glas, so entstehen starke Kalkränder, die nur sehr schwer wieder abzubekommen sind. Schaut man sich die Wasserwerte des Tanganjikasees einmal genauer an, so wird man verstehen, daß das Wasser auf Glas kräftige Spuren hinterlassen muß. Die deutsche Gesamthärte beträgt zwischen 10 und 12°; das Wasser ist also mittelhart. Die Leitfähigkeit liegt bei etwa 600 µS und die Karbonathärte zwischen 15 und 18° dH. Interessant ist die Tatsache, daß in einem Liter Wasser rund 300 bis 400 Milligramm gelöste Mineralien nachgewiesen werden. Ein besonders wichtiger Wasserwert ist der pH-Wert; er liegt bei ungefähr 7,5 bis 9. Das Wasser reagiert also alkalisch. Ansäuernde Dekorationsteile, wie Moorkienholz, oder säureabgebende Filtermaterialien, wie Torf, haben daher in einem Tanganjikasee-Aquarium nichts zu suchen. Oft ist zu lesen, daß kalkhaltige Steine für das Aquarienwasser ungeeignet sind. Das trifft hier natürlich nicht zu. Auch eine Filterung über Muschelgrus oder Korallenbruch, wie man sie häufig in der Seeaquaristik anwendet, ist durchaus angebracht.

WASSERTEMPERATUREN IM TANGANJIKASEE

Eigene Untersuchungen in den Monaten Juni bis Juli ergaben, daß das Oberflächenwasser meist eine Temperatur von 25 bis 26°C aufweist. In den Regenzeiten können, da die Sonne dann höher über dem Äquator steht, Temperaturen bis zu 29°C erreicht werden. Es gibt im Tanganjikasee auch Bereiche, wo man andere Wasserwerte feststellen kann: die Mündungsgebiete größerer Flüsse, die häufig lehmigtrübes Wasser mit sich führen. Hier können pH-Werte um 7 auftreten, und auch die Gesamt- und Karbonathärte liegt verschiedentlich niedriger als in den anderen Seegebieten. Da jedoch nur wenige Cichliden aus den Flußmündungszonen das Interesse der Aquarianer geweckt haben, ist es in der Regel richtig, leicht alkalisches, mittelhartes Wasser mit einer Temperatur um 26°C für Tanganjikacichliden zu verwenden.

Im zentralafrikanischen Grabenbruch liegt der Tanganjikasee, der zweittiefste See der Erde. Seine Länge von rund 700 Kilometern entspricht etwa der Strecke Hamburg – München

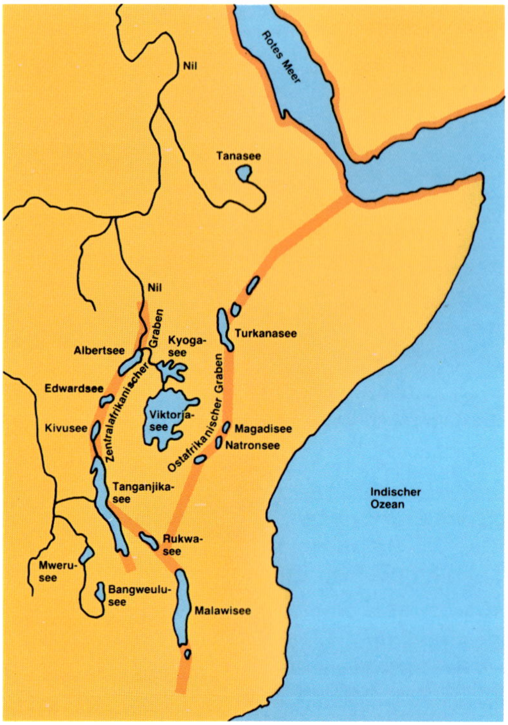

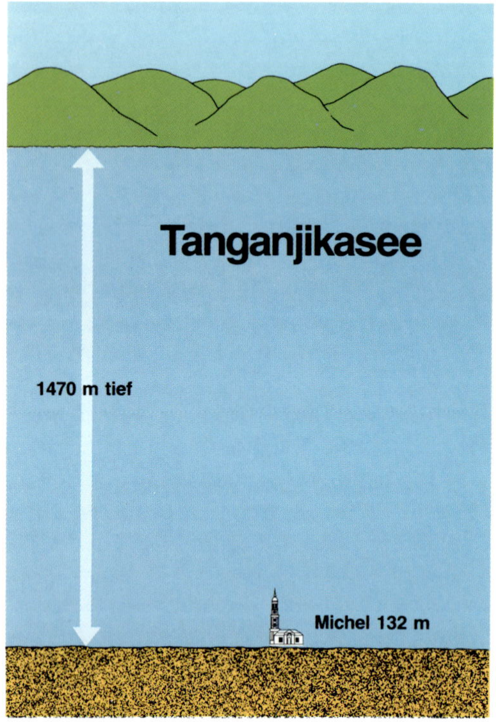

Tanganjikasee 773 ü.M.

Länge		670 km
Breite max.		80 km
UW-Sichtweite bis		20 m
pH-Wert	um	8
GH	um	10°
KH	um	17°
Temperatur		24–29°C

Wildfänge aus dem Tanganjikasee

Ende der fünfziger Jahre wurden erstmals Cichliden aus dem Tanganjikasee zu uns importiert. Da man damals noch wenig über das Vorkommen, die Pflege und das Verhalten dieser Fische wußte, waren es nur sehr wenige Aquarianer, die sich mit ihnen beschäftigten. Nur langsam entwickelte sich am Tanganjikasee ein Interesse am Fischexport, obwohl gerade in Deutschland recht schnell eine Nachfrage nach Tanganjikacichliden entstand. Der erste, der das erkannte, war Pierre Brichard. Er verließ den Kongo und ging 1971 nach Burundi an den See. Die Fische von Burundi waren Anfang der siebziger Jahre sehr begehrt, aber auch die einzigen, die vom Tanganjikasee nach Europa kamen.

Später wurde in Tansania bei Kigoma eine zweite Fangstation eröffnet. Mitte der siebziger Jahre war es dann wieder Brichard, der sowohl die Seeküste Zaires als auch den Süden des Tanganjikasees besuchte und neue Arten in den Export brachte. Ungefähr ab 1979 wurde auch in Sambia gezielt nach Aquarienfischen gesucht. Adrian Carr schickte die Cichliden von dort nach Europa. Inzwischen war die Nachfrage nach diesen Fischen weiter gestiegen. Inder übernahmen nun den Export von Kigoma aus, und die Preise für „Wildfänge" stiegen gewaltig: Ein erwachsener „Kaiser-Moorii" kostete den Importeur schon über DM 50,—. Hinzu kamen noch die Transportkosten. Seit 1985 wurden große Anstrengungen unternommen, auch an der Westküste des Sees eine Fangstation einzurichten.

WIE WERDEN TANGANJIKA-CICHLIDEN GEFANGEN?

Die professionellen Fischfänger stellen ihrer Beute mit monofilen, das heißt aus einem Faden hergestellten Netzen nach. Sie sind in der Regel kleinmaschig, aus sehr dünnem Nylonmaterial hergestellt, mehrere Meter lang und knapp 1,50 Meter hoch. Eine Bleischnur sorgt dafür, daß das Fanggeschirr absinkt, und kleine Schwimmer halten das Netz so aufrecht, daß eine beinahe unüberwindbare Wand entsteht. Ausgesuchte Tiere werden in das Netz getrieben, wo es dann für die Fänger leicht ist, die Fische abzusammeln. Nun ist es aber nicht immer so, daß der gewünschte Fisch sich in die richtige Richtung jagen läßt. Dann sind häufig viele Versuche notwendig, um zum Erfolg zu kommen, und gar nicht so selten ist der Fisch der „Glückliche". Solange die Jagd im flachen Wasser stattfindet, wird nur mit der „ABC-Ausrüstung" (Brille, Schnorchel, Schwimmflossen) getaucht. Das hat Nachteile, weil man immer wieder an die Wasseroberfläche zum Atmen zurück muß. Ab Tiefen unter drei Meter werden Preßluftflaschen oder auch Schlauchkompressoren eingesetzt.

Es gibt Cichliden, die sich nicht mit dem Stellnetz fangen lassen, weil sie bei der geringsten Störung einen Unterschlupf aufsuchen. Ihr Fang mit Handnetzen ist äußerst mühsam. Buntbarsche, die nur in größeren Tiefen vorkommen, wie zum Beispiel die begehrten Cyphotilapia frontosa, kann man nicht ohne weiteres an die Wasseroberfläche holen, ohne daß ihnen ernste Schäden zugefügt werden. Dekompressionsstufen müssen eingehalten werden, und die Tiere verbringen dann viele Stunden in durchlöcherten Plastiktonnen in neun, fünf oder drei Meter Tiefe. Oftmals wird erst am nächsten Morgen die letzte Dekompressionsstufe erreicht, und gegen Abend wird die durch eine Boje gesicherte Tonne heraufgeholt.

In Glasfiberwannen werden die für den Export vorgesehenen Fische in der sambischen Fangstation gehältert

An den flacheren Küstenzonen kann man schnorchelnd Buntbarsche beobachten und fangen

Die gefangenen Tiere wandern je nach Exporteur in bereitgestellte Aquarien, Zementbecken oder Glasfiberwannen. Da solche Behältnisse in der Regel keine Filteranlagen besitzen, muß unter Umständen sogar täglich das Wasser gewechselt werden. Die Fütterung ist meist nur unzulänglich und kurz vor dem Transport nach Europa auch gar nicht ratsam. Die Tiere sollen ausgekotet haben, damit sie das Wasser im Transportbeutel nicht verunreinigen, denn aus Gewichts- und damit Kostengründen ist es nur wenig.

Je nach Empfindlichkeit und Größe werden nun die Cichliden auf die Beutel verteilt. Da dem Wasser ein harmloses Beruhigungsmittel zugefügt ist, verhalten sich die Tiere nach geraumer Zeit recht ruhig. Die Plastikbeutel werden dann mit reinem Sauerstoff gefüllt und mit Gummibändern zugeknotet. Anschließend werden sie in eine Styroporbox gepackt. Vom Vertüten bis zur Ankunft bei den Importeuren vergehen zwischen 24 und 36 Stunden.

Bei frisch importierten Tieren treten vereinzelt Krankheiten auf; die harmloseste ist noch die „Weißpünktchenkrankheit". Aber auch andere Parasiten, wie Lernaea, belästigen die Fische. Eine Quarantänezeit sollte daher auf jeden Fall eingehalten werden.

Buntbarschbiotope im Tanganjikasee

Die für die Aquaristik interessantesten Cichliden sind im Litoral anzutreffen. Unter Litoral versteht man die Küsten- und Uferzonen größerer Gewässer. Da diese Zonen nicht alle gleich sind, teilt man sie in weitere spezielle Abschnitte ein. Den fischreichsten Biotop finden wir in der Geröllküste. Die Geröllzone besteht aus unzähligen faust- bis fußballgroßen Steinen, die etwa so aussehen wie die Feldsteine unserer Heimat. Diese Steinfelder können zehn Meter vom Uferstreifen entfernt schon drei Meter Tiefe erreicht haben; in 20 Meter Entfernung sind schon fünf bis sechs Meter Tiefe erreicht. Als Schnorchler, mit Flossen, Maske und Schnorchel ausgestattet, können wir einen Großteil der Cichliden im Tanganjikasee beobachten, die auch in unseren Aquarien häufig gehalten werden. Als Aquarianer wird man erstaunt sein, wie hoch die Individuenzahl der dort anwesenden Fische auf nur wenigen Quadratmetern Fläche ist. Überall zwischen den Steinen huschen irgendwelche Cichliden auf Versterksuche hin und her. Nähert man sich diesen „Flüchtlingen", so verschwinden sie meist ganz in eine der vielen kleinen Spalten und kommen erst wieder zum Vorschein, wenn die vermeintliche Gefahr vorüber ist.

Die meisten Maulbrüter, die diese Geröllstreifen bewohnen, gehören zu den sogenannten Aufwuchsfressern, und der Aufwuchs ist nichts weiter als ein Algenrasen mit den darin lebenden Mikroorganismen. Durch die oft starken Sonneneinstrahlungen ist praktisch jeder Stein im Uferbereich mit diesen grünlichbraunen Algen überzogen, und diese dienen dann als Nahrungsgrundlage für so manche Cichliden.

BUNTBARSCHE DES GERÖLLLITORALS

Hochspezialisierte Aufwuchsfresser erkennt man sehr gut an ihrem Gebiß. Sie tragen meist eine große Zahl gleichartig geformter Zähne auf ihren Lippen. Oft ist das Maul unterständig, oder die Lippen sind leicht aufgeworfen, so daß ständig ein Blick auf die Bezahnung freigegeben wird. Mit derartig ausgestatteten Mäulern ist es den Fischen gut möglich, den Aufwuchs von den Steinen zu weiden, und da jede Gattung unterschiedliche Zahnanordnungen und Zahnformen besitzt, ist auch gewährleistet, daß nicht alle Aufwuchsfresser ein und dasselbe Freßschema entwickelt haben.

So sind uns aufwuchsfressende Cichliden bekannt, die die Algen nur durchkämmen, sie abzupfen oder aber auch abraspeln. Die typischen Aufwuchsfresser dieses Biotops sind die sogenannten Grundelbuntbarsche aus den Gattungen Eretmodus, Spathodus und Tanganicodus. Aber auch die größer werdenden Tropheus-, Petrochromis- und Simochromis-Arten trifft man hier an. Nicht-Cichliden sind im Geröllitoral ebenfalls vertreten: hauptsächlich Aale und Fiederbartwelse und die in allen Biotopen anzutreffenden Leuchtaugenfische.

Die zweite große Gruppe von Cichliden, die sich im Geröllitoral aufhalten, umfaßt kleine bis mittelgroße Räuber. Sie sind allesamt Höhlenbrüter, die den Gattungen Neolamprologus, Telmatochromis, Julidochromis und Chalinochromis angehören. Auch diese Tiere sind an ihrer Bezahnung zu erkennen: Die Mäuler sind oft tief gespalten, und auf den Lippen befinden sich recht spitze kleine Zähne. Als Nahrungsgrundlage dient diesen Cichliden fleischliche Kost, die auch aus Jungfischen oder kleiner bleibenden Fischen besteht; Garnelen und die verschiedenen Insektenlarven und andere Kleinstlebewesen gehören selbstverständlich auch mit zum Nahrungsangebot.

Im Geröllitoral gibt es jedoch noch weitere Futterspezialisten. Einige davon haben sich auf Weichtiernahrung spezialisiert. Sie können dank ihrer starken Schlundknochen Schnecken und Muscheln knacken, von denen sie sich ernähren. Als Beispiel seien hier Lobochilotes labiatus und Neolamprologus tretocephalus genannt.

Die „abartigsten" Fische, die gelegentlich im Geröllitoral angetroffen werden, sind die Schuppenfresser. Diese Cichliden tragen eine ganze Reihe nach innen gebogener Zähne auf den Lippen, die sie an die Körperseiten vorbeischwimmender Fische pressen. Unter ruckartigem Schließen des Mauls reißen die Schuppenfresser ihren Opfern dann die Schuppen vom Leibe.

Wir verlassen nun das Geröllitoral und wenden uns dem Felslitoral zu. Die Felszone besteht aus großen, oftmals quaderförmigen Gesteinsbrocken. Fährt man mit dem Boot an einer solchen Küste entlang, könnte der Betrachter meinen, daß ein Riese große Felsen wild durcheinander geworfen hat. So verwundert es nicht, daß die einheimische Bevölkerung in Sambia tatsächlich an einen solchen Riesen oder Geist glaubt, der in den Bergen des Cape Chaitika wohnt. Dieser Geist heißt „Mesa", und wenn er schlecht gelaunt ist, bläst er starken Wind auf den See hinaus, oder er läßt große Gesteinsbrocken von den Bergen in den See fallen.

UNTERWASSERGEBIRGE IM TANGANJIKASEE

Unter Wasser entstehen durch übereinandergetürmte Steine oft mehrere Meter hohe Steinsäulen und wilde Schluchten, die schnell in größere Tiefen abfallen. Diese Unterwassergebirge sind vor allem auf den der Sonne zugewandten Seiten über und über mit kurzen grünbraunen Algen bewachsen, an denen auch wieder die Aufwuchsfresser ständig zupfen und raspeln. Auch das Felslitoral ist recht gut mit Cichliden besiedelt. Häufig trifft man die größeren Aufwuchsfresser aus den Gattungen Petrochromis, Simochromis und Tropheus an; die Grundelcichliden sind hingegen selten oder gar nicht vertreten. Statt dessen begegnet man Fadenmaulbrütern aus der Gattung Ophthalmotilapia. Diese mittelgroßen Cichliden besitzen stark verlängerte Ventralen, und von einer Art ist bekannt, daß sie feinen Sand auf die Oberseite flacher Steine bringt, um ihn dann als Laichunterlage zu benutzen. Schuppenfresser aus der Gattung Perissodus sind auch im Felslitoral zu beobachten. Kleinere und größere Höhlenbrüter, die sich zwischen den engen Felsspalten aufhalten, sind ebenso vertreten wie die Kärpflingscichliden aus der Gattung Cyprichromis. Diese Tiere stehen in großen Schwärmen in drei bis zehn Meter Tiefe und halten sich dabei vorwiegend im freien Wasser auf. An den meisten steinigen Uferzonen, ob es sich nun um das Geröll- oder das Felslitoral handelt, gibt es so gut wie keinen höheren Pflanzenwuchs.

Anders verhält es sich im Sandlitoral. Hier gibt es besonders an den Übergängen zum Steinlitoral größere Pflanzenzonen, hauptsächlich aus

Die verschiedenen Uferzonen sind Lebensräume für die unterschiedlichsten Cichlidenarten. Eretmodus cyanostictus und Neolamprologus furcifer lieben steinig-felsigen Untergrund. Am Schilfufer findet man Astatotilapia burtoni, und im Sandlitoral leben die meisten Xenotilapia-Arten

kleinen Vallisnerien und Myriophyllum-Beständen. Häufig trifft man in diesem Gebiet Simochromis dardennii und Ctenochromis horii an. Das eigentliche Sandlitoral weist allerdings andere typische Bewohner auf. In erster Linie sind hier die Xenotilapia-Arten zu nennen. Gelegentlich sieht man diese Arten einzeln; meist treten sie aber in großen Schwärmen auf.

AUCH IN DEN SANDZONEN LEBEN CICHLIDEN

Eine große Anzahl der Cichliden, die in den Übergangszonen zum Sandlitoral zu Hause sind, hebt zur Laichzeit mehr oder weniger große Sandkrater aus, die dann den Männchen als Brutreviere dienen. Hierbei handelt es sich um maulbrütende Cichliden aus den Gattungen Callochromis, Aulonocranus und Cyathopharynx. Aber auch einige Höhlenbrüter leben im Sandlitoral, meistens allerdings in der Nähe von Steinformationen. Beispiele für solche Buntbarsche sind Neolamprologus tetracanthus und Neolamprologus callipterus. Im unteren Bereich des Sandlitorals kann der Taucher große Ansammlungen von leeren Gehäusen der Schnecke Neothauma finden. Diesen Lebensraum besiedeln häufig Zwergcichliden aus der Gattung Neolamprologus, die die leeren Schneckengehäuse als Wohn- und Bruthöhlen bewohnen.

Die Wassertransparenz ist im Sandlitoral, im Gegensatz zur Fels- und Geröllzone, erheblich gemindert. Hat man dort, wo steiniger Untergrund vorherrscht, Sichtweiten von 15 bis 20 Metern, so sind fünf bis zehn Meter im Sandlitoral schon hervorragend.

Weitaus schlechtere Sichtverhältnisse bieten die Flußmündungsgebiete. Hier kann der Taucher häufig nicht einmal einen halben Meter weit schauen. Dort, wo Flüsse ihr lehmigtrübes Wasser einleiten, sind die Seeufer meist mit Röhricht bewachsen. An diesen Stellen trifft man die nichtendemischen Cichliden und Haplochromis-Verwandte an. Diese Flußmündungszonen und die dort oft vorhandenen Sumpfgebiete sind für den Taucher weniger interessant — nicht nur wegen der schlechten Sicht, sondern auch, weil dieser Biotop relativ fischarm ist; dafür gibt es hier üppig wachsende Unterwasserpflanzen.

Spricht die Wissenschaft bei der unmittelbaren Uferzone vom Litoral, so nennt sie den tieferen Bereich der Uferzone ab 10 bis 20 Meter sublitorales Benthal, wobei man wieder zwischen steinig-felsigem und sandigem Bodengrund unterscheiden kann. Im zuerst genannten Biotop kann man häufig Cyphotilapia frontosa beobachten, einen der größer werdenden Maulbrüter. Aber auch räuberische Arten, wie Lepidiolamprologus nkambae, halten sich in diesem Bereich auf. Die Aufwuchsfresser sind kaum unter 10 bis 15 Meter Tiefe anzutreffen, weil die Sonnenstrahlen in diese Tiefe nicht mehr so stark eindringen können und somit die Lebensgrundlage für den dichten Algenrasen fehlt.

Einige Cichliden, die die untere Sandzone bewohnen, trifft man häufig auch in flachen Wasserzonen an. Das gilt vor allem für die verschiedenen Xenotilapia-Arten, die nicht nur jahres-, sondern auch tageszeitliche Wanderungen durchführen. Die sublitorale Sandzone weist an einigen Stellen einen mulmigen Gewässergrund auf. Hier leben Cichliden aus der Gattung Limnochromis und Triglachromis. Aber auch einige Trémato-

Aus zusammengebackenen Sandkrumen bestehen die Steinformationen des Sandlitorals

cara-Arten wurden hier schon gefangen, und Schneckenbuntbarsche aus der Gattung Neolamprologus kann man dort ebenfalls beobachten.

Die Freiwasserzone, die im Tanganjikasee besonders für die kommerzielle Nutzfischerei sehr interessant ist, wird Pelagial genannt. Da in den freien Wasserzonen häufig Cichliden getroffen werden, die in größeren Schwärmen vorkommen, stellen die einheimischen Fischer diesen Arten mit großen Fangnetzen nach. Gerade in Afrika kommt dieser Fischerei eine wichtige Bedeutung zu, da sie die Bevölkerung der Umgebung des Sees mit lebensnotwendigem Eiweiß versorgt. Nicht nur Cichliden fängt man in Pelagial, sondern auch Fische aus der Familie der Clupeidae (Heringe), die den Gattungen Limnothrissa und Stolothrissa zuzuordnen sind. Diese Fische werden etwa zehn Zentimeter lang und gehen meist nachts in großen Mengen in die Netze. Die Tiere werden an den Stränden getrocknet und dann ins Landesinnere verschickt. Die „Kapentas", wie diese Silberlinge bei der einheimischen Bevölkerung auch heißen, sind äußerst wichtige Nahrungsmittel.

In der Freiwasserzone gibt es eine große Anzahl planktonfressender Cichliden aus den Gattungen Gnathochromis, Tangachromis, Limnochromis und Trematocara. Aber auch Räuber trifft man an: Einer der größten ist der bis 80 Zentimeter große Boulengerochromis microlepis; er taucht jedoch auch im Litoral auf. Weitere fischfressende Cichliden, die die Freiwasserzone bevölkern, sind die Bathybates- und die Hemibates-Arten. Die meisten der hier genannten Gattungen, vor allem die Planktonfresser, leben auch in den unteren Zonen des Freiwassers, im sogenannten Bathypelagial. Da die Schwebenahrung tagsüber in größere Tiefen absinkt, folgen diese Cichliden ihrer Nahrung im tageszeitlichen Rhythmus. Ab einer Tiefe von ungefähr 200 Metern trifft man im Tanganjikasee wegen des Sauerstoffmangels und der Schwefelansammlungen keine Fische mehr an.

Territorial- und Fortpflanzungsverhalten der Tanganjikacichliden

Den meisten Buntbarschen wird nachgesagt, sie seien unverträglich und somit nur in großen Aquarien zu pflegen; auch neigen sie angeblich dazu, den Bodengrund durchzuwühlen, und haben ihre eigene Auffassung von Aquarieneinrichtungen. Sicher sind solche oder ähnlich lautende Aussagen nicht nur Vorurteile.

Bei vielen Tanganjikacichliden ist eine starke innerartliche Aggressivität sehr ausgeprägt. Darunter ist zu verstehen, daß Cichliden, die derselben Art angehören, untereinander streitsüchtig sind. Das ist in den beengten Verhältnissen eines Aquariums aber durchaus normal, vor allem, wenn man bestimmte Voraussetzungen nicht erfüllt. Man muß beachten, daß die meisten Cichliden Territorien besetzen, die als Lebens-, Wohn- und Brutraum besonders gegen die eigenen Artgenossen verteidigt werden. Je nach Art sind diese für die Buntbarsche notwendigen Kleinstlebensräume oder Reviere im Aquarium mehr oder weniger groß. Erstaunlicherweise gibt es beim Zusammenleben artfremder Tiere, besonders wenn sie eine andere Körperform oder ein abweichendes Fortpflanzungsverhalten zeigen, in einem Aquarium keine größeren Probleme. Die Konkurrenz ist dann nicht so stark, während sie bei nahe verwandten Arten schon wieder größer wird.

DROH- UND KAMPF-VERHALTEN DER BUNT-BARSCHE

Wichtig ist, daß man den gepflegten Tieren genügend Platz anbietet und daß möglichst allen Tieren ein Revier, auch wenn es noch so klein ist, zur Verfügung steht. Kommt es dennoch zu Auseinandersetzungen, so verlaufen sie bei fast allen Tanganjikacichliden in etwa nach ein und demselben Schema ab. Bei der Begegnung zweier Tiere kommt es erst einmal zu einem Drohverhalten, das nur von einem oder auch von beiden Tieren ausgehen kann. Dabei werden die Flossen stark abgespreizt und damit der Körperumfang optisch vergrößert. In dieser Körperhaltung stehen sich die Kontrahenten meist Seite an Seite gegenüber und tauschen mit der Schwanzflosse seitliche Schläge aus, die jedoch nicht direkt den Körper des Gegners treffen, sondern nur einen Wasserschwall verursachen, der vom Seitenlinienorgan registriert wird.

Stehen sich die zum Kampf bereiten Cichliden frontal gegenüber, so spreizen etliche Arten ihre Kiemendeckel ab, wodurch der Kopf einen größeren Umfang bekommt. Zudem sind auf den Kiemendeckeln oft schwarze oder sogar schillernde Flecken vorhanden, die dann wie Augen aussehen; sie werden daher auch Augenflecken genannt. Es gibt aber noch weitere Drohsignale, besonders in der Kopfregion. Dazu gehört das Senken der Kiemen- oder Kehlhäute, das oft noch durch auffällige farbige Zeichnungen unterstützt wird. Auch das Aufreißen des Maules — in diesem Fall ist nicht das Gähnen gemeint — kann eine Drohgebärde sein. Meist beginnen aber dann schon die eigentlichen Kampfhandlungen.

Die Tiere verbeißen sich in Ober- und Unterlippe, schieben und zerren einander durch das Aquarium oder an den Reviergrenzen hin und her. Bißverletzungen an den Lippen sind häufig die Folge. Ist jetzt immer noch keine Lösung des Konfliktes in Sicht, so kommt es zum Beschädigungskampf. Alle vorher beschriebenen Verhaltensweisen können dabei weiterhin gezeigt werden. Zudem gehen einige Arten in ein Kreisschwimmen über, bei dem jeder den anderen in die Schwanzflosse oder in den Schwanzstiel beißen will. Plötzlich verläßt ein Tier diese Position, rammt seinen Kontrahenten seitlich und beißt ihn dabei gar nicht selten in die Flanke. Bei lang anhaltenden Kämpfen können diese Beschädigungen sogar zum Tode des unterlegenen Tieres führen. Zum Glück kommt es aber meistens nicht dazu.

So wie sich die Cichliden mit ihren Drohgebärden Respekt verschaffen, so können sie auch durch Demutsgesten die Aggressionen untereinander erheblich mindern. Diese Gesten können sie während aller Droh- und Kampfhandlungen zeigen. Sie führen dann zur Mäßigung oder zur Beendigung der Auseinandersetzung. Die Unterlegenheitszeichen sind von Art zu Art verschieden, teilweise aber auch artübergreifend oder zumindest sehr ähnlich. Ein angegriffenes Tier hat meist nicht mehr so prachtvolle Farben; gelegentlich zeigt es Streifenzeichnungen nur noch unterbrochen, oder andere Farbsignale, wie eine Fleckenzeichnung des sonst einfarbigen Tieres, können hervortreten. Ein eindeutiges Unterlegenheitszeichen ist auch das Anlegen der Flossen oder das „Falten" der Schwanzflosse während der Begegnung mit einem ranghöheren Tier. Direkt bedrohte Fische neigen zudem dazu, ihren Körper eigenartig zu krümmen; meist winkeln sie dabei den Schwanz ab oder nehmen eine S-förmige Körperhaltung ein.

Ein prächtiges Imponiergehabe zeigen die Männchen von Xenotilapia melanogenys

Einige Arten präsentieren den Angreifern ihre ungeschützte Bauchregion, indem sie sich leicht auf die Seite legen. Gelegentlich ist auf der unteren Körperhälfte noch zusätzlich eine Farbmarkierung sichtbar. Recht häufig trifft man bei den Cichliden des Tanganjikasees das sogenannte Körperrütteln an, das die schon beschriebenen Demutsgebärden unterstützen soll. Das Körperrütteln wird in ähnlicher Form auch bei der Balz gezeigt. Die ganze Kommunikationsbreite, die Anpassung an schwierige Lebensräume sowie das Verhalten, zu dem auch die Brutpflege zählt, zeigt uns, daß es sich bei den Cichliden um recht „intelligente" Fische handelt.

Der Tanganjikasee ist erdgeschichtlich betrachtet ein alter See; man schätzt ihn auf mindestens zwei Millionen Jahre (es gibt sogar Vermutungen, nach denen der See zehn Millionen Jahre alt ist!). Die meisten der hier lebenden rund 160 Cichlidenarten sind endemisch, kommen also nur im Tanganjikasee vor. In der langen Isolation des Sees haben sich zwei Brutpflegeformen entwickelt. Die älteste Form der Brutpflege ist wohl das sogenannte „Offenbrüten". Dabei wird das Gelege offen, also nicht geschützt, auf ein Substrat gelegt. Dadurch, daß das Gelege nicht versteckt wird, ist es normalerweise gegen Angriffe von außen nicht geschützt. Hohe Verlustraten müssen somit durch zahlreiche Eier ausgeglichen werden. Bei Boulengerochromis microlepis, dem bislang einzigen bekannten endemischen Offenbrüter des Tanganjikasees, kann man durchaus von einer großen Produktivität sprechen. 10 000 Eier, die in eine Sandgrube gelegt werden, sollen bei einem einzigen Gelege keine Seltenheit sein. Viele Offenbrüter zeigen keine äußerlich sichtbaren Geschlechtsunterschiede. Außerdem sind manche von ihnen monogam, das heißt, Männchen und Weibchen leben zumindest eine längere Zeit in einer Art Ehe zusammen. An der Pflege des Geleges und der Jungen sind dann beide Elterntiere beteiligt, wobei von Boulengerochromis microlepis allerdings nicht bekannt ist, ob die Tiere eine Elternfamilie (darunter versteht man, daß beide Partner gleichrangig an der Betreuung der Brut beteiligt sind) oder eine Vater-Mutter-Familie bilden, bei der dann die eigentliche Betreuung des Geleges nur vom Weibchen durchgeführt wird, während das Männchen die Rolle des Revierbeschützers übernimmt. Eine andere Familienform kann man bei diesen Cichliden wohl ausschließen, zumal ich die Art mehrmals in Paaren an Laichplätzen antraf.

DER GRÖSSTE IST EIN OFFENBRÜTER: BOULENGEROCHROMIS MICROLEPIS

Die weitaus meisten Cichliden des Sees sind Versteckbrüter. Sie legen ihre Eier nicht offen auf einem Substrat ab, sondern verstecken das Gelege geschützt vor Feinden an einem sicheren Ort. Bei den Versteckbrütern muß man unterscheiden zwischen Höhlenbrütern und Maulbrütern. Während die anderen ostafrikanischen Seen an endemischen Arten nur Maulbrüter hervorgebracht haben, gibt es im Tanganjikasee auch eine ganze Reihe von Höhlenbrütern. Diese Arten verstecken ihre Gelege an schwer zugänglichen Plätzen, wobei sie die Eier, die ebenso wie die Offenbrütereier Haftfäden besitzen, an eine Höhlenwand kleben. Die Eizahl kann bei den größeren Arten rund 500 betragen, während die kleineren Arten nur zwischen 20 und 100 produzieren. Die Eier der Höhlenbrüter können im

Gegensatz zu Offenbrütereiern viel kräftiger gefärbt und auch deutlich größer sein.

Sobald die Jungfische geschlüpft sind, hängen sie mit den Haftdrüsen, die sich an ihrem Kopf befinden, an einer Höhlenwand. Die Betreuung des Geleges erfolgt bei den Höhlenbrüterarten des Tanganjikasees entweder in einer Elternfamilie, zum Beispiel bei den Julidochromis-Ar-

Wie bei vielen anderen Cichliden gehört auch bei Tropheus moorii das Maulzerren zum Kampfverhalten

Tödlich endete dieser Kampf zwischen Neolamprologus fasciatus und Neolamprologus pulcher

ten, in einer Vater-Mutter-Familie, wie etwa bei verschiedenen Neolamprologus-Arten, oder auch in einer Mann-Mutter-Familie, die wir allerdings nur bei einigen wenigen Neolamprologus-Arten beobachten können. Unter „Mann-Mutter-Familie“ ist zu verstehen, daß die eigentliche Betreuung der Brut allein der Mutter obliegt, wobei das Männchen sich häufig mit weiteren Weibchen fortpflanzt und dann lediglich „seine“ Weibchenreviere verteidigt.

Während die meisten Höhlenbrüterarten zumindest zur Fortpflanzungs- und Brutpflegezeit eine Partnerbindung eingehen, trennen sich bei den Maulbrütern Männchen und Weibchen sofort nach dem Ablaichen wieder. Die Brutpflege übernimmt hier allein das Weibchen, und wir sprechen dann von einer Mutter-Familie.

Eine Brutpflegeteilung gibt es allerdings auch bei einigen Maulbrütern. Sie betreuen die Gelege in einer Elternfamilie. In der Regel übernimmt zuerst das Weibchen die Brutbetreuung, und später wird dann das Männchen aktiv. Nur bei wenigen Arten findet täglich eine Laichübergabe statt. Die Maulbrüter haben, wie Aquarienbeobachtungen zeigten, eine mehr oder weniger enge Bindung zum Partner, die sich nicht nur über die Brutpflegezeit erstreckt, sondern häufig ein ganzes Cichlidenleben lang andauert. Hier haben wir es also mit monogamen Maulbrütern zu tun.

Die Maulbrutpflege ist entwicklungsgeschichtlich jünger als das Höhlenbrüten, was man auch daran sieht, daß bei den Maulbrüterjungen die Haftdrüsen auf dem Kopf noch rudimentär vorhanden sind. Vermutlich sind die ersten Ansätze der Maulbrutpflege daraus entstanden, daß die Offen- und Höhlenbrüter beim Umbetten ihrer Larven oder beim Herauslösen der Larven aus der Eihülle die Brut immer länger im Maul behielten.

Die Maulbrutpflege hat den Vorteil, daß die Fische nicht an ein Brutrevier gebunden sind und Feinden oder ungünstigen Umweltfaktoren aus

Neolamprologus boulengeri vergrößert durch Abspreizen der Kiemenhäute seinen Kopfumfang

Viele Maulbrüter, wie hier Tropheus moorii, gehen während der Ablaichphase vom Kreisschwimmen in die sogenannte „T-Stellung“ über

dem Wege schwimmen können. Dadurch, daß die Jungen im Maul sehr gut geschützt sind, braucht die Vermehrungsrate im Gegensatz zum Offen- und Höhlenbrüter nicht so hoch zu sein. Gelegegrößen von 5 bis 50 Eiern sind dann auch die Regel, wobei einige Arten extrem dotterreiche Eier hervorbringen; dementsprechend lang ist der Zeitraum der Entwicklung bis zum fertigen Jungfisch. Die Kleinen sind dann aber schon sehr groß und selbständig. Zwischen 20 und 35 Tage dauert es immerhin bis zum ersten Freischwimmen; bei den Höhlenbrüterarten ist es meist der zehnte bis zwölfte Tag. Bei den Offenbrütern ist der Dottervorrat so gering, daß die ersten Schwimmversuche der Jungfische schon vor dem zehnten Tag beginnen. Diese Angaben sind aber nur Anhaltspunkte, da auch die Wassertemperatur eine Rolle bei der Entwicklung spielt.

Tanganjikacichliden im Aquarium: Von Dreißig-Liter-Pfützen und großen Badewannen

Die Cichliden des Tanganjikasees sind so unterschiedlich in Form, Farbe, Größe und Verhalten, daß eigentlich jeder Buntbarschfreund die seinen Vorstellungen entsprechenden Fische finden kann. Da gibt es Zwerge, die bloß 3,5 bis 6 Zentimeter groß werden und selbst in einem nur 30 Liter Wasser fassenden Aquarium ihre interessanten Verhaltensweisen zeigen. Für den größten Cichliden des Tanganjikasees, gleichzeitig der Erde, würde vermutlich nur ein „etwas" größeres Schwimmbecken ausreichen, denn er wird immerhin 80 Zentimeter lang! Zwischen dem Kleinsten und dem Größten gibt es eine Vielzahl von Cichliden, die sich für die Aquaristik eignen. Im Handel wurden 1986 rund 120 Arten, Unterarten und Farbvarianten angeboten; es ist abzusehen, daß sich die Zahl in Zukunft noch weiter erhöht — eine stattliche Anzahl, wie ich meine. Nun bleibt es natürlich jedem Aquarianer selbst überlassen, sich aus diesem Angebot etwas für ihn Interessantes auszusuchen. Dennoch möchte ich einige Beispiele für die artgerechte Haltung von Tanganjikacichliden geben.

Wasser benötigen sie alle, nur sollte es warm sein, also zwischen 24 und 28°C. Tanganjikacichliden möchten einen pH-Wert über dem Neutralpunkt und somit leicht alkalisch reagierendes Wasser, das eine Gesamthärte von 10 bis 20°dGH aufweist. Das Tanganjikaseewasser ist für einen Binnensee sehr klar und in den oberen Wasserschichten sauerstoffreich. Dem sollte man Rechnung tragen, indem man für eine gute Filterung sorgt. Das Wasser kann dabei ohne weiteres zwei- oder dreimal in der Stunde umgewälzt werden.

ARTEN FÜR KLEINE AQUARIEN

Für das kleine Aquarium bis 60 Liter Inhalt eignen sich vorzüglich die sogenannten Schneckencichliden aus der Gattung Neolamprologus, die kaum größer als sechs Zentimeter werden. Man sollte sie in solchen kleinen Aquarien dann möglichst nur in Paaren halten. Ein Bodengrund aus feinem Sand, einige leere Schneckengehäuse und ein paar Steine komplettieren die Einrichtung. Ein einfacher Schaumstoffilter und ein wöchentlicher Wasserwechsel von etwa einem Viertel des Beckeninhaltes tragen wesentlich zum Wohlbefinden der Fische bei.

Aquarien von 60 bis 100 Liter Inhalt sind sehr gut für weitere kleine Höhlenbrüter geeignet, die nur einen relativ geringen Raumbedarf haben. Dazu gehören die Schlankcichliden aus den Gattungen Julidochromis und Chalinochromis, mit gewissen Einschränkungen auch noch die Telmatochromis- und natürlich einige Neolamprologus-Arten. In einem solchen Aquarium sollte man aber immer nur jeweils eine Höhlenbrüterart pflegen, am besten ein Paar. Das Aquarium dekoriert man so mit Steinen, daß sich Höhlen und Unterschlüpfe ergeben, vielleicht auch noch zwei getrennte Reviere. Als Ersatzhöhlen nehmen die Höhlenbrüter gern umgestülpte Blumentöpfe an, die aber ein Einschwimmloch haben müssen; auch große Meerwasserschneckengehäuse sind für einige Arten ideal. Da die Höhlenbrüter des Tanganjikasees in der Regel Pflanzen nicht beschädigen, kann man das Aquarium ohne weiteres „grün" gestalten, obwohl das ja eigentlich nicht dem natürlichen Lebenraum dieser Buntbarsche entspricht.

Gerade die Aufwuchsfresser knabbern recht gern einmal am frischen Grün; besonders beliebt scheinen da die Amazonasschwertpflanzen zu sein. Stets einen guten Fang macht der Aquarianer, wenn er sich für hartblättrige Arten, wie Anubias nana oder Microsorium pteropus, entscheidet, zumal diese Pflanzen sehr gut auf Steinen festwachsen. Als Solitärpflanzengruppe, vor allem für größere Aquarien, eignen sich Cryptocoryne usteriana und Vallisneria gigantea.

PFLANZEN IM TANGANJIKA-AQUARIUM

Die Cyprichromis-Arten und die „Sandcichliden" vergreifen sich überhaupt nicht am satten Grün, benötigen aber größere Aquarien mit wenigstens 150 bis 300 Liter Inhalt; nach oben sind natürlich keine Grenzen gesetzt. Die Cichliden der Gattung Cyprichromis halten sich hauptsächlich im freien Wasser auf; so sollte stets ein genügend großer freier Schwimmraum vorhanden sein. Sehr gut mit ihnen vergesellschaften lassen sich die Xenotilapia-Arten, die vornehmlich den Bodengrund bewohnen. Da beide Cichlidengattungen kaum innerartliche Aggressionen zeigen, ist eine solche Gesellschaft genau das richtige, wenn man sich vor dem Aquarium entspannen will. Wer es ein wenig aufregender liebt, der sollte noch ein oder zwei Höhlenbrüterarten hinzusetzen; die können dann in den Felsaufbauten ihre Territorien besetzen und dort ihre Jungfische aufziehen. Es sei aber darauf hingewiesen, daß nur kleinere Höhlenbrüter und Xenotilapia-Arten für ein solches Becken in Betracht kommen.

Je größer die Aquarien werden, um so mehr Möglichkeiten ergeben sich hinsichtlich des Besatzes. Durchaus interessant ist zum Beispiel die Pflege kleinster Cichliden, wie der Schneckenbuntbarsche. Man kann dann nicht nur ein Pärchen, sondern mehrere artgleiche Tiere pflegen, wobei es nun um die Schneckengehäuse herum reichlich Auseinandersetzungen gibt. Dennoch werden sich in dem mit Sandbodengrund und einigen Felsaufbauten eingerichteten Aquarium mehrere Paare fortpflanzen.

Aquarien mit über 450 Liter Inhalt eignen sich auch schon für die Pflege der maulbrütenden Felsencichliden. Gemeint sind die Tropheus-, Simochromis- und mit einigen Abstrichen auch die Petrochromis-Arten. Allesamt sind sie Aufwuchsfresser und zeigen starke innerartliche Aggression, die man durch das Hinzusetzen artfremder oder noch besser gattungsfremder Tiere ein wenig mindern kann. Gewöhnlich pflegt man solche Cichliden in Aquarien mit Steindekoration. Da all diese Arten gewandte und schnelle Schwimmer sind, ist darauf zu achten, daß die Steine nicht zu scharfkantig sind, damit sich die Tiere beim Ein- und Ausschwimmen aus den Höhlen nicht den Körper oder die Augen verletzen. Um die Aggression innerhalb dieser Arten weiter herabzusetzen, sollte man die Beckeneinrichtung gut gliedern. Damit ist nicht gemeint, daß man die Aquarienrückwand einfach mit Felsen zustellt. Hierbei kann es nämlich passieren, daß nur für einige wenige Fische ein Großrevier entsteht. Da die meisten Cichliden, und nicht nur die Felsencichliden des Tanganjikasees, Reviere besetzen, also territorial sind, muß man möglichst viele kleinere Reviere in den beengten Verhältnissen des Aquariums schaffen. Das erreicht man, indem man deutlich sichtbare Grenzen setzt. Ein aus dem

MAULBRÜTER AUS DEM FELSLITORAL

Sand ragender Stein kann schon eine Reviergrenze bilden, ebenso kleine Sandflächen zwischen einzelnen Steinhaufen. Aber auch größere Sichtbarrieren dürfen nicht fehlen, so daß rivalisierende Cichliden sich auch einmal kurzfristig „aus den Augen" schwimmen können.

Für „revierlose" Tiere bleiben häufig die Reviergrenzen zweier dominanter Tiere als Aufenthaltsorte übrig; in dieser Zone werden die schwächeren Fische toleriert. Für ständig unterdrückte Tiere ist ein Zufluchtsort wichtig, der nicht nur aus der Deckung des Regelheizers oder eines Absaugrohres bestehen sollte. Eine oder zwei an die Rück- oder Seitenwand gestellte Natursteinplatten haben sich schon oft bewährt.

Große Steine sollte man in der Regel nicht auf den nackten Glasboden stellen, da dann schon ein kleines Sandkorn einen Sprung in der Bodenscheibe verursachen kann. Eine Unterlage aus flachem Styropor beseitigt diese Gefahr.

DEKORATION EINES TANGANJIKA-AQUARIUMS

Auf das Wasser ansäuernde Moorkienholz als Dekorationsmittel sollte man bei Tanganjikacichliden verzichten. Ein Bodengrund aus gröberem Flußsand hat sich bei vielen Aquarieneinrichtungen durchgesetzt. Er sollte nur nicht zu hoch angelegt sein; zwei bis drei Zentimeter genügen völlig. Dort, wo Pflanzen eingebracht werden, kann auch ein anderer Bodengrund ratsam sein. Sandboden hat auf jeden Fall den Vorteil, daß die Ausscheidungen der Tiere — die Aufwuchsfresser setzen ständig Kot ab — möglichst schnell in den Filter gelangen und nicht irgendwo zwischen Kieselsteinen vergammeln. Etwas anderes ist es natürlich, wenn man einen Bodengrundfilter verwendet; dann ist Sand ungeeignet.

Geradezu lebenswichtig ist ein sandiger Bodengrund für die Cichliden des Sandlitorals; sie durchkauen ihn ständig nach Nahrung. „Sandcichliden" kommen bedingt als Beckenmitinsassen für eine Aufwuchsfressergesellschaft in Frage. Beide Gruppen besiedeln verschiedene Lebensbereiche; das wird auch im Aquarium sichtbar. Die Aufwuchsfresser sieht man nur selten direkt am Bodengrund, während sich die „Sandcichliden" fast nur dort aufhalten. Da die Xenotilapia- und andere Arten den Sand durchkauen, bleibt auch der Kot nicht auf dem Bodengrund liegen, sondern wandert durch die Wasserbewegung schneller in den Filter. Eine solche Fischgesellschaft ist auf jeden Fall eine glücklichere Zusammenstellung als das häufiger praktizierte Hinzusetzen von nachtaktiven Welsen. Die stören nur die während der Dunkelheit schlafenden Cichliden.

In ein „Aufwuchsfresserbecken" kann man neben den Grundelbuntbarschen auch die größer werdenden Höhlenbrüter setzen, obwohl die dann einen schweren Stand haben können. Die Höhlenbrüter sind zwar auch Felsencichliden, ziehen aber ein versteckteres und geruhsameres Leben vor. Man sollte sie mit ruhigeren Arten vergesellschaften oder als Paar allein pflegen. Alle hier erwähnten Arten kann man selbstverständlich — bei einigen ist das unerläßlich — in noch größeren Aquarien pflegen. Ab 500 Liter Wasserinhalt fühlt sich auch die „Bullenklasse" des Tanganjikasees in einem Aquarium wohl. Cyphotilapia frontosa, der Ruhige, ja fast Ängstliche, und Lobochilotes labiatus, der „Klopper", benötigen schon

Über 70 Zentimeter lang wird Boulengerochromis microlepis

Viel kleiner bleiben dagegen die Neolamprologus-Arten, hier N. prochilus

wegen ihrer Körpergröße reichlich Platz. Aber auch Fadenmaulbrüter wollen sich ausschwimmen, und obwohl die meisten Arten nur knapp 15 Zentimeter groß werden, brauchen sie allein für ihren Laichkraterbau und aufgrund ihres stark ausgeprägten Revierverhaltens genügend Raum. Bei der Dekoration eines solchen „Fadenmaulbrüterbeckens" kommt es gar nicht einmal so sehr darauf an, möglichst viele Versteckmöglichkeiten zu schaffen, sondern man sollte auch hier klar abgegrenzte Reviere gestalten. So kann man dann die verschiedenen Gattungen, wie Ophthalmotilapia, Cunningtonia und Cyathopharynx, gut in einem Aquarium pflegen. Gut mit ihnen vergesellschaften lassen sich die verschiedenen Xenotilapia-Arten und auch Cyphotilapia frontosa.

Selbstverständlich kann hier nur eine kleine Auswahl von Vergesellschaftungsbeispielen angeführt werden. Der Pfleger sollte sich vorher genau mit den Arten beschäftigen und ihre Ansprüche erkunden, die er im Artenteil dieses Buches genau beschrieben findet. Dann wird es kaum Enttäuschungen geben. Ein Fehler wäre es zum Beispiel, in ein Becken mit Aufwuchsfressern einen reinen Fleischfresser zu setzen. Die Aufwuchsfresser sollen, wenn möglich, keine ballastarme Fleischkost bekommen, der Räuber verlangt aber nach kräftiger Nahrung. So gezielt, daß man beiden Arten gerecht wird, wird man in einem Aquarium gar nicht füttern können.

WELCHE TECHNIK IST ERFORDERLICH?

Zum Schluß noch ein Wort zur Technik. Um das Wasser auf die richtige Temperatur zu bringen, verwendet man normalerweise einen Regelheizer. Seine Wattleistung sollte der Hälfte des Aquariuminhaltes in Litern entsprechen, bei 600 Litern also 300 Watt. Eine Filterung muß auch sein. Für kleine Aquarien mit geringem Fischbesatz reichen entsprechende Schaumstoffilter gut aus. Bei stärkerem Besatz und in größeren Aquarien kommt man nicht umhin, auf Motorfilter zurückzugreifen. Hier gibt es geschlossene und offene Systeme, die mit einer Kreiselpumpe arbeiten. Aber auch Motorfilter, die direkt ins Aquarium eingelassen werden, lassen sich verwenden. Interessant sind Mehrkammerfilter, bei denen man einen Teil des Filtermaterials nach Gebrauch auswechseln muß. Die anderen Materialien bleiben erhalten und sind am biologischen Abbau des Schmutzes beteiligt. Ebenfalls auf biologische Wirkung ausgerichtet sind die sogenannten Rieselfilter oder großflächige Schaumstoffilter.

Der beste Filter nützt aber nichts, wenn er ausfällt, und dann kommt es schon einmal vor, daß die geliebten Fische mit weit aufgerissenem Maul im Aquarium liegen. Ein einfacher, kleiner, ständig nebenher laufender Filter, eventuell luftbetrieben, dessen Antriebselement, wenn möglich, noch von einem anderen Stromkreis versorgt wird, kann derartige Pannen verhindern und ist eine gute „Lebensversicherung“ für die Fische.

Da in den meisten Tanganjikabecken Pflanzen fehlen, braucht man der Beleuchtung kein so großes Augenmerk zu schenken. Natürlich will man seine Fische sehen, und sie sollten auch ins rechte Licht gerückt werden. Cichliden wie Cyathopharynx furcifer zeigen erst bei seitlich auffallendem Licht ihre ganze Farbenpracht. Es gibt noch eine ganze Reihe anderer metallisch glänzender Fische, die erst bei entsprechender Beleuchtung richtig zur Geltung kommen. Seitlich einfallendes Tageslicht bewirkt ein wahres Feuerwerk von Farben. In einem Aquarium mit solchen Fischen sollte die Beleuchtung sehr weit vorn zur Frontscheibe hin angeordnet sein. Gegebenenfalls kann auch eine Raumbeleuchtung nützlich sein, die man vor der Frontscheibe plaziert.

Aber auch andere Cichliden können bei richtigem Licht mehr Farbe bringen. Besonders Arten mit roten und gelben Farbtönen wirken unter einer Tageslichtleuchtstoffröhre eher fade, während durch Hinzuschalten von blau- oder rotanteiligen Leuchtstoffröhren (Sie wissen schon, die mit dem Lila, einem etwas bengalisch anmutenden Licht) diese Farben kräftiger, unter Umständen aber auch übertrieben stark gezeigt werden. Neolamprogus leleupi oder auch die roten „Sambia-Moorii“ leuchten dann geradezu. Die richtige Beleuchtung ist natürlich auch eine Geschmacksfrage, und jede(r) Aquarianer(in) sollte seinem (ihrem) Farbempfinden den Vorrang geben oder vielleicht auch einmal auf seine Frau oder auf ihren Mann hören.

Einige Körpermerkmale der Buntbarsche

Die Buntbarsche sind echte Knochenfische. Systematisch gehören sie zu den Barschartigen. Dort bilden sie eine eigene Familie, die Cichlidae. „Buntbarsche" heißen sie deshalb, weil viele Arten ausgesprochen bunte Körperfarben zeigen.

Von den Cichliden sind weit über 150 Gattungen bekannt, deren Verbreitungsgebiete sich auf Mittel- und Südamerika, wenige Gebiete in Asien und fast den ganzen afrikanischen Kontinent erstrecken. Die afrikanischen Cichliden machen den Großteil der Arten aus. Im Tanganjikasee finden wir zur Zeit 47 Gattungen mit insgesamt 167 beschriebenen Arten. Davon sind immerhin 40 Gattungen und 160 Arten und Unterarten endemisch; weitere Arten, die wissenschaftlich noch nicht untersucht wurden, warten auf ihre Erstbeschreibung.

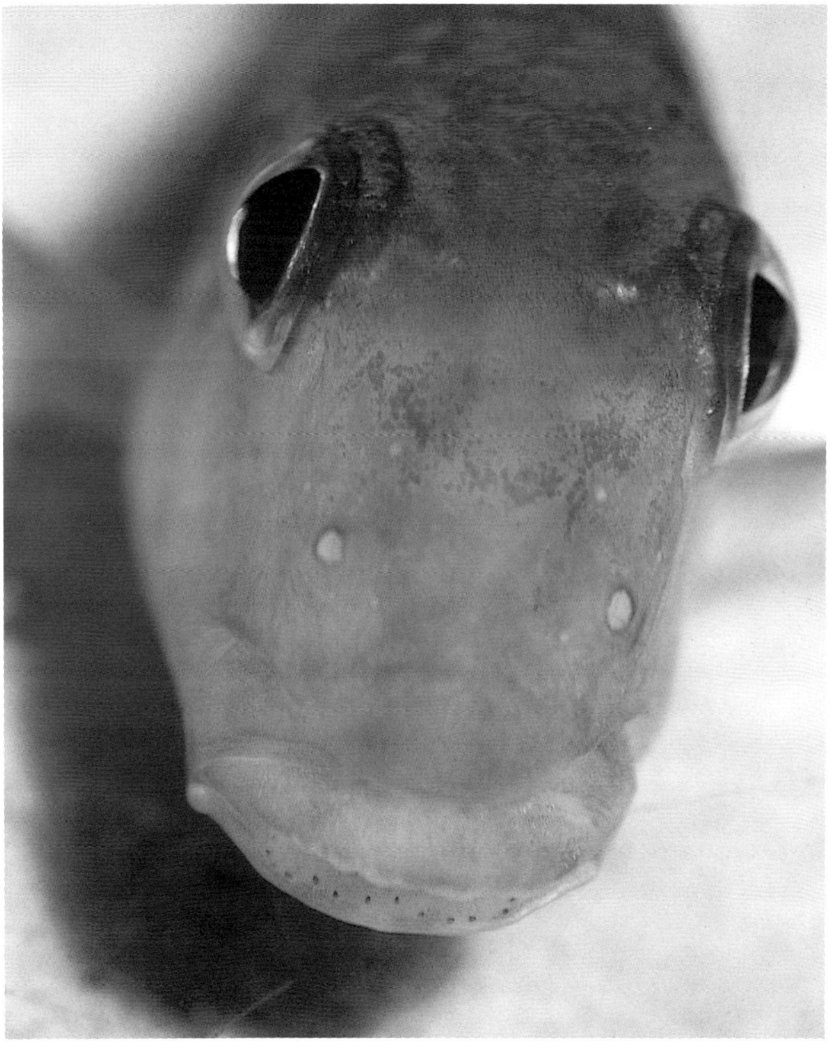

Xenotilapia ochrogenys besitzt wie alle Cichliden auf jeder Kopfseite nur eine Nasenöffnung

Alle Cichliden haben eine durchgehende Rückenflosse (Dorsale) mit zwei verschiedenen Typen von Flossenstrahlen: im vorderen Teil Hartstrahlen, oft kräftig ausgebildete Stacheln, zwischen denen sich die Flossenhäute befinden, und Weichstrahlen im hinteren Teil der Dorsale; sie sind im oberen Bereich aufgefächert und sehr weich und biegsam. Auch die Afterflosse (Anale) besteht aus einem vorderen hartstrahligen und einem hinteren weichstrahligen Teil. Die Anzahl der Hart- und Weichstrahlen dieser Flossen kann oft Aufschluß über die Artzugehörigkeit des jeweiligen Fisches geben.

Die Bauchflossen (Ventralen) sind in der Regel im vorderen Bereich verlängert. Es gibt aber auch Arten, bei denen es genau umgekehrt ist; dann dienen diese Flossen meistens als Stützorgane. Wichtig für die Fortbewegung sind die Brustflossen (Pectoralen) und die Schwanzflosse (Caudale), die gleich einem Ruderblatt für den Hauptantrieb sorgt.

Auf den Flanken der Fische sind auf einigen Schuppen deutliche Linien zu sehen, die sogenannten Seitenlinien; es handelt sich um Nervenendhügel, ein wichtiges Sinnesorgan, mit dem der Fisch Druckreize im Wasser wahrnehmen kann. Bei den Cichliden sind auf jeder Körperseite zwei Seitenlinien vorhanden, von denen eine (kurze) auf dem Schwanzstiel liegt. Einige Cichliden des Sandlitorals verfügen sogar über eine dritte Seitenlinie, die es den fluchtgewohnten Tieren ermöglicht, noch schneller auf eine mögliche Gefahr zu reagieren.

Alle Cichliden, und da unterscheiden sie sich von anderen Fischfamilien, haben auf jeder Kopfseite nur eine Nasenöffnung und im Rachen einen nur aus einem Teil bestehenden Schlundknochen. Die Lippen der Cichliden sich stets deutlich ausgeprägt, und die Kiefer tragen, je nachdem, wovon sich die betreffende Art ernährt, konische, gebogene, spatelförmige, stumpfe, zwei- oder dreispitzige Zähne.

Xenotilapia melanogenys besitzt zwei Seitenlinien, wie die meisten Cichliden. Es gibt aber auch Xenotilapia-Arten mit einer dritten Seitenlinie

Große und kleine Höhlenbrüter

Im Gegensatz zum Malawisee leben im Tanganjikasee neben einer großen Anzahl von Maulbrütern auch Höhlenbrüter. Wissenschaftlich beschrieben waren bis 1986 immerhin 60 höhlenbrütende Arten aus nur sieben Gattungen. Einige neu entdeckte Cichliden warten auf ihre Erstbeschreibung, und in den nächsten Jahren werden wohl weitere endemische Arten hinzukommen. Fast alle bisher bekannten Cichliden sind für die Aquaristik geeignet.

Die Höhlenbrüter leben fast ausschließlich im Litoral, also in der Uferzone, wobei sie meistens steinigen und felsigen Untergrund bevorzugen. Einige Arten kommen aber auch in den Übergangszonen zum Sandlitoral vor. Wichtig sind geeignete Unterschlüpfe und Nischen aus übereinander liegenden Steinen und Felsen, aber auch aus leeren Schneckengehäusen. In der Regel wird der Aquarianer sich daher bemühen, einen möglichst naturähnlichen Biotop nachzuahmen. Nicht hübsch, aber zweckmäßig können auch Tonblumentöpfe, halbe Kokosnußschalen und Ton- und Plastikröhren sein, die gleichzeitig einen Ein- und einen Ausgang haben.

Da Höhlenbrüter Reviere beanspruchen, muß jedem einzelnen Tier genügend Platz zur Verfügung stehen. Für die kleineren Arten sollte das kein Problem sein, denn die kleinsten Höhlenbrüter des Sees werden nicht einmal fünf Zentimeter lang. Dagegen erreichen die größten Arten immerhin fast 30 Zentimeter Länge. Trotz dieser großen Unterschiede ähneln sich diese Cichliden in ihren Verhaltensweisen. Höhlenbrüter zeigen alle eine mehr oder weniger stark ausgeprägte innerartliche Aggressivität, die sich auch gegen Angehörige nahe verwandter Arten richten kann.

Beim Schnorcheln wird man erkennen, daß besonders die größeren Cichliden Einzelgänger sind, während die kleineren Höhlenbrüter in näherer Distanz zu ihren Artgenossen leben. Einige Arten trifft man aber in grö-

Ein typischer Höhlenbrüter ist Neolamprologus furcifer

Lepidiolamprologus elongatus ist ein Höhlenbrüter, der im See ein großes Verbreitungsgebiet hat

ßeren Verbänden an, und dann gibt es noch Arten, die eine enge Partnerbindung eingehen. Bei den meisten finden die Partner aber erst während der Balz-, Laich- und Brutpflegezeit zusammen, was auch Aquarienbeobachtungen bestätigen. Nach der Brutpflegezeit bestehen oft nur noch lokkere oder sogar keine Beziehungen mehr zum Partner. Bei einigen Arten hat man in der Aquarienhaltung länger anhaltende Partnerschaften beobachtet, die sich aber wohl häufig aus der Pflege von nur einem Männchen und einem Weibchen ergaben. Setzt man weitere Artgenossen in dasselbe Aquarium, so kann man beobachten, daß sich das dominante Männchen sogar mit mehreren Weibchen fortpflanzt.

Das Laichverhalten verläuft bei den meisten Höhlenbrütern mehr oder weniger gleich. Nachdem die Fische eine geeignete Höhle gefunden haben, übernimmt meist das Weibchen die Säuberung des Substrates. Dann lockt es das Männchen, häufig mit eigenartigem Körperzucken, zur Bruthöhle. Nach der „Einstimmung" heftet das Weibchen mehrere Eier an das Substrat, die das Männchen anschließend befruchtet; dazu verschwindet es entweder in der Höhle, oder es setzt seinen Samen am Höhleneingang ab, der dann durch das Flossenfächeln des Weibchens in die Höhle zu den Eiern gelangt. Es kann eine geraume Zeit vergehen, bis das gesamte Gelege abgesetzt und besamt ist.

Nun übernimmt das Weibchen die Gelegebetreuung. Das Männchen wird oft nicht in der Höhle geduldet; es verteidigt aber die Reviergrenzen gegen Eindringlinge. Nur bei wenigen Arten betreuen beide Elterntiere das Gelege, wozu dann natürlich auch das Männchen in die Bruthöhle schwimmt.

Unbefruchtete und verpilzte Eier werden ständig beseitigt. Je nach Wassertemperatur schlüpfen nach rund 72 Stunden die ersten Larven. Oft hilft das Weibchen den Fischbabys aus der Eihülle heraus und bringt die geschlüpften Larven an eine geschützte Stelle in der Höhle. Dort hängen sie mit den Haftdrüsen, die sich auf dem Kopf befinden, an der Höhlenwand oder -decke und schlagen zappelnd mit den Schwänzchen, während die Mutter ständig Frischwasser in die Höhle fächelt.

HÖHLENBRÜTER: BRUTPFLEGEVERHALTEN

Nach etwa 10 bis 15 Tagen erscheinen die meisten Jungen am Ausgang des Versteckes und nehmen das erste Futter zu sich. Frisch geschlüpfte Artemia-Nauplien eignen sich sehr gut als Erstnahrung. Ein eigentliches „Führen" der Jungfische, wie es die Elterntiere vieler westafrikanischer Höhlenbrüter zeigen, gibt es in der Regel bei den Arten des Tanganjikasees nicht. In den ersten Tagen halten sich die Jungen immer in der Nähe des Versteckplatzes auf. Die Elterntiere, bei manchen Arten auch nur das Weibchen, verteidigen ihr Brutrevier und damit auch die darin lebenden Nachkommen.

Bei den meisten Arten verlassen die Jungen ab einer bestimmten Größe das Mutter- oder Elternrevier. Ja, bei einigen Arten neigen die Jungen sogar zu einer regelrechten „Nestflucht", das heißt, sie gehen kurz nach dem Freischwimmen ihre eigenen Wege. Selten werden die Kleinen über das „Babyalter" hinaus betreut, doch kommt es vor; wir kennen sogar Arten, die mehrere verschieden alte Bruten von Jungfischen gemeinsam in ihrem Brutrevier aufziehen. Ältere Geschwister übernehmen dann Verteidigungsaufgaben! Wenn man nur eine Art im Aquarium pflegt, braucht man die Jungfische in der Regel nicht zu entfernen. Erst wenn die Alttiere den Halbwüchsigen nachstellen oder wenn sie sich erneut fortpflanzen wollen, sollte man die Jungfische herausfangen. Die Nachkommen lassen sich sehr gut mit Artemia-Nauplien, Cyclops, Wasserflöhen und später auch mit Mückenlarven großziehen.

Viele Höhlenbrüter des Tanganjikasees sind Räuber, die sich von Fleischkost ernähren. Man sollte daher entsprechendes Futter stets zur Verfügung haben. Einige Arten verweigern auch die Annahme von Kunstfutter. Die ganz großen Höhlenbrüter sind in der Regel Fischräuber, was man bei der Auswahl der Beckenmitinsassen berücksichtigen sollte.

Bei fast allen Höhlenbrütern sehen Männchen und Weibchen hinsichtlich der Gestalt und der Färbung völlig gleich aus. Nur an der Größe und manchmal an der Kopfform lassen sich die Geschlechter unterscheiden: Oft werden die Männchen größer oder entwickeln eine Stirnbeule. Der Vergleich der Genitalöffnungen kann bei einigen Arten einen recht sicheren Aufschluß über die Geschlechtszugehörigkeit der Fische geben, während es bei anderen Arten aber auch beinahe unmöglich ist, eine Bestimmung nach diesen Merkmalen vorzunehmen. In solchen Fällen helfen nur genauere Verhaltensbeobachtungen.

Schlankcichliden: Julidochromis und Chalinochromis

Bei den hier besprochenen Cichliden finden wir ausnahmslos schlanke, gestreckte Arten mit ovalem Körperquerschnitt und kleinem Kopf. Am endständigen bis leicht unterständigen Maul sind die Lippen deutlich wulstig. Auf den Kiefern stehen sehr kleine spitze Zähne. In der Natur fressen diese Cichliden verschiedene Insektenlarven und im Wasser schwebende oder zwischen den Algen befindliche Kleinstlebewesen. Es ist also kein Problem, diese Tiere auch im Aquarium richtig zu ernähren. Vertreter der Gattungen Julidochromis und Chalinochromis fressen gern Mückenlarven, Cyclops, kleine Mysis sowie ausgewachsene Artemien und auch Kunstfutter.

SCHLANK-CICHLIDEN IM AQUARIUM

Für beide Gattungen gelten die gleichen Pflegehinweise. So kann man sie schon in einem 60-Liter-Aquarium züchten, darf dann aber nur ein Pärchen einsetzen. Harmonisieren die beiden Tiere nicht, trennt man sie besser, will man Verluste vermeiden. In der Natur trifft man die Tiere häufig einzeln an; möglicherweise finden die Paare nur zur Laichzeit zusammen. Hält man diese Fische in einem großen Aquarium, laicht das stärkste Männchen in gewissen Abständen oft auch mit anderen Weibchen. Während der Brutpflege übernimmt das Männchen etwa dieselben Aufgaben wie das Weibchen. Beide Tiere betreuen gleichermaßen Gelege und Jungfische, sammeln unbefruchtete Eier ab und verteidigen das Revier. Ein einfacher umgestülpter Blumentopf, der oben oder an der Seite eine Einschlupföffnung hat, kann als Bruthöhle dienen. Interessanterweise kommt es bei den Schlankcichliden häufig zu mehreren Bruten nacheinander, ohne daß die älteren Geschwister aus dem Brutrevier vertrieben werden. Ja, sie dürfen sich sogar in unmittelbarer Umgebung des neuen Geleges aufhalten. Von einer bestimmten Individuendichte im Aquarium an stellen die Alttiere aber die Brutpflege ein, so daß man die Jungtiere entfernen sollte. Weder Julidochromis- noch Chalinochromis-Arten wurden in der Natur in Gruppen beobachtet. Ältere Jungfische ab einer bestimmten Größe müssen im See das elterliche Brutrevier verlassen.

Zu der mit Steinen gut gegliederten Beckeneinrichtung, in der selbst für nur zwei Tiere mehrere Verstecke sein sollten, können auch Pflanzen gehören, weil Schlankcichliden kaum wühlen und sich aus Grünkost nichts machen. Je nach Aquariengröße dürfen wir kleinere und ruhige Höhlenbrüter, aber auch die aufwuchsfressenden Maulbrüter sowie „Fadenmaulbrüter“ und „Sandcichliden“ mit pflegen, die ja andere Revieransprüche stellen. Julidochromis und Chalinochromis stehen sich verwandtschaftlich sehr nahe, wie es sich äußerlich besonders in der Körperform und den zahlreichen Hartstrahlen in Rücken- und Afterflosse zeigt. So können wir sie auch von anderen Höhlenbrütergattungen unterscheiden.

CHALINO-CHROMIS BRICHARDI

Die Gattung *Chalinochromis* ist zur Zeit immer noch monotypisch. Bisher einzige beschriebene Art ist *Chalinochromis brichardi* Poll, 1974. Der Gattungsname ist auf die zügelartigen Kopfstreifen zurückzuführen, während sich der Artname auf den Entdecker bezieht. Belegte Fundorte sind Gebiete an der Burundi- und Sambiaküste. Staeck konnte die Tiere auch am Westufer des Sees nachweisen. An dem von mir in Sambia untersuchten Küstenstreifen traf ich Ch. brichardi im Felslitoral, dem bevorzugten Lebensraum, nie häufig an. Dank ihrer hellen Körperfärbung sind die Tiere sehr gut auszumachen, zumal die oberste Verbreitungsgrenze in ein bis zwei Meter Tiefe liegt. Chalinochromis brichardi ist mit zwölf Zentimeter Länge ausgewachsen und zeigt einen beigefarbenen Körpergrundton. Die Flossen sind ähnlich, aber transparenter gefärbt. In der Rückenflosse liegt vor dem Weichstrahlbereich ein deutlicher schwarzbrauner Fleck, den vor allem die Tiere aus dem Norden und dem Osten zeigen. Den aus Sambia stammenden Cichliden fehlt dieser Fleck häufig.

Auffällig gezeichnet ist der Kopfbereich: Ein braunschwarzer Zügelstreifen liegt auf der Stirn und zwei weitere, gleichfarbige Bänder zwischen den Augen und von der Schnauzenspitze zu den Augen. Hinter den Augen fließen diese Streifen zusammen und enden auf den Kiemendeckeln in einer gebogenen Linie. Auch der Brustflossenansatz ist braunschwarz.

Jungfische zeigen in den ersten Lebenswochen zwei dunkle, horizontale Linien auf den Körperseiten, die, je älter die Tiere werden, erst unterbrochen sind und dann, noch vor Beginn der Geschlechtsreife, völlig verschwinden.

Interessanterweise zeigen drei weitere Vertreter dieser Gattung, deren wissenschaftliche Beschreibung noch aussteht, ein ähnliches Farbkleid wie die Jungfische von Ch. brichardi. So wurde Mitte der siebziger Jahre ein

Nur im Süden des Sees lebt Julidochromis dickfeldi

CHALINOCHROMIS SPEC. „BIFRENATUS“

Cichlide von der Tansaniaküste importiert, der die vorläufige Handelsbezeichnung *Chalinochromis spec.* „bifrenatus“ erhielt und der bis ins hohe Alter eben diese zwei waagerechten braunschwarzen Linien auf beigem Körpergrund besitzt. Der erste Längsstreifen zieht sich von der Oberseite des Schwanzstieles über den Rücken bis kurz oberhalb des Auges. Eine zweite Linie erstreckt sich von der Schwanzwurzel über die Körpermitte bis zur braunschwarzen Kiemendeckelzeichnung. Auf dem Kopf wiederum die für die Gattung typischen Zügelstreifen. Allerdings fehlt Ch. spec. „bifrenatus“ der obere Stirnstreifen. Rücken- und Afterflosse sowie Teile der Schwanzflosse zeigen einen hellblauen und schwarzen Saum.

CHALINOCHROMIS SPEC. „NDOBHOI“

Ebenfalls von der Ostküste des Sees stammt *Chalinochromis spec.* „Ndobhoi“. Dieser Cichlide zeigt eine beige Körpergrundfärbung, die bei sehr alten Tieren häufig dunkler wird. Anstatt zwei geschlossener Längslinien treten nur noch in zwei waagerechten Reihen angeordnete Punktzeichnungen auf. Weitere deutliche dunkelbraune bis schwarze Flecken liegen in der Basis der Dorsale. Auch sind die Zügelzeichnungen auf dem Kopf häufig unterbrochen. Adulte Männchen, die mit knapp 13 Zentimeter Länge ausgewachsen sind, bekommen eine auffallende Stirnwölbung.

CHALINOCHROMIS SPEC. „POPELINI“

Eine weitere Art ist im Handel als *Chalinochromis spec.* „popelini“ erhältlich. Auffälligstes Merkmal ist bei diesem Cichliden eine dritte, dunkelbraune Längslinie, die sich unterhalb der gelblichen Rückenflosse von der Stirn bis zur Schwanzwurzel erstreckt. Auf der Basis der Caudale befindet sich zudem ein dunkelbrauner runder Fleck. Aber nicht nur in der Färbung gibt es Unterschiede, sondern auch in der Form der Schwanzflosse: So zeigt Ch. spec. „popelini“ eine leicht eingebuchtete Caudale, während die anderen hier vorgestellten Arten eher eine gerundete oder spatelförmige Schwanzflosse besitzen.

Die *Julidochromis*-Arten unterscheiden sich von der Gattung Chalinochromis hauptsächlich durch das Fehlen der Warzen auf den wulstigen Lippen. Einige neigen dazu, streitsüchtig zu werden, besonders nach einem kräftigen Wasserwechsel und nach Dekorationsveränderungen. Dabei kann der stärkere Partner eines schon lange eingespielten Zuchtpaares – bei den Julidochromis kann auch das Weibchen das größere Tier sein – plötzlich den anderen zu Tode beißen oder jagen.

JULIDOCHROMIS ORNATUS

Bereits 1898 beschrieb Boulenger die Typusart, *Julidochromis ornatus* (lat. ornatus = geschmückt), deren Weibchen mit gut sieben Zentimeter Länge ausgewachsen sind, während die Männchen etwas kleiner bleiben. Wie bei vielen anderen Cichliden des Tanganjikasees gibt es auch von J. ornatus verschiedene Farbvarianten, von denen die nördliche bekannter ist, während die südlichen Varianten nur gelegentlich importiert wurden. Die Wildfangtiere von der Nordwestküste sowie die aus der Umgebung des Kalamboflusses in Sambia besitzen eine herrlich gelbe Körpergrundfärbung, die leider bei den in der schon x-ten Generation gezüchteten Tieren nicht mehr vorhanden ist. Oftmals ist der Grund dafür im nicht geeigneten Futter zu suchen: Eine Ernährung mit Cyclops und Artemia läßt die Farbe unter Umständen wieder kräftiger erstrahlen.

Nach wie vor steht die wissenschaftliche Beschreibung von Chalinochromis spec. „Ndobhoi" aus

Bei Chalinochromis spec. „bifrenatus" könnte es sich um eine Farbvariante von Chalinochromis brichardi handeln

Der gewissenhafte Aquarianer sollte das Zustandekommen solcher Bastardzuchten vermeiden

Nur selten werden so dunkle Tiere von Julidochromis transcriptus angeboten

Der bekannteste Vertreter seiner Gattung ist zweifellos Julidochromis ornatus

Die bisher einzige beschriebene Art der Gattung Chalinochromis: Ch. brichardi

Chalinochromis spec. „popelini“ besitzt eine leicht eingebuchtete Caudale (oben). In verschiedenen Farbvarianten kommt Julidochromis regani vor

Tiere aus der Umgebung von Mpulungu sind eher hellbeige und zeigen wie die beiden anderen Rassen drei horizontale schwarzbraune Körperlinien. Die obere Binde liegt an und in der Basis der Rückenflosse, die zwei weiteren, ungefähr vier Millimeter breiten Streifen liegen darunter. Alle Linien sind bis zum Kopf durchgezogen und vereinigen sich mit den Streifen der jeweils anderen Körperseite. Bis auf die gelben Brustflossen können alle Flossen einen zweifarbigen Saum haben. Auf der Schwanzflosse befindet sich ein schwarzbrauner Punkt.

JULIDOCHROMIS DICKFELDI

Julidochromis dickfeldi ist mit etwa acht bis neun Zentimeter Länge ausgewachsen und wurde erst 1975 von Staeck beschrieben. Die Art ist meines Wissens bisher nur im südlichen Teil des Sees nachgewiesen. Belegt durch eigene Beobachtungen sind Fundorte am Cape Kipimbi, in der Cameron und Ndole Bay sowie der Umgebung des Cape Kachese. Selbst als Schnorchler hat man gute Möglichkeiten, die Tiere zu beobachten, da ihr oberes Verbreitungsgebiet bei etwa 50 Zentimetern liegt. Sie sind allerdings nicht sehr häufig und nur als Einzelgänger zu sehen. Neben einer braunbeigen Körpergrundfärbung fallen drei schmale, fast schwarze, waagerechte Linien auf, die alle in der oberen Körperhälfte liegen. Auch auf dem Kopf sind Streifen und kleine braunschwarze Farbmuster sichtbar. Auf den Wangen, den Kiemendeckeln sowie den Körperseiten können bläulich oder silbrig irisierende Glanzzeichnungen auftreten. Die Flossen sind rußiggrau bis rußigblau, und besonders in den unpaarigen Flossen zeigen sich hellblaue Pünktchenmuster, an den Rändern auch blaue Säume.

JULIDOCHROMIS MARLIERI

Auch *Julidochromis marlieri* trägt einen Widmungsnamen. Poll beschrieb die Art 1956. Mit gut zwölf Zentimeter Körperlänge gehört sie zu den größeren dieser Gattung. Hellbeige ist die eigentliche Körperfarbe, die durch drei waagerechte, manchmal unterbrochene, schwarzbraune Linien und etwa acht senkrechte gleichfarbige Binden unterbrochen wird; dadurch entsteht eine Art „Netzmuster". Auch die dunkelbraune Bänderung des Kopfes hebt sich kontrastreich vom hellbeigen Kopf ab. In den Flossen tritt die Körpergrundfarbe deutlich zurück, so daß mehr die schwarzbraunen Linien auffallen. Bis auf die gelblichen Brustflossen zeigen alle anderen Flossen einen hellblauen schmalen Saum.

JULIDOCHROMIS REGANI

Julidochromis regani kann ebenfalls über zwölf Zentimeter lang werden. Poll widmete die Art 1942 dem britischen Ichthyologen Regan. Bekannt sind Fundorte sowohl von den nördlichen, östlichen als auch den südlichen Uferstreifen. Diese geographischen Rassen unterscheiden sich deutlich. So zeigen die Tiere aus dem Norden eher eine beige Körperfärbung, während die im Süden gefangenen gelbliche Körpergrundfarben aufweisen. Auch tritt bei einigen Rassen ein herrlicher hellblauer Saum in der Rücken-, After- und Schwanzflosse auf. Allen gemeinsam sind neben der Körpergestalt die vier dunkelbraunen, waagerechten Linien, die vom Kopf bis zum Schwanzstiel reichen. Die obere liegt auf der Rückenflossenbasis, die zwei nächsten ziehen wenige Millimeter darunter, die unterste liegt auf dem Bauch. Weitere Linien und Bänder zeigen die unpaarigen

Julidochromis marlieri gehört zu den größeren Schlankcichliden

Flossen. Bauch- und Brustflossen schimmern gelblich. Julidochromis regani ist, wenn auch nicht gerade häufig, schon in den flacheren, steinigen und felsigen Küstenabschnitten anzutreffen. Im Sandlitoral wird man ihn jedoch vergebens suchen.

JULIDOCHROMIS TRANSCRIPTUS

Das gilt auch für *Julidochromis transcriptus* Matthes, 1959, dessen Artname auf die Körperzeichnung hinweist. Bei manchen Tieren tritt die beige Grundfarbe anderer Julidochromis-Arten fast völlig zurück. Lediglich im Kopfbereich, auf der unteren Körperhälfte und dem Schwanzstiel sowie vereinzelt auch im Basisbereich der Rücken- und Schwanzflosse sind beige bis weißlichbeige Flächen zu erkennen. Sonst ist der Körper einheitlich schwarz bis schwarzbraun, wobei es je nach Vorkommensgebiet hellere und dunklere Farbschläge gibt. Bis auf die gelblich-durchsichtigen Brustflossen sind die Flossen schwarz oder grau. Die unpaarigen Flossen besitzen markante hellblaue Flossensäume. Bisher wurde diese mit fast sieben Zentimeter Länge kleinste Julidochromis-Art nur im nördlichen Bereich des Sees nachgewiesen.

Man sollte darauf achten, daß unter bestimmten Voraussetzungen die einzelnen Julidochromis-Arten untereinander kreuzen und daß die Bastarde sogar fruchtbar sein können: Bei einem mir bekannten Aquarianer verpaarten sich in einem Gesellschaftsaquarium ein J.-regani-Weibchen und ein J.-dickfeldi-Männchen. Die Jungen waren hübsch und gleichmäßig gefärbt, so daß der Pfleger die Nachzuchten nicht abtötete. Ein Weibchen dieser Mischlinge „vergaß“ dann, in welche Gattung es gehörte, und laichte mit einem Neolamprologus elongatus (vormals Lamprologus brichardi) ab. Das Kreuzungsprodukt ist auf Seite 43 zu sehen. Wer nun denkt, diese Tiere seien steril gewesen, der irrt. Ich selbst konnte die Jungtiere sehen, die auf den ersten Blick alle aussahen wie die Alttiere. Nach Aussage des Aquarianers wurden keine dieser Bastarde in Umlauf gebracht. Daß es solche oder ähnliche Kreuzungen auch bei anderen Aquarianern gegeben hat, ist bekannt. Manchmal läßt sich das auch gar nicht vermeiden. Wissentlich solche Tiere als gute Arten zu verbreiten, grenzt dagegen an Betrug.

Eine Gattung mit zwei Gesichtern: Telmatochromis

Selbst der Laie wird feststellen, wenn er sich die Cichliden der im Tanganjikasee endemischen Gattung Telmatochromis genauer anschaut, daß man die fünf Arten in zwei Gruppen einteilen kann. Die Unterschiede betreffen vor allem die Kopfform und das Verhältnis Körperhöhe: Körperlänge. Telmatochromis burgeoni, Telmatochromis caninus und Telmatochromis temporalis besitzen zwar auch einen langgestreckten, seitlich abgeflachten Körper, sind aber deutlich höher als Telmatochromis bifrenatus und Telmatochromis vittatus, die viel flacher gebaut sind und dadurch wesentlich längergestreckt wirken. Auch sind die Kopfform der beiden letztgenannten Arten deutlich zierlicher und das Maul kleiner als bei der ersten Gruppe, deren Vertreter zudem im Alter dazu neigen, eine kleine Stirnbeule zu bekommen. Aber auch in der Färbung sind Unterschiede vorhanden: So zeigen T. bifrenatus und T. vittatus Längslinien vom Kopf bis zur Schwanzwurzel, während die anderen drei Arten einfarbig sind oder vertikale Bänder aufweisen.

TELMATOCHROMIS IM AQUARIUM

In der Pflege sind alle fünf Arten anspruchslos, wenn man einmal von der innerartlichen Aggressivität absieht. Es ist häufig schwierig, mehrere Tiere miteinander zu vergesellschaften, und dabei kommt es gelegentlich zu Verlusten. Findet sich aber ein Pärchen, dann pflanzen sich die Tiere in einem umgestülpten Blumentopf oder einer anderen Höhle willig fort. Das Weibchen übernimmt die Betreuung des Geleges, während das Männchen für den Revierschutz zu sorgen hat.

Je nach Wassertemperatur schlüpfen die Larven zwischen 70 und 80 Stunden nach der Eibefruchtung. Weitere fünf bis sechs Tage vergehen, ehe die Jungen nicht mehr zappelnd mit den Kopfdrüsen an der Höhlenwand hängen, sondern frei schwimmen. Sie sind dann bereits in der Lage, frisch geschlüpfte Artemia-Nauplien zu sich zu nehmen. Die Jungen bewegen sich schon einige Tage nach dem erstmaligen Verlassen der Bruthöhle im gesamten Aquarium umher. Die Elterntiere übernehmen die Revierverteidigung. Bald erlischt jedoch der Brutpflegetrieb, und die Jungen sind sich selbst überlassen. Eine Paarbindung der Alttiere zwischen den Brutphasen konnte ich nicht beobachten.

Da alle Telmatochromis-Arten gierige Fresser sind, wachsen die Jungen rasch heran. Kräftige Nahrung ist unumgänglich. Erwachsene Tiere ernährt man am besten mit Fleischkost, wie etwa verschiedenen Garnelen, Fischfleisch, Mückenlarven und ähnlichem. In der Natur kann man aber auch beobachten, wie einzelne Telmatochromis-Arten Aufwuchs fressen oder in den Algen nach Nahrung suchen. Die Beckeneinrichtung muß sehr gut gegliedert sein, also viele Versteckplätze aufweisen. Da sich Telmatochromis-Arten nicht an Pflanzen vergreifen, kann man das Aquarium auch begrünen. In größeren Becken sollte man nur ein Telmatochromis-Pärchen pflegen. Als weitere Beckeninsassen kommen die verschiedenen Aufwuchsfresser in Frage, aber auch andere kräftige Höhlenbrüter lassen sich dazusetzen.

TELMATOCHROMIS BIFRENATUS

Telmatochromis bifrenatus Myers, 1936 wurde schon häufiger importiert. Der Artname weist auf die zwei schwarzbraunen Längsstreifen hin, die sich über den beigefarbenen Körper ziehen. Eine weitere dunkle Linie trägt die Basis der Rückenflosse. Durch den unteren Körperstreifen ziehen sich einige schwach angedeutete dünne Striche.

TELMATOCHROMIS VITTATUS

Diese Linien besitzt auch der sehr nahe Verwandte *Telmatochromis vittatus* Boulenger, 1898. Beide Arten ähneln einander in Farbe und Gestalt sehr. So zeigt auch T. vittatus zwei Körperstreifen, von denen der eine etwa auf der Körpermitte liegt, der andere auf und an der Basis der Rükkenflosse. Der Artname weist übrigens auf diese Bänderung hin. Auf der Schwanzwurzel befindet sich ein dunkler Fleck. Die unpaarigen Flossen sind wie bei T. bifrenatus gelblich und tragen einen schmalen schwarzen, teilweise auch blauschwarzen Saum. Übernimmt man die Angaben von Poll, so gibt es zwischen diesen beiden Arten die folgenden Unterschiede.

Telmatochromis bifrenatus wirkt nicht so hochrückig wie T. vittatus, und die Kopfprofillinie vom Maul zum Rückenflossenansatz verläuft we-

Im flachen Wasser der Ndole Bay ist Telmatochromis vittatus regelmäßig anzutreffen

Deutlich sieht man die „Hundszähne" im Maul von Telmatochromis caninus

sentlich flacher. Telmatochromis vittatus kann fast zehn Zentimeter lang werden, während T. bifrenatus mit knapp sieben Zentimeter Länge ausgewachsen ist. Ferner gibt es Unterschiede in der Bezahnung, die allerdings nicht mit bloßem Auge zu sehen sind.

Beide Arten leben im oberen Fels- und Geröllitoral; aber auch in Sandzonen mit durchlöcherten Sandsteinplatten konnte ich Telmatochromis vittatus häufig beobachten. Direkt an der Ndole Bay sind die Tiere so zahlreich, daß man schon von einem „geselligen Treiben" sprechen kann; dennoch leben die Fische territorial.

TELMATOCHROMIS TEMPORALIS

Telmatochromis temporalis Boulenger, 1898 ist im See ebenfalls sehr häufig vertreten und bereits in 50 Zentimeter Wassertiefe anzutreffen. Zwischen den unterhöhlten Steinen und vor ihren Versteckplätzen verfolgt einer den anderen, und wer verliert, muß sich einen neuen Standort suchen.

Während die beiden vorher vorgestellten Arten ein fast endständiges Maul haben, ist das von T. temporalis deutlich nach oben gerichtet. Die Körpergrundfärbung kann je nach Standort und Stimmung sehr unterschiedlich sein. So sind aus der Umgebung von Cape Chaitika Tiere bekannt, die eine gelbbeige Färbung besitzen, während Exemplare von der Kasaba Bay fast schwarz wirken. Stimmungsbedingt können solche Farben heller oder dunkler erscheinen. Auf der Stirn und der Schnauze befinden sich häufig schlangenartige braune oder graue Linien, und dunkle Streifen verbinden das Auge mit dem Kiemendeckel. Der Artname weist auf diese Schläfenzeichnung hin. Die Flossen sind meist genauso gefärbt wie der Körper; an den Säumen zeigen sie bläuliche Farbtöne. Adulte Männchen, die einen deutlichen Stirnbuckel bekommen, können bis zu zwölf Zentimeter lang werden.

Telmatochromis caninus Poll, 1942 weist ähnliche Körpermaße auf. Der Artname deutet auf die Form der Zähne hin, die deutlich in dem tiefgespaltenen und schräg nach oben weisenden Maul zu sehen sind und dem Fisch das Aussehen eines Räubers verleihen. Dieser Cichlide ist einer der häufigen Bewohner des oberen Geröll- und Felslitorals, und somit ist

Links: Im Geröllitoral ist Telmatochromis temporalis zu Hause. Rechts: Diese Art zeigt eine enge Bindung an leere Schneckengehäuse. Ist dieser Fisch Telmatochromis burgeoni?

Telmatochromis bifrenatus besitzt den flachsten Körper in der Gattung

es kaum verwunderlich, daß die Art mehrmals importiert wurde. Da T. caninus aber einer der rauflustigsten Vertreter seiner Gattung ist, wird er verständlicherweise nicht mehr oft gepflegt; zudem ist der Fisch nicht gerade farbenprächtig. Aber auch bei dieser Art gibt es einige Standortvarianten, die sich farblich ein wenig voneinander unterscheiden. Neben graubraunen Körpergrundfarben sind auch gelbbraune Körperfarben bekannt. Auf der bei adulten Männchen deutlich ausgeprägten Stirnbeule befinden sich dunkle Schlangenlinien, die mehr oder weniger stark auffallen. Eine braungelbe bis orangegelbe schmale Linie führt vom Auge über den Kiemendeckel bis zum Brustflossenansatz, und eine zweite Linie verläuft schräg vom Mundwinkel nach unten. Die Flossen zeigen meist dieselbe Farbe wie der Körper. Besonders in den unpaarigen Flossen sind zusätzlich ein helles Pünktchenmuster zu sehen und an den Rändern weiß-schwarze oder blau-schwarze Säume.

TELMATOCHROMIS BURGEONI

Telmatochromis burgeoni Poll, 1942 ist sehr nahe verwandt mit T. caninus und T. temporalis und wurde vermutlich 1985 erstmalig importiert. Der Körpergrundton ist Braun bis Braungrau, und auf den Flanken können stimmungsbedingt sieben bis acht vertikale dunkle Linien auftreten. Eine braune Zeichnung verläuft vom Auge zum Kiemendeckelfleck und eine zweite Linie, die aber bläulich schimmert, vom Auge zum Mundwinkel. Auf der Stirnbeule können dunkle, unscharf begrenzte Markierungen liegen. Die Flossen dieses etwa fünf Zentimeter großen Fisches sind im allgemeinen mittelgrau und zeigen wie bei T. caninus helle Tüpfelmuster. Alles in allem trifft diese Beschreibung auf eine Telmatochromis-Art zu, die — so zeigten Aquarienbeobachtungen — bevorzugt leere Schneckengehäuse bewohnt und eine enge Paarbindung eingeht.

Bereits 1919 beschrieb Boulenger „Lamprologus“ dhonti. Auch dieser kaum bekannte Cichlide erinnert stark an T. burgeoni. Sollte es sich herausstellen, daß „L.“ dhonti mit T. burgeoni identisch ist, dann muß der Name der zuletzt genannten Art entsprechend geändert werden.

Nach Beobachtungen von Büscher gibt es in der Gattung Telmatochromis weitere Cichliden, die in Schneckengehäusen laichen. So fand Büscher im Tanganjikasee eine T. vittatus ähnelnde Art in leeren Neothauma-Gehäusen.

Die ehemalige Sammelgattung Lamprologus

Die Arten der ehemaligen Sammelgattung *Lamprologus* kommen nicht nur im Tanganjikasee vor. Allgayer und Colombe waren der Ansicht, diese Gattung 1985 einer Revision unterziehen zu müssen. Sie trennten in ihrer Arbeit die „Zaire-Lamprologus“ von den „Tanganjika-Lamprologus“ ab, was durchaus zu begrüßen ist. Seit Allgayers und Colombes Revision gehören nunmehr allein die im Zairebecken beheimateten Arten der Gattung Lamprologus an. Typusart ist der von Schilthuis beschriebene *Lamprologus congoensis.*

Alle „Tanganjika-Lamprologus“ erhielten neue Gattungsnamen, denn Allgayer und Colombe fanden unter den ehemaligen Lamprologus-Arten des Tanganjikasees auch noch Unterschiede, hauptsächlich an den Unteraugenknochen, so daß sie diese Cichliden noch weiter aufsplitteten und den vier Gattungen Lepidiolamprologus, Neolamprologus, Paleolamprologus und Variabilichromis zuordneten. Es soll aber nicht verschwiegen werden, daß die Arbeit von Allgayer und Colombe keineswegs überall auf Zustimmung stieß, weil man zum einen eine Aufsplitterung der ehemaligen Sammelgattung nur anhand der Unteraugenknochen für wenig sinnvoll hält und zum anderen bemängelt, daß in der Gattung Neolamprologus so viele unterschiedliche Arten zusammengefaßt werden, daß es durchaus konsequent und sinnvoll wäre, hier noch weitere Gattungen aufzustellen.

Früher Lamprologus brichardi — heute Neolamprologus elongatus, ob es dabei wohl bleiben wird?

Große, langgestreckte Räuber: Lepidiolamprologus

Der Gattungsname *Lepidiolamprologus* wurde bereits 1904 von Pellegrin für Lamprologus elongatus verwendet. Dieser Name setzte sich jedoch bei den Wissenschaftlern nicht durch, so daß vorerst der alte Gattungsname Bestand hatte. Heute nun werden in dieser wiederbelebten Gattung sechs Arten des Tanganjikasees zusammengefaßt. Es handelt sich um langgestreckte, mäßig hochrückige Cichliden, die auf der Seitenlinie mehr als 60 kleine Schuppen aufweisen. Alle sechs Arten werden über 15 Zentimeter lang und gehören zu den ausgesprochenen Räubern. In der Natur ernähren sie sich in der Regel von kleineren Fischen und Krebstieren. Das sollte man bei der Haltung im Aquarium berücksichtigen, denn eine kräftige Fleischkost ist die wichtigste Voraussetzung für das gute Gedeihen dieser Fische. Zerkleinertes Rinderherz, Fischfleisch und Krabben sollten daher auf der Speisekarte nicht fehlen.

LEPIDIOLAMPROLOGUS IM AQUARIUM

Das Aquarium muß entsprechend groß sein. In der Regel lassen sich die Tiere paarweise pflegen. Um die starke innerartliche Aggressivität zu dämpfen, kann man verschiedene große Maulbrüter mit hinzusetzen. Besitzt man ein harmonisierendes Pärchen, so ist die Zucht in einem 150 bis 250 Liter fassenden Becken durchaus möglich. Wichtig ist aber, daß genügend Verstecke und Reviergrenzen vorhanden sind.

Mit mehr als 500 Jungfischen pro Brut sind diese Arten sehr produktiv. In der Regel betreut das Weibchen das Gelege, während das Männchen die Reviergrenzen bewacht. Außerhalb der Brutzeit ist keine feste Paarbindung zu beobachten. Im Tanganjikasee trifft man diese Cichliden einzeln im Fels- und Geröllitoral an. Einige Arten sind sehr häufig im Litoral zu sehen und über den ganzen See verbreitet. Andere dagegen, wie L. nkambae und L. kendalli, wurden bisher nur im Süden des Sees nachgewiesen und dort auch nur vereinzelt und recht selten.

LEPIDIOLAMPROLOGUS ATTENUATUS

Häufig trifft man in den verschiedensten Biotopen *Lepidiolamprologus attenuatus* (Steindachner, 1909) an, der seinen Artnamen wegen des schlichten Farbkleides trägt. Diesen mit ungefähr 15 Zentimeter Länge ausgewachsenen Cichliden findet man in der Regel im freien Wasser, also nicht in direktem Kontakt zu den Felsen und dem Bodengrund, wie das bei einigen anderen Lepidiolamprologus-Arten der Fall ist. Der langgestreckte, wenig hochrückige Körper zeigt neben einer beigebraunen Grundfärbung einige Linien aus hellblauen Glanzstreifen auf den Körperseiten. Zudem liegen dunkle unscharf begrenzte Punkte auf der Körpermitte, die jedoch nur in der Schreckfärbung gezeigt werden. Immer deutlich sichtbar ist nur ein kräftig schwarzer Fleck in der Körpermitte. Die Flossen sind gelbbeige, die Rücken- und die Schwanzflosse haben einen schwarz-weißen Saum. Die Art wird nicht allzu häufig importiert.

LEPIDIOLAMPROLOGUS CUNNINGTONI

Das trifft auch für *Lepidiolamprologus cunningtoni* (Boulenger, 1906) zu. Auch bei diesem Raubcichliden finden wir den langgestreckten Körper mit den vielen kleinen Flankenschuppen. Seine Zähne sind auffallend spitz und verraten sofort den Fleischfresser. Mit 30 Zentimeter Gesamtlänge gehört die Art schon mit zu den größten Höhlenbrütern des Tanganjikasees. Neben der braungrauen Körpergrundfarbe fallen vor allem die vielen silbrigweiß schillernden Schuppenzeichnungen ins Auge. In der Schreckfärbung treten häufig dunkelgraue, vertikale Streifen auf den Körperseiten auf. Je nach Lichteinfall können die Lippen bläulich glänzen. Die Rückenflosse, die ebenfalls etliche weiße Tüpfel aufweist, ist in der Regel dunkelgrau und besitzt einen schmalen weiß-schwarzen Saum. Die Farbe der Bauchflossen sowie der After- und Schwanzflosse ist Hellgrau.

LEPIDIOLAMPROLOGUS ELONGATUS

Lepidiolamprologus elongatus Boulenger, 1898, die Typusart der Gattung, ist farblich ansprechend gemustert. Der Artname weist auf den langgestreckten Körper hin, der auf dunkel- bis olivbraunem Grundton drei auffallend hell gepunktete Längslinien trägt. Die unpaarigen dunklen Flossen zeigen ebenfalls silbrigweiße Punkte, und in der Rückenflosse befindet sich oft ein schmaler gelboranger Saum. Lepidiolamprologus elongatus trifft man schon in geringer Wassertiefe an. Die Fische sind hauptsächlich in den steinigen Litoralzonen zu Hause, ziehen aber häufig in einiger Entfernung zum Bodengrund rastlos umher, um dann bei günstiger Gelegenheit einen maulgerechten Happen zu erwischen.

Ich konnte die Tiere am Stellnetz beobachten, wo sie versuchten, Fische herauszuholen, die sich mit den Kiemen in den engen Maschen verfangen hatten. So war es dann auch kein Problem, die so beschäftigten L. elongatus zu fangen. Meist traf ich Tiere von 10 bis 15 Zentimeter Länge an; ausgewachsene Exemplare können aber wohl gut 20 Zentimeter lang werden.

Lepidiolamprologus nkambae besitzt wie alle Arten dieser Gattung mehr als 60 Schuppen in der Längsreihe

Lepidiolamprologus attenuatus schwimmt stets in einem größeren Abstand zum steinigen Untergrund

LEPIDIOLAMPROLOGUS KENDALLI

Lepidiolamprologus kendalli ist sehr nahe verwandt mit L. elongatus. Man fing diese Art mit Kiemennetzen in 40 Meter Tiefe in der Nähe der Mutondwe Insel, die im äußersten südöstlichen Teil des Sees der Küste bei Mpulungu vorgelagert ist. Poll und Stewart benannten die Art 1977 nach ihrem Entdecker. Sie beschrieben auch die Färbung dieses Cichliden: Der Körper ist braun oder gelblich. Auf den Körperseiten liegen drei wenig regelmäßig, aber nicht in Punkte unterbrochene dunkle Längsbänder. Der erste Streifen befindet sich an der Basis der Rückenflosse, die zweite horizontale Linie auf der Körpermitte. Das dritte Band ist etwas blasser und erstreckt sich über das untere Körperdrittel. Zwischen diesen Bändern kommen gelblichbeige Linien zum Vorschein. Der Unterleib und die Kopfunterseite zeigen eine helle Färbung. Stirn, Wangen und Schnauze sind mit wurmartig verlaufenden Flecken geschmückt, die kontrastreich hell und dunkel abgesetzt sind. Besonders die unpaarigen Flossen zeigen eine braune Färbung mit zahlreichen kleineren, helleren, kreisförmigen Flecken. Die Bauchflossen sind hell, die Ventralen schwärzlich. Das größte bisher gefangene Tier maß fast 16 Zentimeter.

LEPIDIOLAMPROLOGUS NKAMBAE

Lepidiolamprologus nkambae (Staeck, 1978) wird ähnlich groß. Staeck entdeckte den Fisch 1975 am östlichen Ausgang der Nkamba Bay in drei bis sechs Meter Tiefe. Sowohl in morphologischer als auch in farblicher Hinsicht besteht eine sehr große Ähnlichkeit zu L. kendalli. Während die letztgenannte Art bisher wahrscheinlich noch nicht importiert wurde, hat sich L. nkambae mittlerweile in der Aquaristik durchgesetzt. Das liegt sicher nicht nur an der mit 500 Jungfischen pro Brut sehr hohen Produktivität, sondern auch an dem ansprechenden Farbkleid. Auf dunkelbraunem Körpergrundton befinden sich vier bis fünf silbrigweiße, aus

Lepidiolamprologus cunningtoni wurde früher häufig mit L. attenuatus verwechselt

Ist dieser Cichlide nur eine Farbform von L. nkambae, oder handelt es sich um Lepidiolamprologus kendalli?

Lepidiolamprologus elongatus wurde schon in den siebziger Jahren zu uns importiert

Punkten und Strichen zusammengesetzte, horizontale Zickzacklinien, die sich bis zum Kopf erstrecken und dort in wurmförmige Linien übergehen. Auffallend gelb sind die Brustflossen, während die anderen Flossen blauschwarz aussehen und in der Rücken-, After- und Schwanzflosse zudem beigeweiße Punkte auftreten können.

Ende 1985 wurden Tiere importiert, die von der Körperform her sehr an L. nkambae erinnern. Die Färbung dieser Tiere ist ebenfalls schwarzbraun, die silbrigweißen Linien bestehen aber nur aus einzelnen Flecken.

LEPIDIOLAMPROLOGUS PROFUNDICOLA

Lepidiolamprologus profundicola (Poll, 1949) — der Artname weist auf das Vorkommen im tiefen Wasser hin — ist der letzte Cichlide aus der Gruppe der langgestreckten Räuber. Er lebt im unteren Litoral, also unterhalb der ersten zehn Meter, und wurde bisher nur vereinzelt importiert. Das hat sicher mehrere Gründe. Zum einen ist die nicht gerade häufige Art schwer in größeren Tiefen zu fangen; dann ist dieser Raubcichlide mit einer Größe von 30 Zentimetern kein Zwerg, und von der Farbe her wirkt er sehr düster. Der Körpergrundton ist Olivbraun, und über die Flanken ziehen sich einige hellere unregelmäßige Punktreihen sowie dunkle Flecke. Die Flossen sind beinahe schwarz gefärbt.

In der Nähe des Cape Nundo konnte ich diesen gefräßigen Räuber mit Hilfe einer Angel fangen. Auf dem Bild kann man sehr gut die Größe des Tieres erkennen; schließlich hatte der abgebildete Damenfuß die Schuhgröße 38! Nach dem Fototermin entließ ich diesen kapitalen Brokken wieder in den See.

Ein kapitaler Brocken: Lepidiolamprologus profundicola

Märchenhaft bewimpelte Buntbarsche: Neolamprologus-elongatus-pulcher-Komplex und verwandte Arten

An alte Erzählungen erinnern sie wirklich, die deutschen Namen für diese Tanganjikacichliden. Als „Prinzessinnen von Burundi“ oder „Tanganjika-Feenbuntbarsche“ sind sie bekannt. Der passendste Name ist aber wohl „Tanganjika-Gabelschwanz-Buntbarsch“, aber die anderen sind ja auch nicht schlecht. Etwas Verwirrung gibt es nur seit der Revision durch Allgayer und Colombe, heißt doch jetzt Lamprologus brichardi, und diese Art ist der wohl bekannteste Cichlide des Tanganjikasees, Neolamprologus elongatus. Aber halt! Da war doch noch etwas. Genau; 1949 beschrieb Max Poll Lamprologus savoryi, einen rund neun Zentimeter großen, graubraunen Cichliden, der an der ufernahen Felsküste des Tanganjikasees gefangen wurde. Drei Jahre später wurden zu dieser Art zwei Unterarten beschrieben. Poll & Trewavas vergaben die Namen L. savoryi elongatus und L. savoryi pulcher. Mitte der siebziger Jahre benannte dann Poll den im Norden des Tanganjikasees vorkommenden L. savoryi elongatus um in L. brichardi, da er feststellte, daß es sich um eine gute Art handelt und nicht, wie zuerst angenommen, um eine Unterart von L. savoryi. Den Unterartnamen konnte er aber nicht als Artnamen verwenden, da bereits eine andere Lamprologus-Art L. elongatus hieß. Seit der Revision von Allgayer & Colombe wird L. elongatus nun in der Gattung Lepidiolamprologus geführt. Somit besitzt der ehemalige Unterartname von L. savoryi elongatus Priorität vor dem bisher gültigen Artnamen von L. brichardi; aus dem „Tanganjika-Gabelschwanz-Buntbarsch“ ist nun Neolamprologus elongatus geworden.

DIE „PRINZESSIN“ UND DER NAMENSWIRRWARR

Lamprologus savoryi pulcher bekam ebenfalls von Poll den Status einer eigenen Art, hieß dann L. pulcher und wird nun als Neolamprologus pulcher geführt. Die Abgrenzung dieser beiden so ähnlichen Arten ist auch heute noch umstritten, zumal die Einfuhr geographischer Farbrassen neuen Diskussionsstoff lieferte. 1986 entdeckte man bei Unterwasserbeobachtungen in dem zu Sambia gehörenden Teil des Sees an den felsigen Küstenstreifen mehrere geographische Farbrassen von Neolamprologus pulcher, die bislang aquaristisch unbekannt waren. Es ist zu vermuten, daß an allen geeigneten Küstenabschnitten N. elongatus oder N. pulcher vorkommen, so daß diese Arten über den ganzen See verbreitet sind und durch Isolation über längere Zeiträume verschiedene geographische Farbrassen ausgebildet haben. Das bedeutet, daß man überlegen müßte, ob nicht doch beide Arten zu einer Art zusammengefaßt werden sollten.

Die Cichliden des Neolamprologus-elongatus-pulcher-Typs sind ausnahmslos kleiner bleibende Cichliden von acht bis zehn Zentimeter Größe, deren seitlich abgeflachte Körper nicht sehr hochrückig und deutlich gestreckt sind. Im endständigen, leicht nach unten gespaltenen Maul sieht man die Hundszähne. Die Bauchflossen, besonders aber auch die unpaarigen Flossen, sind spitz ausgezogen. Die Schwanzflosse ist tief gegabelt und endet in zwei lang ausgezogenen Flossenstrahlen. Als Körperfärbung zeigen alle Arten ein mehr oder weniger helles Beige.

In ihrem natürlichen Lebensraum kann man diese Cichliden ab einer Tiefe von zwei bis drei Metern beobachten. Auffällig ist ihr Verhalten. In

Neolamprologus caudopunctatus, kurz nach dem Fang fotografiert

der Regel wird man sie nicht einzeln antreffen, sondern immer in kleinen Gruppen oder größeren Pulks. Solche Verbände scheinen standorttreu zu sein, und es sind meist verschiedene Altersstufen, die miteinander leben.

Im Aquarium kann man bei der Haltung dieser Cichliden auch folgendes beobachten: Adulte Tiere beanspruchen meist getrennte Territorien. Findet sich ein Paar, so kommt es kurz darauf zur Fortpflanzung. Die Jungfische halten sich stets im elterlichen Revier auf, sind also keine Nestflüchter. Ganz im Gegenteil: Sie können, sobald das Elternpaar erneut ablaicht, weiterhin im Brutrevier bleiben, ja, sie übernehmen sogar Aufgaben der Brutverteidigung oder der Brutpflege. So kann man im Aquarium ebenfalls das Entstehen einer Gruppe beobachten, wenn auch bei „Überfüllung" die Brutbereitschaft endet. Wie in größeren Aquarien, so kommt es auch in der Natur unter bestimmten Voraussetzungen zu einer Trennung der Gruppe und somit zum Gründen einer neuen Tanganjika-Gabelschwanz-Familie.

GABELSCHWANZ-BUNTBARSCHE IM AQUARIUM

Interessant ist die Tatsache, daß einige Paare zu den „Dauerlaichern" gehören. Diese Tiere bringen es nur auf fünf bis zehn Nachkommen pro Brut, laichen aber um so häufiger ab, während andere Paare über 50 Eier legen, aber lediglich zwei- oder dreimal im Jahr.

Pflegen kann man N. elongatus und N. pulcher sowie die anderen Cichliden dieser Gruppe schon in kleinen 60-Liter-Aquarien; je größer das Becken, desto interessanter sind aber die Verhaltensweisen. Neben einer versteckreichen Einrichtung können auch Pflanzen das Gesamtbild des Aquariums abrunden. Obwohl die Tiere grazil aussehen, sind sie durchaus in der Lage, mutig ihre Revieransprüche geltend zu machen. Als Beckenmitbewohner kommen verschiedene kleinere Höhlenbrüter in Frage, aber auch die Maulbrüter der Gattungen Cyprichromis, Limnochromis, Triglachromis und Xenotilapia. Die etwas unruhigen Aufwuchsfresser der Gattungen Petrochromis, Tropheus und Simochromis sind dagegen weniger geeignet. Die „Tanganjika-Gabelschwanz-Buntbarsche" ernähren sich im See hauptsächlich von Kleinstlebewesen. Im Aquarium fressen sie gern die verschiedenen Mückenlarven, Wasserflöhe, Cyclops

Oben: Neolamprologus spec. „daffodil" ist vermutlich nur eine Farbvariante von N. pulcher. Rechts: Keine lang ausgezogenen Caudalstrahlen besitzt Neolamprologus savoryi. Unten: Dieser genetzte Neolamprologus gehört zu den noch nicht beschriebenen Arten

Neolamprologus elongatus „Kasegera" wird dieser Fisch bei den Aquarianern genannt

Neolamprologus spec. „walteri" weicht etwas von den anderen bewimpelten Neolamprologus ab

und Mysis; aber auch gegen Flockenfutter haben sie nichts einzuwenden. Die Fische sind ausnahmslos ausdauernde Arten, die schon seit vielen Jahren die Aquarianer erfreuen und somit zum ständigen Angebot des Fachhandels gehören.

NEOLAMPROLOGUS ELONGATUS

Neolamprologus elongatus (Trewavas & Poll, 1952) wurde bisher aus dem Norden des Sees häufig importiert. Der Artname weist auf die gestreckte Körperform hin. Arttypische Merkmale sind der orangegelbe Fleck, der sich am oberen Rand des Kiemendeckels befindet, sowie eine schwarzbraune Zeichnung, die vom Auge leicht schräg nach unten zu einer zweiten senkrechten schwarzbraunen Farbzone auf dem Kiemendeckelrand verläuft.

Ganz ähnlich gefärbt zeigt sich ein Cichlide, der etwa 1984 aus der Umgebung Kigomas exportiert wurde. Diese Tiere, mit der Handelsbezeichnung „Lamprologus brichardi kasegera", lassen jedoch den gelborangen Kiemendeckelfleck vermissen; dafür sind besonders auf der Schwanzwurzel orangegelbe Schuppenzeichnungen vorhanden.

Ebenfalls im größeren Umfang exportiert wurde *Neolamprologus spec.* „walteri". Sein Verbreitungsgebiet scheint an der zentralen Ostküste des Tanganjikasees zu liegen. Dieser Cichlide weicht in der Körperform, der Kopfform sowie der Schwanzflosse ein wenig von N. elongatus ab. Die Zukunft wird zeigen, ob es sich hierbei um eine gute Art handelt. Den Tieren fehlt die Kiemendeckelzeichnung völlig. Auffällig sind ein Muster aus braunweißen Linien und Strichen in den unpaarigen Flossen sowie ein mittelbraunes Netzmuster auf den beigebraunen Körperseiten.

NEOLAMPROLOGUS SPEC. „WALTERI"

Ein solches Muster zeigt auch eine Art, deren Herkunftsort nicht genau bekannt ist, aber vermutlich an der südöstlichen Tansaniaküste liegt. Dieser Cichlide, der unter der Handelsbezeichnung „Genetzter Gabelschwanz-Buntbarsch" eingeführt wurde, hat nur einen schmalen schwarzbraunen Kiemendeckelstrich. In den unpaarigen Flossen sind ebenfalls bräunliche und weiße Linien sowie Punkte zu sehen. Auffällig ist die leuchtend hellblaue Iris, die man aber auch von dem im Süden vorkommenden *Neolamprologus pulcher* (Trewavas & Poll, 1952) kennt.

NEOLAMPROLOGUS PULCHER

Der „Schöne", wie man den Artnamen übersetzen könnte, weist auf den Körperseiten unzählige braune bis braunorange Punktreihen auf, die sich auch über die unpaarigen Flossen erstrecken; zudem liegt über den Flossen ein bläulicher Schimmer. Wangen und Kiemendeckelbereich zeigen schmale, wurmartige, hellblaue Linien. Eine schwache braungraue Binde verläuft vom Auge in einem deutlichen Bogen nach unten zur Wange. Ein zweiter, senkrechter dunkler Fleck begrenzt den Rand des Kiemendeckels.

NEOLAMPROLOGUS „DAFFODIL"

Wohl einer der schönsten Gabelschwanzbuntbarsche ist *Neolamprologus* „daffodil". Diese Tiere fallen vor allem durch ihre gelbe Beflossung auf. Zudem sind auf den beigen Körperseiten gelbliche Punktreihen zu sehen. Neolamprologus „daffodil" stammt aus der südöstlichen Ecke des Tanganjikasees.

Es gibt noch eine ganze Reihe weiterer „märchenhaft Gewimpelter", die sich nur durch geringe Farbnuancen voneinander unterscheiden. Der Aquarianer sollte auf jeden Fall bestrebt sein, diese Arten und Farbvarianten getrennt zu halten, damit sie sich nicht untereinander kreuzen.

Neolamprologus caudopunctatus (Poll, 1978) gehört zweifellos zu den näheren Verwandten von N. elongatus und N. pulcher. Die mit acht bis neun Zentimeter Länge ausgewachsenen Tiere konnte ich häufig im südlichen Teil des Tanganjikasees beobachten. Sie besiedeln etwa den gleichen Lebensraum wie N. pulcher, und auch in ihrem Sozialverhalten weichen sie offenbar nicht von N. pulcher ab, denn ich traf auch diese Art stets in kleineren Ansammlungen ab zwei Meter Tiefe an. Das Fortpflanzungsverhalten entspricht ebenfalls dem der „Gabelschwanzbuntbarsche"; allein die fadenförmig ausgezogene Schwanzflosse fehlt diesen Fischen. Die Körperfarbe ist Hellbeige, und gelegentlich treten andeutungsweise fünf bis sechs dunklere vertikale Linien auf. Die Rückenflosse schimmert gelblich und zeigt im Weichstrahlbereich winzige Punktzeichnungen. Sie finden sich auch in der Schwanzflosse, und darauf ist der Artname zurückzuführen. Auffällig sind bei N. caudopunctatus die leuchtend hellblauen Augenringe.

NEOLAMPROLOGUS CAUDOPUNCTATUS

Neolamprologus savoryi (Poll, 1949) wurde in allen Anliegerstaaten des Sees nachgewiesen. Er weicht in der Körperform sowie im Verhalten etwas von den vorher beschriebenen Arten ab. Sein Maul ist deutlich tiefer gespalten, und der Körper wirkt hochrückiger, nicht so gestreckt. Auch N. savoryi wird acht bis neun Zentimeter groß. Die Schwanzflosse ist nicht so lang fadenförmig ausgezogen, und die Iris ist nicht hellblau, sondern gelblich-schwarz. Der Grundton des Körpers ist Graubeige bis Graubraun, und auf den Flanken liegen meist sechs dunkelgraue, senkrechte, breite Körperbänder. Vom Auge verläuft leicht schräg nach unten ein schwarzbrauner Streifen, und ähnlich dunkel abgesetzt sind die Ränder der Kiemendeckel. Alle Flossen sind mehr oder weniger mittelgrau, jedoch tritt in den unpaarigen Flossen eine hellere Punktierung auf.

NEOLAMPROLOGUS SAVORYI

In der Natur hält sich N. savoryi stets sehr eng zum Untergrund auf, und eine Gruppenbildung scheint es nicht zu geben. Im Aquarium kann es aber dennoch zu mehreren Bruten nacheinander kommen. Jedoch stellte man später keinen so auffälligen „Familienzusammenhalt" wie bei N. elongatus fest. Die adulten Tiere zeigten eher ein Einzelgängerverhalten.

Nur im Süden des Sees ist Neolamprologus pulcher zu finden

Weitere „Gabelschwänze": Neolamprologus bueschert, christyi und furcifer

Es gibt noch weitere Neolamprologus-Arten, die eine gewimpelte Schwanzflosse besitzen. Sie zeigen aber ein ganz anderes Verhalten als die Cichliden aus der N.-elongatus-Gruppe. Die drei Arten leben nicht in Sozialverbänden, sondern sie werden an den ufernahen Felsküstengebieten des Tanganjikasees meist als Einzelgänger oder während der Fortpflanzungszeit als Paare angetroffen. Die Rede ist von N. buescheri, N. christyi und N. furcifer.

Alle drei Arten besitzen einen langgestreckten Körper und eine Schwanzflosse, deren äußere Strahlen verlängert sind. Die sich daraus ergebende Form der Schwanzflosse ist aber bei allen drei Arten unterschiedlich. Nicht verschieden ist die Ernährungsweise: Wie fast alle Neolamprologus-Arten ziehen auch diese Cichliden eine abwechslungsreiche Fütterung mit kleinen Fleischbrocken allem anderen vor. Man kann verschiedene Hüpferlinge, Insektenlarven, Krebstierchen, Fischfiletstückchen, aber auch Flockenfutter anbieten. Frisch geschlüpfte Jungtiere sind durchaus in der Lage, Artemia-Nauplien zu erjagen.

PFLEGE IM AQUARIUM

Wie bei allen Höhlenbrüter-Arten können wir bei einer paarweisen Pflege und zur Zucht dieser drei Arten schon auf kleinere Aquarien von 60 bis 150 Liter Inhalt zurückgreifen. Voraussetzung ist natürlich ein gut harmonisierendes Pärchen, das sich eventuell aus einem Jungfischschwarm finden muß. Bei Wildfangtieren sollte der Aquarianer erst einmal die Pflege in einem größeren Gesellschaftsaquarium vorziehen. Bei richtiger „Gesellschaft", gemeint sind ruhigere Vertreter aus dem Tanganjikasee, also bloß keine schwimmfreudigen Aufwuchsfresser, werden die drei „Gewimpelten" sich auch fortpflanzen. Selbstverständlich sollte für sie eine Dekoration aus Steinen vorhanden sein, die so zusammengefügt sind, daß mehrere Verstecke und Höhlen entstehen. Auf Pflanzen braucht man bei diesen Grünkostverächtern nicht zu verzichten.

NEOLAMPROLOGUS BUESCHERI

Neolamprologus buescheri (Staeck, 1982) wurde von Büscher entdeckt und ist bisher nur im südlichen Teil des Sees nachgewiesen worden. Dieckhoff teilte mit, daß er diese Art etwa 500 Meter westlich des Cape Kachese angetroffen habe. Neolamprologus buescheri wird, so sein Entdecker, in Tiefen von ungefähr 15 Metern im Felsgeröll angetroffen. Dabei kommen die Tiere in größeren Abständen voneinander vor. Ausgewachsen scheint diese hübsche Art mit knapp sieben Zentimeter Länge zu sein.

Die Körpergrundfarbe ist ein weißliches Grau, während auf der oberen Körperhälfte zwei schwarzbraune Längsstreifen zu sehen sind, die bis zur Maulspitze durchgezogen sind. Das Auge besitzt eine auffallend gelbe Iris. Die in den äußeren Flossenstrahlen verlängerte Schwanzflosse sowie die Rückenflosse sind rußiggrau oder weißgrau und besitzen einen schwarz-weißen Saum. Die Bauchflossen und die Afterflosse schimmern bläulich, während die Brustflossen einen gelben Farbton aufweisen. Neolamprologus buescheri gehört nicht gerade zu den produktiven Höhlenbrüterarten; häufig sind es nicht einmal 20 Eier, die das Weibchen an die Höhlendecke heftet und anschließend allein betreut. Das Männchen wird

Erst sehr spät wurde Neolamprologus buescheri entdeckt

Aus dem Süden des Sees stammt diese Variante des Neolamprologus furcifer

nach dem Ablaichen nicht mehr in der Bruthöhle geduldet. Je nach Temperatur schlüpfen die Larven 50 bis 60 Stunden nach der Befruchtung, und etwa zehn Tage dauert es, bis die Jungen frei schwimmen. Sie zeigen eine enge Bindung an das Substrat.

NEOLAMPROLOGUS CHRISTYI

Bei *Neolamprologus christyi* (Trewavas & Poll, 1952) gilt für die Jungen ähnliches, doch ist die Art deutlich produktiver; 100 Jungfische und mehr sind keine Seltenheit. Belegt sind Fundorte bei M'tossi an der Tansaniaküste sowie südlich des Kalamboflusses in Sambia. Dort trifft man die bis 14 Zentimeter lange Art in den flachen Wasserzonen der Felsregionen an. Jungtiere besitzen eine graubeige bis graubraune Körpergrundfärbung; je älter die Tiere werden, um so dunkler sehen sie aus. Bei entsprechender Beleuchtung sind besonders die Säume der unpaarigen Flossen hübsch blau gerandet. Auffälligstes Körpermerkmal ist auch hier die sichelförmige Schwanzflosse.

NEOLAMPROLOGUS FURCIFER

Neolamprologus furcifer (Boulenger, 1898) hat eine nicht ganz so lang ausgezogene, aber deutlich eingebuchtete Schwanzflosse. Dieser Cichlide, dessen Männchen eine Stirnbeule bekommen und über 15 Zentimeter groß werden – Weibchen bleiben deutlich kleiner –, wird hauptsächlich von den nördlichen Fanggebieten exportiert, obwohl er auch an südlicheren Küstenabschnitten nachgewiesen wurde. In Sambia, wo die Tiere nicht so häufig anzutreffen sind, konnte ich sehr gut beobachten, wie eng dieser Cichlide an Felsen und Höhlen gebunden lebt. Oft verharren die Tiere mit der flachen Bauchseite, in welcher Körperlage sie sich auch befinden, an und zwischen den Felsen. Im Aquarium sind solche Studien bei einer entsprechenden Einrichtung selbstverständlich auch möglich. Neolamprologus furcifer scheint, infolge der Anpassung seiner Lebensweise an eine versteckreiche Umgebung, eine zurückgebildete Schwimmblase zu besitzen. Das zeigt sich in der ruckartigen und etwas plump wirkenden Schwimmweise.

Bei dieser Art handelt es sich um ausgesprochene Einzelgänger. Männchen und Weibchen kommen nur während der Ablaichphase zusammen. Die Betreuung des Geleges, das aus auffällig grünen Eiern besteht, übernimmt allein das Weibchen. Das Männchen geht dann im Aquarium mit weiteren Weibchen kurzfristige Paarbindungen ein. Nach etwa zehn Tagen schwimmen die Jungfische erstmals frei; sie verlassen relativ schnell das Brutterritorium und sind im Grunde genommen „Nestflüchter". Wie die Alttiere schwimmen auch sie häufig mit dem Bauch nach oben unter einer Höhlendecke.

Nur wenige Stunden nach dem Fang entstand diese Aufnahme von Neolamprologus christyi

Große Klappe und ein wenig räuberisch: Fischfressende Neolamprologus

Auffällig bei den nun folgenden Cichliden ist das in der Regel deutlich nach oben gerichtete, tief gespaltene Maul, bei dem Ober- und Unterkiefer verschieden lang sind. Die für alle Lamprologus-Verwandten typischen Hundszähne zeigen hier eine eindrucksvolle Länge und weisen darauf hin, daß diese Cichliden fleischliche Kost brauchen. Kräftiges Futter ist also die erste Voraussetzung für das Wohlbefinden dieser Arten; bei Kunstfutter kümmern die Tiere. In der Praxis hat sich gezeigt, daß verschiedene Garnelenarten, Insektenlarven, „maulgerechte" Fischfiletstücke sowie durch den Fleischwolf gedrehtes Rinderherz genau das Richtige sind. Von den weiteren Pflegeansprüchen her unterscheiden sich die Cichliden „mit der großen Klappe" kaum von den anderen Neolamprologus-Arten.

PFLEGE IM AQUARIUM

Neben der bekannten innerartlichen Aggressivität ist bei diesen Fischen auf das ruhige Schwimmverhalten hinzuweisen. Eine Pflege mit den flinken Aufwuchsfressern zusammen kann deshalb zu Problemen führen. Als Beckenmitbewohner kommen ruhige Arten, wie Cyphotilapia frontosa oder Xenotilapia sima, in Betracht. Selbstverständlich kann man je nach Aquariengröße auch mehrere Höhlenbrüterarten zusammen pflegen; man sollte nur darauf achten, daß jeder der revierliebenden Höhlenbrüter sein eigenes Territorium bekommt. Auf Pflanzen braucht man, genauso wie bei den anderen Neolamprologus-Arten, nicht zu verzichten. Einige Felsaufbauten und ein Sandbodengrund entsprechen dem natürlichen Lebensraum.

Besitzt der Aquarianer ein harmonisierendes Pärchen, so kann er die Fische schon in einem 60 bis 100 Liter fassenden Aquarium züchten. Das verläuft ähnlich wie bei den anderen Neolamprologus-Arten. In der Regel ist das Weibchen für die Betreuung der Brut zuständig; das Männchen macht oftmals keine Anstalten, das Revier zu verteidigen. Es vergreift sich aber auch nicht an den nach zehn bis zwölf Tagen frei schwimmenden Nachkommen.

NEOLAMPROLOGUS CALVUS UND NEOLAMPROLOGUS COMPRESSICEPS

Neolamprologus calvus (Poll, 1978) und *Neolamprologus compressiceps* (Boulenger, 1898) sind sehr nahe miteinander verwandt. Sie ähneln einander so sehr, daß einige Autoren der Meinung sind, es handele sich um Angehörige einer Art, eventuell um zwei Unterarten. Es gibt aber Unterschiede zwischen N. calvus und N. compressiceps: So reicht bei N. calvus die Kopfbeschuppung nicht so weit nach vorn wie bei N. compressiceps. Der Artname deutet auf diese „Kahlköpfigkeit" hin. Vergleicht man beide Tiere in einem Aquarium, so fällt auf, daß N. calvus auch nicht so hochrückig ist und die Stirn wesentlich flacher ansteigt.

Beide Arten konnte ich an ein und derselben Stelle im Tanganjikasee beobachten. Ihre obere Vorkommensgrenze lag am Cape Chaitika bei ungefähr einem Meter Wassertiefe. Ich fand die Tiere stets als Einzelgänger und nie sehr häufig; sie hielten sich vornehmlich knapp über den Steinen auf. Bei einer Störung verschwanden sie sofort in einer der engen Gesteinsspalten. Hierbei zeigte es sich, wie nützlich ein dem Lebensraum angepaßter Körper ist. Beide Arten sind zwar hochrückig, aber seitlich dermaßen stark abgeflacht — der Artname von N. compressiceps weist dar-

Ein wahrer Räuber ist Neolamprologus fasciatus

auf hin —, daß diese Tiere sich sehr gut verstecken können. Auch ist eine solche Körperform vorteilhaft, wenn sich die Nahrung zwischen Gesteinsspalten aufhält. Wie Untersuchungen von Poll ergeben haben, ernähren sich diese Cichliden in der Natur von Krebstierchen und verschiedentlich wohl auch von kleineren Jungfischen, obwohl sich ein ichthyophages (fischfressendes) Verhalten im Aquarium nur selten bei ihnen feststellen läßt. Mit Mysis kann man diese beiden Arten sehr gut ernähren.

Die Männchen von N. calvus und N. compressiceps sind mit gut 13 Zentimeter Länge ausgewachsen, die Weibchen sind selten über zehn Zentimeter lang. Sonst gibt es auf den ersten Blick keine Geschlechtsunterschiede; eine gute Möglichkeit, Männchen und Weibchen auseinanderzuhalten, bietet jedoch der Vergleich der Genitalöffnungen.

Neolamprologus calvus besitzt eine graubraune Körperfärbung, die durch dunkelbraune vertikale Linien auf den Körperseiten, dem Nacken sowie dem Kopf unterbrochen wird. Auffälligstes Farbmerkmal sind die vielen silbrigweißen Punkte, die sich über den Körper sowie über die dunklen Flossen erstrecken. Dieser Zeichnung verdankt N. calvus auch den passenden deutschen Namen „Perlhuhncichlide“.

Bei N. compressiceps sind die Perlpunkte oft nur andeutungsweise vorhanden. Aber der Fisch zeigt ebenfalls eine braungraue Körper- und Kopfbänderung, und sein Körper ist in der Regel honiggelb oder braun, doch gibt es verschiedene geographische Farbvarianten, die durch eine rötliche Beflossung oder auch durch einen herrlich goldfarbenen Kopf auffallen.

Beide Arten sind sehr produktiv; über 200 Jungfische sind keine Seltenheit; allerdings braucht es sehr viel Zeit, bis die Kleinen eine stattliche Größe erreicht haben. Regelmäßiger Wasserwechsel und eine reichhaltige Fütterung sind unumgänglich. Der Aquarianer bringt seine N. calvus und

Neolamprologus compressiceps ist seitlich extrem stark zusammengedrückt

Nicht ganz so hochrückig wirkt Neolamprologus calvus

Eine gestreckte Körperform und ein tiefgespaltenes Maul zeigt Neolamprologus obscurus

N. compressiceps übrigens einfacher zur Nachzucht, wenn er anstatt des üblichen umgestülpten Blumentopfes eine größere Meeresschnecke als Bruthöhle anbietet. Über der Schneckenöffnung stehen die Tiere mit Vorliebe, und das Weibchen setzt das Gelege sehr weit im Schneckeninneren ab. So verwundert es auch gar nicht so sehr, daß H. Dieckhoff im Tanganjikasee eine „Zwergform" dieser Cichliden über Neothauma-Schneckengehäusen angetroffen hat! Auch nach längerer Pflege im Aquarium sind diese Tiere nicht gewachsen, und sie halten sich nach wie vor sehr häufig in den angebotenen Schneckengehäusen auf.

NEOLAMPROLOGUS FASCIATUS

Neolamprologus fasciatus (Boulenger, 1898) weist eine gewisse Ähnlichkeit mit den beiden Arten auf. Dieser Cichlide ist aber längst nicht so hochrückig und wirkt viel gestreckter. Auch er ist mit nur 13 Zentimeter Länge ausgewachsen. Die Körperseiten sind deutlich abgeflacht. Neolamprologus fasciatus ist im Fels- und Geröllitoral ein häufiger Cichlide, der stets in Lauerstellung auf Nahrung wartet. Eigene Beobachtungen zeigten, daß sich diese Fische vor allem für Jungfische interessieren, die sie zwischen den Felsspalten erbeuten. Ihr Maul ist tiefgespalten und kann wie bei N. calvus vorgestülpt werden.

Die Art ist recht unverträglich untereinander, und auch aus diesem Grunde sind Nachzuchten in den Aquarien nur selten zu beobachten. Wenn abgelaicht wird, bevorzugt auch N. fasciatus in der Gefangenschaft große Meerwasserschnecken als Bruthöhle; dennoch gehört die Art nicht zu den „Schneckencichliden".

Neolamprologus fasciatus zeigt eine gelbbeige Körpergrundfärbung. Über den Körperseiten und auf dem Kopf liegen einige braunschwarze vertikale Linien. Der Artname bedeutet „gestreift".

NEOLAMPROLOGUS LEMAIRII

Neolamprologus lemairii (Boulenger, 1899) besitzt nur wenige Streifen auf seinem beigegrauen Körper, und die auch nur andeutungsweise. Die Flossen können gelblich schimmern, und auf den Körperseiten liegen zahlreiche silbriggraue Glanzpunkte. Dieser gestreckte Cichlide, der fast 25 Zentimeter lang wird, hat einen relativ kräftigen Kopf und ein tief gespaltenes Maul. Die Augen sind ähnlich wie die der „Schneckencichliden" sehr hoch angesetzt.

Daß diese Art bisher nur selten einmal gezüchtet wurde, liegt mit Sicherheit an ihrer Unverträglichkeit untereinander und an den nur sporadischen Importen. In Dänemark gelang die Zucht auch dieses Fisches in großen Meerwasserschneckengehäusen. Mit 500 Jungfischen pro Brut zählt die Art nicht gerade zu den unproduktiven Tanganjikacichliden. Wie bei den meisten Neolamprologus-Arten sind auch bei N. lemairii die Geschlechter äußerlich nicht zu unterscheiden. Weibchen bleiben allerdings in der Größe etwas hinter den Männchen zurück. Neolamprologus lemairii hat im Tanganjikasee ein sehr großes Verbreitungsgebiet. Bevorzugte Lebensräume sind das obere Geröll- und Felslitoral, und dort sind die Tiere recht häufig anzutreffen.

Nicht sehr häufig anzutreffen ist *Neolamprologus obscurus* (Poll, 1978). Die Art ist mit neun Zentimeter Länge ausgewachsen. Ihr seitlich abgeflachter Körper wirkt gestreckt und mäßig hochrückig. Auffällig ist auch bei dieser Art das schräg angesetzte, tief gespaltene Maul. Wie der Artname bereits andeutet, zeigt dieser Cichlide eine dunkle Körperfärbung. Auf braunem Grund liegen acht vertikale, schmale, dunkle Linien. Im hinteren Körperbereich sowie im Weichstrahlbereich der unpaarigen Flossen befinden sich winzig kleine helle Farbpunkte; sonst sind alle Flossen braungrau bis dunkelgrau.

NEOLAMPROLOGUS OBSCURUS

Brichard entdeckte diese Art 1976 im Süden des Sees. Aber erst Mitte der achtziger Jahre wurde N. obscurus für die Aquaristik interessant, und mittlerweile sind die ersten Nachzuchten dieses versteckt lebenden Höhlenbrüters zahlreich anzutreffen.

NEOLAMPROLOGUS PROCHILUS

Neolamprologus prochilus (Bailey & Stewart, 1977) ist bisher noch nicht nachgezogen und wohl auch nur auf Privatinitiative nach Deutschland gelangt. Er wurde im Nordwesten des Sees sowie an der Südküste bei Mpulungu nachgewiesen. Der Artname weist auf den sehr langen, nach vorn gerichteten Kieferknochen hin. Dieser Cichlide besitzt einen hochrückigen Körper, der seitlich deutlich abgeflacht ist. Neben der erwähnten Besonderheit der Kieferknochen fällt oberhalb der Augen ein Knick auf, der die Stirn von dort an steiler ansteigen läßt. In gewisser Hinsicht erinnert das ein wenig an die Kopfform von N. compressiceps. Auffällig sind auch die vielen kleinen Schuppen auf den Körperseiten (bis zu 57 auf der Seitenlinie).

In Alkohol konservierte Tiere zeigen eine Körperfärbung von olivbraun bis fast schwarz. Kleinere Exemplare besitzen sieben scharf begrenzte, kontrastreiche, vertikale Linien auf den Seiten. Je größer die Fische werden, um so mehr verschwinden diese Zeichnungen. Adulte Männchen tragen schmale, helle Punktreihen auf den unpaarigen Flossen. Sicher ähnelt das Verhalten von N. prochilus, der ungefähr 13 Zentimeter lang wird, dem der anderen „Räuber mit der großen Klappe".

Schon in 50 Zentimeter Wassertiefe kommt Neolamprologus lemairii vor

Die Kleinsten leben in Schneckengehäusen

Zu den beliebtesten Cichliden des Tanganjikasees gehören die sogenannten „Schneckenbuntbarsche", die — und das ist erstaunlich — erst Ende der siebziger Jahre regelmäßig zu uns gelangten. War es anfangs nur eine Art, die importiert wurde, so folgte bald darauf eine wahre Schwemme, und heute sind diese kleinen Cichliden aus der Aquaristik nicht mehr wegzudenken. Das verwundert kaum, denn einige dieser Zwergbuntbarsche lassen sich schon in Aquarien pflegen, die nicht einmal 50 Liter Inhalt haben. Das ist sicher für viele jugendliche Aquarianer erfreulich, deren Taschengeld ja immer zu knapp ist. Nun ist es aber keineswegs so, daß diese in ihrem Verhalten so interessanten Cichliden nur etwas für junge Leute sind. Selbst der erfahrenste Aquarianer wird seine Freude an ihnen haben und auch immer wieder etwas Neues entdecken.

Alle diese kleinen Cichliden gehören in die Gattung Neolamprologus. Bis auf einige Abweichungen sind sie in ihrem äußeren Erscheinungsbild sehr ähnlich. Neben dem gestreckten Körper, der nur mäßig hochrükkig ist, fallen die im Verhältnis zum Kopf meist sehr großen und hoch angesetzten Augen sowie das in der Regel oberständige, tief gespaltene Maul auf. Selbstverständlich fehlen auch die für die lamprologusartigen Cichliden so typischen Hundszähne nicht. So benötigen auch diese kleinen Höhlenbrüter fleischliche Kost von maulgerechtem Format. Neben den verschiedenen Mückenlarven, Cyclops, Wasserflöhen und kleinen Fischfiletstückchen können wir auch Krebstierchen, wie Mysis, füttern. Auch Artemia-Nauplien sind nicht nur für die ganz jungen „Schneckenbuntbarsche" geeignet, sondern auch für die „Alten", die sie mit Eifer verzehren, so daß man auf dieses Futtermittel, das man das ganze Jahr über lebend anbieten kann, nicht verzichten sollte. Von einer ausschließlichen Ernährung mit Kunstfutter ist abzuraten.

SCHNECKEN-CICHLIDEN IM AQUARIUM

Wie bereits erwähnt, reichen für die Pflege von Schneckenbuntbarschen auch kleine Aquarien aus. Dennoch sollte man es sich nicht entgehen lassen, das gesamte Verhaltensspektrum dieser Cichliden auch einmal in einem größeren Aquarium zu beobachten. Der Vorteil dabei ist, daß man die Tiere dann nicht nur paarweise zu vergesellschaften braucht, sondern sie in einer größeren Anzahl pflegen kann.

Der Bodengrund muß in jedem Fall aus Sand bestehen, denn in der Natur trifft man diese Cichliden regelmäßig in Tiefen zwischen 10 und 100 Metern über sandigem Bodengrund an; Voraussetzung sind allerdings vorhandene „Schneckenfriedhöfe". Einige Felsaufbauten, die zur Rückwand hin angeordnet sind, müssen zwar nicht sein, runden jedoch das Gesamtbild der Aquarieneinrichtung ab. Auf Pflanzen braucht der Aquarianer bei diesen Fischen nicht zu verzichten. Das Wichtigste fehlt aber noch! Schneckengehäuse müssen her. Wem der Weg zum Tanganjikasee zu weit ist, um an leere Neothauma-Schneckengehäuse zu kommen, dem sei empfohlen, das nächstbeste Feinkostgeschäft anzusteuern und dort nach leeren Achat- oder Weinbergschneckengehäusen zu fragen. Sie werden dort sicher einen erstaunten Blick ernten, aber das macht nichts; Ihre Schnekkenbuntbarsche benötigen nun einmal ein „Haus". Ist man schließlich stolzer Besitzer dieser „Einpersonenwohnungen", so braucht man sie nur noch mit Wasser zu füllen und auf den Boden absinken zu lassen.

Was nun passiert, verblüfft immer wieder. Der „Kampf" um die beste Wohnung beginnt. Hier und da wird ein Haus besetzt, für gut befunden oder auch nicht. Das verläuft je nach Art behäbig oder auch etwas schneller. Die Gehäuse werden nun richtig plaziert; der Pfleger braucht sich darum nicht zu kümmern. Mit Kraft und Ausdauer werden die Gehäuse gedreht, eingebuddelt und manchmal auch über kleine Entfernungen transportiert. Einige Arten lieben es geradezu, das Schneckengehäuse et-

Einer der kleinsten Schneckenbuntbarsche ist Neolamprologus multifasciatus

Zu den häufig gepflegten Aquarienfischen gehört Neolamprologus ocellatus

was erhöht zu plazieren. Deshalb wird ein kleiner Sandberg zusammengetragen. Andere Schneckenbuntbarsche versuchen, das Gehäuse bis auf die Bodenscheibe zu setzen; meist ist dann die leere Schnecke von einem Sandwall umgeben. Häufig wird der Sand unter schnellen Schwanzflossenschlägen bewegt, aber auch mit dem Maul gebaggert. Die Grabetätigkeiten erstrecken sich jedoch nur auf die nähere Umgebung des Gehäuses. Pflegt man mehrere Männchen und Weibchen miteinander, so kommt es in der Regel häufig zu Grenzverletzungen; sie werden durch Imponiergehabe, wie Breitseitdrohen, Aufreißen des Maules und Abstellen der Kiemendeckel, geahndet.

FORTPFLANZUNG UND BRUTPFLEGE

Schneckenbuntbarsche lassen sich recht gut züchten. Man benötigt lediglich ein harmonisierendes Pärchen, dem man mehrere Schneckengehäuse bietet. Bei den meisten Arten beziehen das Männchen und das Weibchen getrennte Wohnhöhlen. Es gibt jedoch auch eine Art, bei der beide Tiere ein und dasselbe Gehäuse bewohnen. Die Tiere verschwinden immer mit dem Kopf zuerst in die gedrehte Wohnröhre und kommen mit dem Schwanz, also rückwärts, wieder heraus. Nur den kleineren Weibchen von N. multifasciatus ist es möglich, auch einmal in der Schnecke zu wenden. Sonst aber liegen sie auf ihre Bauchflossen gestützt vor dem Schneckengehäuse und beobachten die Umgebung. Bei vermeintlichen Störungen ziehen sie es vor, in ihrem Haus zu verschwinden. Nun ist es aber keinesfalls so, daß diese Cichliden „Feiglinge“ sind. Ganz im Gegenteil: Einige Arten erweisen sich als furchtlos und zeigen auch gegen größere Cichlidenarten ihr Durchsetzungsvermögen. Während der Brutpflegezeit beißen sie sogar in den Handrücken des Aquarianers, wenn der beim Scheibensäubern zu dicht an die Bruthöhle herankommt.

Je nach Art verläuft der Ablaichvorgang unterschiedlich. Bei den meisten Schneckenbuntbarschen, wie zum Beispiel Neolamprologus ocellatus, schwimmt das Weibchen in das Gehäuse und heftet die Eier am Ende des ersten Gehäuseganges an die Wandung der Bruthöhle. Das Männchen steht dicht über der Einschwimmöffnung und gibt dann die Spermien ab, während das Weibchen vermutlich durch Flossenfächeln einen Sog entstehen läßt, so daß die Spermien an das bislang unbefruchtete Gelege gelangen. Eine weitere, wenn auch seltenere Ablaichform zeigt Neolamprologus brevis. Zuerst verschwindet das Weibchen tief in dem Gehäuse, dann folgt das Männchen. Paulo berichtet, daß beide Tiere, kurz bevor sie rückwärts herausschwimmen, mit kurzen, schnellen Flossenschlägen eine Wasserströmung erzeugen, so daß die Spermien weiter ins Gehäuseinnere und somit zum Gelege gelangen.

In der Regel betreuen nur die Weibchen das Gelege, indem sie unbefruchtete Eier entfernen und von Zeit zu Zeit Frischwasser ins Gehäuse fächeln. Wenn die Larven etwa 72 Stunden nach der Befruchtung geschlüpft sind, kann man beobachten, daß bei einigen Arten die Brut nun tiefer im Schneckengehäuse untergebracht wird. Zwischen dem 8. und dem 12. Tag nach der Eiablage erscheinen die ersten Jungfische am Gehäuseausgang und können bereits mit Artemia-Nauplien gefüttert werden.

Je nach Art verlassen die Jungen bald das mütterliche Brutrevier. So kehren junge N. brevis nicht mehr in das Schneckengehäuse zurück. Bei N. ocellatus verhält es sich etwas anders. Hier bleiben die Jungfische längere Zeit auf das Weibchen-Revier fixiert und kehren anfangs in den Abendstunden und auch später noch bei Gefahr in die alte Bruthöhle zurück. Einige Schneckenbuntbarschpaare verbeißen ihre Jungen, sobald sie erneut ablaichen wollen. Neolamprologus multifasciatus, einer der kleinsten Schneckenbuntbarsche, pflegt mehrere Jungfischgenerationen in einem Aquarium, und Eysel weist darauf hin, daß mehrere adulte Weibchen von Neolamprologus „magarae" in einem Schneckenhaus einen gemeinsamen „Kindergarten" eingerichtet hatten. Derselbe Autor vermutet sogar, daß die Jungen in den letzten Tagen, bevor sie das Gehäuse verlassen, bereits von den Weibchen mit Artemia-Nauplien versorgt werden. Es gibt also eine ganze Menge zu beobachten bei den Kleinsten des Tanganjikasees.

NEOLAMPROLOGUS BREVIS

Neolamprologus brevis (Boulenger, 1899) ist mit gut fünf Zentimeter Länge ausgewachsen, also klein; darauf deutet auch der Artname hin (lat. brevis: kurz). Weibchen werden sogar nur 3,5 bis 4 Zentimeter groß. Bei adulten Tieren ist die Größe somit ein sicheres Geschlechtsmerkmal, aber es gibt noch weitere Unterschiede. Die Männchen besitzen deutlich spitzere Flossenenden und im Weichstrahlbereich der Rücken- und Afterflosse etliche weißlichblaue Punktreihen. Der Körpergrundton ist bei beiden Geschlechtern einheitlich Beigebraun, und über die Flanken und die Schwanzflosse ziehen sich sehr schmale silbrigweiße oder blau irisierende vertikale Linien. Die Lippen und die Zone unterhalb des Auges glänzen hellblau. Auf den Kiemendeckeln liegt ein grünlichschwarz glänzender Fleck. Die teilweise durchscheinenden Flossen tragen eine weißgraue bis mittelgraue Färbung; zudem sind in der Rücken- und Afterflosse einige helle Punktmuster zu sehen.

Als diese Art Ende 1979 erstmals importiert wurde, tauchte sie unter dem falschen Namen N. ocellatus im Handel auf. Nachdem diese Verwechslung geklärt war, gab es ein für die Aquarianer viel größeres Problem. Die Tiere wollten nicht züchten — was ja auch kein Wunder ist, wenn nur Männchen importiert werden. Büscher kam dem Geheimnis auf die Spur: Er entdeckte bei seinen Tauchgängen im See, daß Männchen und Weibchen in denselben Gehäusen saßen, und die sambianischen Fänger schüttelten immer nur ein Tier aus dem Gehäuse und warfen das vermeintlich leere Schneckengehäuse wieder zurück ins Wasser! Die Vorkommensgebiete von N. brevis liegen aber nicht nur im Süden des Sees, sondern auch im Norden, im Osten und im Westen wurde die Art nachgewiesen.

NEOLAMPROLOGUS „KATABE"

1984 wurde unter dem Namen *Neolamprologus* „Katabe" ein Schneckencichlide aus Tansania importiert, der vermutlich mit N. brevis identisch ist. Auf den ersten Blick fallen als Unterschiede ein orangener Fleck über dem Auge und der kräftig weiße Saum im Weichstrahlbereich der Rückenflosse und des oberen Teils des Schwanzflosse auf. Vom Verhalten her weicht dieser Cichlide nicht von N. brevis ab, neigt also auch zur Polygamie, wenngleich beide Partner ein Schneckenhaus bewohnen.

NEOLAMPROLOGUS „MAGARAE"

Ein etwas anderes Verhalten zeigt ein ganz ähnlich gefärbter Cichlide, der unter der Handelsbezeichnung *Neolamprologus* „magarae" bekannt ist. Dieser Buntbarsch lebt, zumindest im Aquarium, in kleinen Brutkolonien. Ein Männchen kann mit mehreren Weibchen gepflegt werden, und mit denen wird es dann reihum ablaichen. Männchen und Weibchen benutzen, wie die meisten anderen Schneckencichliden, getrennte „Schlafzimmer". Auffälligste Merkmale dieses im männlichen Geschlecht sechs Zentimeter groß werdenden Cichliden sind die gewimpelte Schwanzflosse und ein orangegelber Fleck schräg oberhalb des Auges. Die Körpergrundfarbe ist Beigebraun, und einige blaue Zeichnungen liegen unterhalb des Auges sowie im vorderen Rückenbereich. Die Flossen sind gelblich und teilweise durch weiße oder hellblaue Säume begrenzt. Weibchen bleiben etwas kleiner, und ihre unpaarigen Flossen sind stärker abgerundet. Somit ist eine Geschlechtsbestimmung bei erwachsenen Tieren ziemlich einfach.

NEOLAMPROLOGUS HECQUI

Neolamprologus hecqui (Boulenger, 1899) wurde wahrscheinlich noch nicht importiert. Die Art scheint mit acht Zentimeter Länge ausgewachsen zu sein. Nach Poll zeigen die Tiere eine braungraue Körperfärbung. Auf den Seiten verlaufen fünf bis neun dunkle, vertikale Streifen, die jedoch nicht in den Rücken- und Bauchbereich hineinreichen. Die unpaarigen Flossen sind gräulich. Außerdem können die Fische schwach angedeutete dunklere Streifen zeigen. Auch weisen die Flossenspitzen eine dunklere Tönung auf.

Während der belgischen Tanganjikasee-Expedition in den Jahren 1946 und 1947 wurden über 800 Exemplare dieser Cichliden an den Küsten Sambias, Tansanias und Zaires gefangen. Meist waren an diesen Vorkommensgebieten auch Neothauma-Schneckengehäuse vorhanden, so daß man, obwohl keine Aquarienbeobachtungen vorliegen, davon ausgehen kann, daß N. hecqui ebenfalls ein Schneckenbuntbarsch ist. Er wird in Tiefen von 5 bis 80 Metern angetroffen.

NEOLAMPROLOGUS KUNGWEENSIS

Neolamprologus kungweensis (Poll, 1956) wurde zwischen 10 und 40 Meter Tiefe nachgewiesen; allerdings scheint die Art kein so großes Verbreitungsgebiet zu haben. Belegt sind Fundorte an der Kungwe Bay (daher der Artname) und auf der gegenüberliegenden Seite in Zaire bei Kalemie. Auch im Lebensraum dieser Cichliden fand man leere Neothauma-Schneckengehäuse. Neolamprologus kungweensis ist nur in Größen bis maximal 37,5 Millimeter gefangen worden. Sollte es sich herausstellen, daß diese Größe tatsächlich für Alttiere gilt, so handelt es sich bei dieser Art um einen der kleinsten Schneckenbuntbarsche des Sees.

Auf einer hellbraunen Körperfärbung wird dadurch, daß jede Schuppe dunkel gerandet ist, ein Netzmuster auf den Seiten sichtbar. Auffälligstes Merkmal ist ein schwarzer länglicher Fleck, der sich über die letzten vier Rückenflossenhartstrahlen erstreckt und hell umsäumt ist. Man fing aber auch Tiere, die mehr als nur einen Fleck besaßen. Die Flossen zeigen im allgemeinen eine graue Färbung. Neolamprologus kungweensis

Neolamprologus spec. „Katabe" (oben rechts) ist vermutlich nur eine Farbvariante von N. brevis (oben links). Zu den größeren Schneckenbuntbarschen gehört Neolamprologus meeli (links)

ist nach Auskunft eines deutschen Importeurs bereits einmal eingeführt worden; es bleibt abzuwarten, ob das wirklich stimmt!

NEOLAMPROLOGUS MEELI

Neolamprologus meeli (Poll, 1948) ist ein schon häufiger importierter Schneckenbuntbarsch. Belegte Fundorte sind Küstenabschnitte an der zentralen Westküste bei Katibili und im Südwesten in der Nähe der Cameron Bay. Die meisten Wildfangmännchen sind weniger als sieben Zentimeter lang; im Aquarium können sie aber zehn Zentimeter lang werden, während die Weibchen mit fünf bis sechs Zentimeter Länge ausgewachsen sind. Aquarienbeobachtungen zufolge laichen die Männchen mit jedem laichwilligen Weibchen ab, sind also polygam. Die Brutpflege übernimmt das Weibchen; das Männchen kümmert sich kaum um die Revierverteidigung. Da diese Art keinen Sexualdichromatismus zeigt, gilt die Farbbeschreibung für beide Geschlechter. Auf beigebrauner Körpergrundfarbe liegen besonders auf der oberen Körperhälfte einige dunklere, wolkenähnliche Flecke. Zudem erstrecken sich vier bis fünf waagerechte, silbriggrau irisierende Punktlinien von den Kiemendeckelrändern bis zur Schwanzwurzel. Neben einigen hellblauen Zeichnungen unterhalb der Augen und auch auf den Lippen fallen die sehr stark gemusterten unpaarigen Flossen auf.

NEOLAMPRO-LOGUS MULTI-FASCIATUS

Neolamprologus multifasciatus (Boulenger, 1906) zeigt als typisches Zeichnungsmerkmal viele bräunliche Querstreifen, die auf hellerem Untergrund von der Rückenregion bis auf die Körperunterseite reichen. In den unpaarigen Flossen sind ebenfalls Streifen- oder Punktzeichnungen sichtbar. Die Brustflossen, die Bauchflossen sowie die Afterflosse sind gelblich. Auffallend ist auch die leuchtend hellblaue Iris und ein ebenso gefärbter Unteraugenstreifen. Da Männchen dieser Art schon mit vier Zentimeter Länge ausgewachsen sind — Weibchen bleiben etwa um einen Zentimeter kleiner —, kann man N. multifasciatus durchaus paarweise in Aquarien mit nur 30 bis 40 Liter Inhalt pflegen.

Selbst in diesen beengten Verhältnissen zeigen die Fische kein überaus aggressives Verhalten. Im Gegenteil: Die Jungen können bei den Eltern bleiben, auch wenn die nächste und übernächste Generation bereits die ersten Schwimmversuche machen. In größeren Aquarien entstehen sogar „Familien“, in denen die geschlechtsreifen Nachkommen noch bei den Alttieren geduldet werden und sich auch fortpflanzen. Interessant ist die Grabetätigkeit dieser kleinen Cichliden, wenn sie die Schneckengehäuse richtig plazieren wollen. Eine Sandschicht von über sechs Zentimeter Höhe ist für sie dabei kein Hindernis, um die Molluskengehäuse bis auf die Bodenscheibe hinunterzugraben. Je mehr Gehäuse sich in einem Aquarium befinden, um so geringer ist die Buddelei.

Neolamprologus multifasciatus ist nicht gerade produktiv; so sind nur zwei oder drei Jungfische pro Brut keine Seltenheit, aber auch zwölf Nachkommen sind für einen Höhlenbrüter nicht gerade viel. Nach etwa 12 Tagen erscheinen die vier Millimeter kleinen Fischbabys erstmals am Gehäuseausgang und können bereits Artemia-Nauplien fressen.

NEOLAM-PROLOGUS OCELLATUS

Neolamprologus ocellatus (Steindachner, 1909) hat nicht viel größere Jungfische, aber eine „Kinderstube“ kann durchaus auch einmal über 50 Nachkommen zählen. Das Weibchen übernimmt die direkte Betreuung der Brut im Gehäuse, während das Männchen die Reviergrenzen freihält. Neolamprologus ocellatus ist einer der mutigsten Schneckencichliden, wenn es darauf ankommt, die Jungen zu schützen. Die Tiere schrecken dann nicht einmal vor der Hand des Aquarianers zurück. Ab dem neunten Tag sollte der Pfleger frisch geschlüpfte Artemia-Nauplien bereitstellen, da er dann mit dem Erscheinen der Jungfische am Gehäuseausgang rechnen kann. Die Kleinen zeigen eine deutliche Beziehung zur mütterlichen Bruthöhle, und später halten sie sich auch beim Vater auf, der ein anderes Schneckengehäuse bewohnt. Übrigens verstehen die Kleinen es gut, sich bei Gefahr in den Sandbodengrund einzugraben! Jungtiere wachsen relativ schnell heran, und schon nach etwa acht Monaten pflanzen sie sich oftmals zum erstenmal fort.

Ausgewachsen sind die Männchen mit etwa sechs Zentimeter, während Weibchen rund vier Zentimeter lang werden. Es gibt aber noch einen weiteren Geschlechtsunterschied, den man schon bei halbwüchsigen Tieren findet: Weibchen zeigen einen deutlichen weißen Saum im hinteren Teil der Rückenflosse, Männchen eine schmale orangegelbe Linie. Sonst

zeigen beide Geschlechter eine beigegraue Körperfärbung, und zum Bauch hin treten blau irisierende Schuppenzeichnungen auf. Weitere Artenmerkmale sind die sehr hoch angesetzten Augen mit der goldfarbenen Iris sowie ein großer schwarz-grüner Augenfleck auf den Kiemendeckeln, nach dem die Art benannt wurde. Die Fundorte dieses Cichliden liegen sowohl an der West- als auch an der Ostküste des Tanganjikasees.

Oben links: Neolamprologus wauthioni erinnert stark an N. ocellatus. Oben rechts: Ist dieser Cichlide der „richtige" Neolamprologus ornatipinnis? Unten links: Als Neolamprologus spec. „Tembo" wird diese Art angeboten. Die nahe Verwandtschaft zu Neolamprologus callipterus (unten rechts) ist nicht zu übersehen

Neolamprologus wauthioni (Poll, 1949) zeigt ein ähnliches Verhalten wie die vorher beschriebene Art. Aber auch von der Körperform und von der Körperfarbe her weist er starke Gemeinsamkeiten mit N. ocellatus auf. Ausgewachsen sind die Männchen mit knapp sechs Zentimeter Länge; die Weibchen bleiben deutlich kleiner. Die Körperfarbe ist Beigegrau; zum Bauch hin hellt sich dieser Farbton etwas auf. Dadurch, daß die einzelnen Schuppen dunkel gerandet sind, entsteht eine Art Netzmuster auf den Körperseiten. Zudem tragen sie einige blauviolette horizontale Glanzlinien. Die Flossen sind, wie bei N. ocellatus, grau oder teilweise weißgrau, jedoch befinden sich in den unpaarigen Flossen und im Weichstrahlbereich der Rückenflosse winzige weißlichblaue Punkte auf den Membranen. Die einzigen belegten Fundorte dieser Art liegen in der Nähe von Kalemie. Da aber bei Importen von der Tansaniaküste N. wauthioni ebenfalls in den Sendungen war, ist auch an der Ostküste mit diesem Schneckencichliden zu rechnen.

NEOLAMPROLOGUS ORNATIPINNIS

Neolamprologus ornatipinnis (Poll, 1949) bewohnt ein sehr großes Verbreitungsgebiet. Diese Art wurde sowohl bei Bujumbura im Norden als auch an fast der gesamten West- und Ostküste des Sees nachgewiesen, und zwar in Tiefen zwischen 10 und 100 Metern. Ausgewachsen ist dieser Schneckenbuntbarsch mit fast acht Zentimeter Länge, wobei die Männchen von der Körperform her gestreckter wirken. Außerdem werden die Weibchen nur knapp fünf Zentimeter lang.

Diese Art zieht ihre Jungen in einer Mutter-Familie auf. Das Weibchen, das zur Brutzeit einen rötlichen Bauch bekommt, übernimmt allein die Brutpflege, und das Männchen kümmert sich nicht um die Revierverteidigung. Neolamprologus ornatipinnis besitzt eine beigegraue Körperfärbung. Die Flossen sind mittel- bis dunkelgrau, und besonders in der Rückenflosse bilden kontrastreiche weiße Schräglinien ein deutliches Erkennungsmerkmal dieser Art. Aber auch die Schwanzflosse ist hell gebändert, und in der Afterflosse zeigen sich winzig kleine weiße Punkte. Da die unpaarigen Flossen zu den Rändern hin dunkler sind, entstehen schwarze Säume. Die paarigen Flossen weisen eine einheitlich graue Färbung vor. Der „Schönflossige", wie man den Artnamen übersetzen kann, ist bislang nur sehr selten importiert worden.

Ein weiterer Cichlide gelangte aber unter diesem Namen recht häufig nach Europa, doch sind die Bänderungen in den Flossen längst nicht so kräftig ausgeprägt, und Staeck vermutet, daß es sich hierbei vielleicht sogar um eine neue Art handeln könnte. Vom Habitus her sind der „richtige" und der „falsche Schönflossige" jedenfalls sehr ähnlich, so daß man nicht ausschließen kann, daß der „Falsche" doch der „Richtige" ist, denn bei einem solchen großen Verbreitungsgebiet sind geographische Farbrassen bei vielen Arten keine Seltenheit.

NEOLAMPROLOGUS SIGNATUS

Mit *Neolamprologus signatus* (Poll, 1952) haben wir solche Probleme bislang noch nicht. Das liegt sicher daran, daß die Art, die Poll anhand von drei Exemplaren beschrieb, bisher nur bei Moba an der Zaireküste nachgewiesen wurde. Aus Tiefen zwischen 10 und 100 Metern wurde sie mit Tiefseenetzen emporgeholt. Über N. signatus ist nur wenig bekannt, und daher sei darauf hingewiesen, daß es sich möglicherweise gar nicht um einen Schneckenbuntbarsch handelt. Wenn man die Körpergröße sowie die Körperform mit denen anderer schneckenbewohnender Cichliden vergleicht, und das machte auch Poll, sind aber sehr große Ähnlichkeiten zu den Schneckencichliden vorhanden. Das größte Tier, das 1947 gefangen wurde, maß ganze 53 Millimeter. Der Körper ist bräunlich, und auf den Seiten liegen zehn bis zwölf schräg-vertikale dunkle Linien. Durch die dunkelgerandeten Schuppen entsteht zusätzlich ein Netzmuster auf den Flanken. Die Flossen zeigen einen gräulichen Farbton, und auf der Basis der Rückenflosse sowie im Weichstrahlbereich liegen etliche eiförmige helle Flecke. Die Schwanzflosse ist dunkel gebändert. Der Artname deutet auf die Körperzeichnungen hin.

NEOLAMPROLOGUS „TEMBO"

Als *Neolamprologus* „Tembo" wurden Mitte der achtziger Jahre Schneckenbuntbarsche aus Sambia und Tansania importiert, die gar nicht so recht in das Bild dieser Gruppe paßten; die Männchen können nämlich über zwölf Zentimeter groß werden. Dagegen sind die Weibchen mit knapp fünf Zentimeter Länge richtige Winzlinge. Eysel & Schupke machten bereits 1983 erste Beobachtungen in der Natur, und den beiden Aquarianern fiel auf, daß die Männchen stets einen Harem von Weibchen in den Neothauma-Schneckengehäusen „sitzen" hatten. Meine eigenen späteren Untersuchungen können das bestätigen. Adulte Männchen halten sich in einigem Abstand über dem Schneckenfriedhof auf, wobei jedes Männchen seine eigenen Schneckengehäuseansammlungen besitzt. Es ist

Auch Neolamprologus spec. „magarae“ gehört zu den größeren Schneckenbuntbarschen

Als Neolamprologus boulengeri beschreibt man diesen hübschen Schneckenbuntbarsch

denkbar, daß die größeren Männchen diese Neothauma-Gehäuse selbst zusammengetragen haben. In den Molluskenschalen saßen die Weibchen, die fast alle zwischen 30 und 50 Eier oder Jungfische betreuten. Interessant ist sicher, daß N. „Tembo“ einer anderen, beschriebenen Art sehr ähnlich sieht: Neolamprologus callipterus, der aber immerhin 15 Zentimeter groß werden kann und ebenfalls in den Übergangszonen zum Sandlitoral angetroffen wird. Einen weiteren Cichliden, der den gleichen Habitus zeigt, konnte ich im selben Biotop bei der Ndole Bay beobachten. Diese Tiere durchsuchen häufig den Bodengrund nach Nahrung und sind wie die Weibchen von N. „Tembo“ mit fünf Zentimeter Länge ausgewachsen.

Neolamprologus „Tembo“ zeigt normalerweise ein beigegraues Farbkleid mit einer Art Netzmuster durch die dunkleren Schuppenränder. Bei der Schreckfärbung liegen noch zahlreiche dunkelbraune Flecke auf den Körperseiten, der Stirn und den Wangen. Unterhalb der gelben Iris liegt eine schmale blau irisierende Farbzone. Die unpaarigen Flossen sind gelbgrau und von etlichen schräg verlaufenden helleren Punktlinien durchzogen. Im Weichstrahlbereich der Rückenflosse sowie im oberen Teil der Schwanzflosse wird ein schwarz-weißer oder braun-weißer Saum sichtbar.

NEOLAMPROLOGUS CALLIPTERUS

Auf *Neolamprologus callipterus* (Boulenger, 1906) trifft dieselbe Farbbeschreibung zu; der Artname deutet auf die „schönen“ Flossen hin. Ob dieser Cichlide mit N. „Tembo“ verwandt oder sogar identisch ist, wurde bisher noch nicht geklärt. Im See trifft man ihn sehr häufig an, und er ernährt sich von allem, was er mit seinem Raubfischmaul packen kann. Selbst an die im Stellnetz zappelnden Kleinfische wagt sich N. callipterus heran, und so ist es nicht schwierig, diesen 15 Zentimeter langen Cichliden zu fangen.

„LAMPROLOGUS“ KIRITVAITHAI

Zum Abschluß dieses Kapitels sei noch ein kleiner Schneckenbuntbarsch vorgestellt, dessen wissenschaftliche Erstbeschreibung 1986 erfolgte. Meyer, Förster & Dieckhoff stellten die Art als *Lamprologus kiritvaithai* vor. Die Revision von Colombe & Allgayer wurde dabei nicht berücksichtigt und somit der Gattungsname Lamprologus gewählt. Die Autoren wiesen darauf hin, daß die neue Art in die nähere Verwandtschaft von Lamprologus elongatus zu stellen sei. Dazu ist anzumerken, daß die zuletzt genannte Art mittlerweile in der Gattung Lepidiolamprologus geführt wird. Auffälligstes Merkmal dieser langgestreckten, räuberischen Cichliden ist die Schuppenzahl auf den Körperseiten (in der Längsreihe stets mehr als 60). „Lamprologus“ kiritvaithai besitzt aber nur 46 bis 50 Schuppen in der Längsreihe. Es ist zu erwarten, daß Lamprologus kiritvaithai in näherer Zukunft in die Gattung Neolamprologus überführt wird, zumal er offensichtlich sehr nahe mit Neolamprologus meeli verwandt ist.

Im Handel wurde diese mit sieben Zentimeter Länge ausgewachsene Art (Weibchen bleiben etwas kleiner) als Lamprologus „vaitha“ angeboten. Das Herkunftsgebiet liegt an der Tansaniaküste in der Umgebung von Kigoma. Dieser Schneckenbuntbarsch zeigt eine beige Körpergrundfarbe. Arttypische Merkmale sind die schwarzen Flecke auf den oberen und mittleren Körperregionen, die auf Höhe der Seitenlinie jeweils seitlich zueinander versetzt sind. Auch die Rückenflosse weist vom 11. bis zum 16. Hartstrahl einen schwarzen Fleck auf. Die unpaarigen Flossen sind gelblichgrau und teilweise von schwach blaßblauen Linien durchzogen. Die Ventralen können schwarz getönt sein.

Dieser kleine Schneckencichlide zeigt eine beachtliche innerartliche Aggression; es ist aber dennoch möglich, in einem 300-Liter-Aquarium 15 ausgewachsene Tiere zu pflegen. Wichtig sind dabei ausreichende Versteckmöglichkeiten, die man nicht nur in Form von Schneckengehäusen anbieten sollte. Männchen und Weibchen ziehen „getrennte Schlafzimmer“ vor.

Schlank und zylindrisch: Die Arten um Neolamprologus leleupi

Sie gehören zweifellos zu den bekanntesten und beliebtesten Aquarienfischen aus dem Tanganjikasee. Es handelt sich um eine kleine Gruppe von Cichliden, die sich von der Gestalt sowie vom Verhalten her alle sehr ähneln. Unterschiede findet man allerdings besonders in der Färbung, und teilweise bevorzugt der eine oder der andere Vertreter einen ganz besonderen Lebensraum. Auf die Pflege im Aquarium wirkt sich das jedoch nicht aus, so daß die Cichliden dieser Gruppe alle etwa dieselben Ansprüche stellen.

PFLEGE IM AQUARIUM

Neben einer paarweisen Vergesellschaftung, die schon in einem 60-Liter-Aquarium gelingt, ist auch die Pflege in einem Gesellschaftsbecken möglich. Wichtig ist jedoch ein versteckreiches Aquarium mit einer gut gegliederten Steindekoration, die nicht zu scharfkantig sein sollte. Selbstverständlich vergreifen sich auch diese Neolamprologus nicht an Pflanzen, und so braucht man auf eine Begrünung nicht zu verzichten. Für eine Vergesellschaftung kommen nur ruhigere Cichliden in Frage, wie wir sie zum Beispiel in den Gattungen Julidochromis, Chalinochromis, Cyphotilapia, Xenotilapia und natürlich auch Neolamprologus finden. Auf Aufwuchsfresser sollte man schon wegen der unterschiedlichen Nahrungsansprüche nicht zurückgreifen. Wie alle Neolamprologus-Arten benötigen auch N. leleupi und seine nächsten Verwandten fleischliche Kost für ihr Wohlbefinden, und da zwei Cichliden aus dieser Gruppe eine gelbe Körpergrundfärbung besitzen, sind solche Futterstoffe wie Cyclops und Salinenkrebse empfehlenswert.

Das Fortpflanzungsverhalten zeigt keine grundlegenden Unterschiede zu dem anderer Höhlenbrüter des Tanganjikasees. Ein in der Größe entsprechender umgestülpter Blumentopf kann auch hier als Bruthöhle dienen. Die Eier werden vom Weibchen an die Höhlenwandung geheftet und sofort vom nachfolgenden Männchen befruchtet. Die eigentliche Brutpflege übernimmt allein das Weibchen, während das Männchen, zumindest im Artaquarium, keine großen Anstalten macht, das Revier zu verteidigen. Ganz im Gegenteil: Es konnte sogar beobachtet werden, daß das Männchen oftmals schon bald mit anderen Weibchen ablaichte.

72 Stunden nach der Befruchtung der Eier schlüpfen die Larven, die dann mit den Kopfdrüsen an der Höhlenwandung kleben. Zwischen dem achten und dem zehnten Tag verlassen sie dann erstmals die Höhle. Die Jungen zeigen kein Schwarmverhalten, sondern werden durch ihre direkte Bindung an die Höhle und das elterliche Revier zusammengehalten. Schon zwei, drei Tage nach dem ersten Aufschwimmen können sich die Kleinen im gesamten Aquarium umherbewegen. Pflegt man nur ein Pärchen im Aquarium, besteht keine Gefahr für die Jungfische. Die Eltern vergreifen sich auch an den größeren Nachkommen nicht und laichen sogar gelegentlich erneut. Mit bis zu 250 Jungfischen pro Brut sind diese Neolamprologus recht produktiv.

Diese Cichliden besitzen einen langgestreckten, im Querschnitt ovalen Körper. Das Maul ist endständig, und auf dem Ober- und Unterkiefer sind deutlich die „Hundszähne“ zu erkennen. Ausgewachsen sind die

Tiere in der Natur mit gut zehn Zentimeter Länge. Im Aquarium können die Fische größer werden; so maßen neun Jahre alte Neolamprologus-leleupi-longior-Männchen immerhin zwölf Zentimeter.

NEOLAMPROLOGUS LELEUPI

Neolamprologus leleupi (Poll, 1956) wurde in der äußersten nordwestlichen Ecke des Sees nachgewiesen. Als belegte Fundorte gelten Felsküstenabschnitte bei den Ortschaften Uvira und Luhanga, wo die Tiere, so berichtet Brichard, vor allem in Tiefen um 40 Meter angetroffen werden. Die Körperfärbung dieser Art ist leuchtendgelb, aber auch die Flossen, die teilweise einen dunklen oder hellblauen Saum vorweisen, sind gelb. Iris und eine schmale Linie unterhalb des Auges zeigen eine hellblaue Tönung, und die Lippen schimmern blaugrau.

1962 wurde von Matthes mit *Neolamprologus leleupi melas* eine Unterart beschrieben, so daß die von Poll erstbeschriebene Nominatform wurde und von nun an *N. leleupi leleupi* hieß. Beide Unterarten tragen den Artnamen zu Ehren des Biologen Leleup. Der Unterartname melas weist auf die Körperfärbung hin, die bei diesem Cichliden schwärzlich ist. Bis heute wurde er aber noch nicht importiert, obwohl das Verbreitungsgebiet ebenfalls im Nordwesten des Sees liegen soll.

Neolamprologus leleupi longior (Staeck, 1980) ist die dritte Unterart, die sich hauptsächlich durch die gestrecktere Körperform von den beiden anderen unterscheidet und somit länglicher wirkt (Unterartname). Auch fehlt über dem Auge der deutliche Knick, der bei den beiden zuerst beschriebenen Unterarten die Kopfprofillinie höher verlaufen läßt. Das Verbreitungsgebiet von N. leleupi longior liegt südlich des Malagarasi in der Nähe des Cape Kabogo; dort kommen die Tiere ab etwa drei Meter Tiefe vor. Staeck weist aber darauf hin, daß diese Unterart normalerweise in größerer Tiefe angetroffen wird. Die Färbung entspricht etwa der der Nominatform; die Tiere sind also ebenfalls gelb bis orangegelb. Bereits Mitte der siebziger Jahre tauchten Tiere im Handel auf, die gleichermaßen von Kigoma aus exportiert wurden und über deren gelber Körperfärbung eine lilabraune Schattierung liegt. Diese Farbrasse ist in Deutschland unter dem Namen „Flieder-Leleupi“ im Handel.

NEOLAMPROLOGUS CYLINDRICUS

Unter der Handelsbezeichnung *Neolamprologus* „adriani“ wurde Anfang der achtziger Jahre ein Buntbarsch aus Sambia importiert, der nach der Körperform und nach dem Verhalten sehr nahe mit N. leleupi longior verwandt ist. Das Vorkommensgebiet dieses Zwergbuntbarsches liegt im südöstlichen Teil des Tanganjikasees. Belegte Fundorte sind aus der Nähe der Ortschaft Kala und südlich des Kalambo-Flusses im Grenzgebiet von Tansania und Sambia bekannt. Schupke, der die Tiere auch im natürlichen Lebensraum beobachtet hatte, stellte diesen Cichliden unter dem Namen *Neolamprologus cylindricus* vor. Heute hat sich dieser Name bei den Aquarianern eingeprägt, so daß Seegers & Staeck ihn für die wissenschaftliche Erstbeschreibung im Oktober 1986 beibehielten.

Die Tiere tragen auf dem gesamten Körper ein vertikales Streifenmuster, das sich aus schmalen hellbeigen und breiteren dunkelbraunen Linien zusammensetzt. Die Flossen sind grünlichgrau bis gelblichgrau, und ihre

Oben links: Nur selten wird Neolamprologus niger importiert. Oben rechts: Bei Neolamprologus leleupi leleupi verläuft die Kopfprofillinie steiler als bei Neolamprologus leleupi longior (links). Unten: Trotz seiner auffälligen Körperfärbung wurde Neolamprologus cylindricus erst in jüngster Zeit entdeckt.

Ränder erstrahlen in einem hellen Blau. Zudem sind in den unpaarigen Flossen winzige weißliche Punkte vorhanden. Gelegentlich wurden auch Tiere angeboten, die eine stärkere Gelbfärbung in der Kopfregion und den Flossen zeigten. Meistens wurde diese Farbe aber nur bei Jungtieren beobachtet; im Alter verschwand das Gelb, und die Tiere waren dann ganz „normal" gefärbte N. cylindricus.

NEOLAMPROLOGUS NIGER

Einen auffälligen altersbedingten Farbwechsel zeigt *Neolamprologus niger* (Poll, 1956). Jungtiere haben in den ersten Lebenswochen eine gelbe Körperfarbe, die mit zunehmendem Alter mehr und mehr verschwindet. Erst weicht sie einem hellen Braunbeige, und mit fortschreitendem Alter werden die Tiere immer dunkler. Der Artname weist auf die dunkelbraune Färbung hin. Durch die kontrastierenden Schuppenränder entsteht ein feines Netzmuster auf den Flanken. In den Flossen sieht man meist gelblichgraue Farbtöne, und die Flossenränder weisen hellblaue Säume auf. Die unpaarigen Flossen und der Schwanzstiel sind hell getüpfelt.

Neolamprologus niger wurde auch nur an wenigen Küstenabschnitten nachgewiesen. Belegt sind Fundorte im Nordwesten bei der Ortschaft Kabimba und am Cape Kungwe (Bulu Point) in Tansania. Brichard wies darauf hin, daß die Art eine sehr enge Bindung an Höhlen- und Gesteinslabyrinthe habe und somit sehr schwer zu fangen sei. So ist es nicht verwunderlich, daß N. niger nur vereinzelt importiert wurde. Da aber die Nachzucht dieses von der Körperform her an N. leleupi leleupi erinnernden Cichliden bereits geglückt ist, dürfte seiner weiteren Verbreitung nichts mehr im Wege stehen.

Ein auffällig dunkel gefärbter und recht hochrückiger Neolamprologus leleupi

Von gestreiften, einfarbigen und wenig bekannten Neolamprologus

NEOLAMPROLOGUS LELOUPI

Neolamprologus leloupi (Poll, 1948) gehört sicher zu den wenig bekannten Neolamprologus-Arten; sie wurde anhand eines einzigen Exemplares beschrieben. Man fing sie bei der Ortschaft M'toto in nur zwei bis vier Meter tiefem Wasser und benannte sie nach dem Leiter der Hydrobiologischen Mission am See, Leloup. Diese vermutlich seltene Art besitzt einen gestreckten Körper, der seitlich deutlich abgeflacht ist. Die Schwanzflosse ist kräftig ausgebildet und ein wenig eingebuchtet. Vom Kopf bis zur Schwanzspitze maß das einzige Exemplar nur 6,1 Zentimeter. Körper- und Flossenfarbe sollen nach Poll einheitlich Grau-Oliv sein. Auffälligstes Zeichnungsmerkmal ist die vertikale Bänderung der Schwanzflosse. Eine Linie ist durchscheinend, während zwei Bänder zum Rand der Flosse hin sehr dunkel, fast schwarz gefärbt sind.

NEOLAMPROLOGUS MODESTUS

Neolamprologus modestus (Boulenger, 1898) besitzt auch eine dunkle Körperfärbung. Dieser Fisch gehört zu den häufigsten Cichliden des ufernahen Geröll- und Felslitorals; selbst in den Übergangszonen zum Sandlitoral hat man ihn beobachtet. Ausgewachsene Männchen erreichen eine Länge von zwölf Zentimetern, während die Weibchen etwas kleiner bleiben. Der seitlich abgeflachte Körper wirkt gestreckt und mäßig hochrükkig.

Wie der Artname schon andeutet, besitzt N. modestus ein unscheinbares Farbkleid. Der gesamte Körper sowie die Flossen sind einheitlich anthrazitgrau. Maul- und Kehlregion schimmert bläulich, und dadurch, daß die Schuppenränder heller abgesetzt sind, entsteht eine Art Netzmuster auf den Körperseiten. Vor allem in den unpaarigen Flossen zeigen sich viele kleine hellgraue Punkte, die teilweise zu feinen Linien zusammenlaufen.

Im Süden des Tanganjikasees traf ich N. modestus in einer weiteren Farbvariante an, die die flache, sandige Uferzone bewohnte, die durch einige versteckreiche Sandsteinplatten Unterschlupfe bot. Diese Tiere besaßen auffallend gelbe Brustflossen und eine andere Gesamtfärbung. Morphometrische Unterschiede zu N. modestus waren auf den ersten Blick nicht festzustellen. Vielleicht handelte es sich aber doch um eine zweite Art? Boulenger hatte 1906 mit Neolamprologus mondabu eine Art beschrieben, die eine sehr große Ähnlichkeit zu N. modestus aufweist. Diese Ähnlichkeit veranlaßte wiederum Poll zu der Annahme, daß N. mondabu keine gute Art sei, und er führte diesen Cichliden 1956 nur noch als Synonym zu N. modestus auf. Erst 1978 revidierte Poll seinen Entschluß und erhob N. mondabu doch wieder in den Rang einer guten Art.

NEOLAMPROLOGUS MONDABU

Neolamprologus mondabu (Boulenger, 1906) wirkt im Gegensatz zu N. modestus nicht ganz so hochrückig; ferner ist die Schwanzflosse nicht gerundet, sondern leicht nach innen eingebogen. Magenuntersuchungen haben ergeben, daß beide Arten von Krebstieren und kleineren Mollusken leben. In den Pflegeansprüchen sind sie mit den anderen Neolamprologus-Arten zu vergleichen. Es sollte aber nicht verschwiegen werden, daß gerade N. modestus im Aquarium eine außerordentlich starke innerartliche Aggressivität zeigt.

Sechs schwarze Körperstreifen trägt Neolamprologus sexfasciatus

NEOLAMPROLOGUS MUSTAX

Für *Neolamprologus mustax* (Poll, 1978) gilt das gleiche. Den etwa neun Zentimeter großen Cichliden trifft man meines Wissens nur im südlichen Teil des Tanganjikasees über felsig-steinigem Boden an. Seine Körperform wirkt ein wenig gedrungen, denn er ist recht hochrückig gebaut; zudem sind die Seiten relativ stark abgeflacht. Erstaunlich ist die Tatsache, daß diese Art vermutlich in drei verschiedenen Farbvarianten vorkommt, die zudem alle im Süden des Sees nachgewiesen sind. Die am häufigsten importierte Form besitzt eine schmutzig braungelbe Körperfarbe, die durch schwach angedeutete dunkelbraune Linien unterbrochen wird. Unter den Augen und auf den Kiemendeckeln liegen schwarze Zeichnungen. Arttypisches Merkmal, und daher auch der Artname, ist eine „bartähnliche", fast weiße Zone auf den Kinnseiten. Die Flossen sind bei dieser Variante leuchtendgelb. Wesentlich seltener werden fast rein orangegelbe Tiere angeboten, die aber dieselben Kinnzeichnungen vorweisen können wie die vorher beschriebene Farbrasse, und dann gibt es noch Tiere, die bis auf das weiße Kinn eine dunkelgraue Körperfärbung zeigen.

NEOLAMPROLOGUS PETRICOLA

Neolamprologus petricola (Poll, 1949) wurde bisher noch nicht importiert, aber gelegentlich mit N. mustax verwechselt. Diesen etwa 13 Zentimeter langen Fisch hat man bisher nur an der Westküste des Tanganjikasees bei den Ortschaften Vua, M'toto und Kalemie gefunden. Die Tiere halten sich nach Poll in Tiefen zwischen zwei und vier Meter über steinigem Bodengrund auf; der Artname weist darauf hin. Neolamprologus petricola zeigt vom Körperbau her eine große Ähnlichkeit zu N. modestus; letztgenannte Art ist aber nicht so hochrückig gebaut. Bei N. petricola verläuft das Profil von dem leicht schräg angesetzten Maul in einer steilen, geraden 60-Grad-Linie zum Stirnbogen hin. Von dort aus verjüngt sich der Körper, da auch die Bauchlinie gerade verläuft, nur langsam zur

Auffällig ist das silbrige Punktmuster auf den Körperseiten von Neolamprologus tetracanthus

Neben der hier abgebildeten Variante gibt es noch weitere Farbformen von Neolamprologus mustax

Nur fünf Körperstreifen besitzt Neolamprologus tretocephalus

Schwanzwurzel. Weitere wichtige Unterscheidungsmerkmale zu anderen Neolamprologus-Arten sind das Auge, das fast auf der Mitte der Kopfseite liegt, und die hohe Stirn. Die Bauchflossen sowie die Rücken- und die Afterflosse enden spitz, während die schwärzliche Schwanzflosse gerundet ist und in ihrem oberen Bereich einen weiß-schwarzen Saum aufweist; zudem befinden sich kleine helle Punkte in diesem Teil der Flosse. Der Körper und die übrigen Flossen sind dunkelgrau. In der Dorsale kann ein schmaler heller Saum auftreten.

NEOLAMPROLOGUS PLEUROMACULATUS

Neolamprologus pleuromaculatus (Trewavas & Poll, 1952) sieht nicht so düster aus. Die Tiere besitzen eine gelblichbraune Körperfarbe, die jedoch, wie das auch der Artname schon andeutet, durch unregelmäßig angeordnete braunschwarze Farbflecke auf den Körperseiten aufgelockert ist. Zudem liegen meist noch einige silbrigweiße horizontale Linien unter dieser Zeichnung. Zeitweise treten die Flecke auch zurück; lediglich ein schwarzer Punkt bleibt dann auf der Körpermitte bestehen. Die Flossen sind hell- bis dunkelgrau und durch weißliche Punktreihen sowie einen Saum in der Rückenflosse markiert. Neolamprologus pleuromaculatus ist ein langgestreckter, gefräßiger Räuber, der zwölf Zentimeter lang wird und hauptsächlich in den nördlichen Seegebieten angetroffen wird. Er kam zwar häufiger mit Exporten aus Burundi zu uns, konnte sich aber wegen seiner stark ausgeprägten innerartlichen Aggressivität als Aquarienfisch nie so richtig durchsetzen.

NEOLAMPROLOGUS SCHREYENI

Neolamprologus schreyeni (Poll, 1974) gelangte noch nicht in den Handel. Dieser Cichlide ist in der Nähe von Bujumbura nachgewiesen worden. Brichard erwähnt, daß er tief im Inneren von Gesteinshöhlen lebt und sich nicht im freien Wasser aufhält. Dadurch ist es äußerst schwierig, diese Tiere überhaupt zu fangen.

Die Körper- und Flossenformen sind ähnlich wie die von N. leleupi longior, doch erscheint N. schreyeni noch ein wenig flacher. Legt man die Größe der bisher gefangenen Tiere als Maßstab zugrunde, so gehört diese Art mit nicht einmal fünf Zentimeter Länge zu den kleinsten Cichliden des Tanganjikasees. Die Körperfärbung ist ziemlich düster. In der Rükkenregion liegen undeutliche, wellenförmige Streifen, so daß ein abwechselnd helles und dunkles Muster entsteht. Im Hartstrahlbereich der Rükkenflosse sind schräg verlaufende dunkle Bänder vorhanden, während auf den weichen Strahlen eher kontrastreiche, runde Flecke liegen. Ähnliche Punktierungen sind auch in der After- und Schwanzflosse zu sehen.

NEOLAMPROLOGUS STAPPERSI

Neolamprologus stappersi (Pellegrin, 1927) ist anhand eines einzigen Exemplares beschrieben worden und seitdem wohl nicht mehr in Fängerhände gelangt; das Tier soll in der Nähe M'Palas im Unterlauf eines Flusses gefangen worden sein. Seine Totallänge betrug nur 51 Millimeter. Es zeigt eine gewisse Ähnlichkeit zu verschiedenen Schneckenbuntbarschen.

Die Körperfarbe ist Bräunlich, und auf den Seiten liegen sechs gelbliche vertikale Streifen. Auf dem Kiemendeckel befindet sich ein deutlich gezeichneter schwarzer Fleck. Die Dorsale ist grau, und im Weichstrahlbereich liegen durchscheinende Punktmuster. Die Bauchflossen weisen eben-

Neolamprologus mondabu hat eine leicht eingebuchtete Schwanzflosse

Bei Neolamprologus modestus ist die Caudale dagegen gerundet

falls eine graue Färbung auf, während die Brustflossen gelblich sein sollen.

NEOLAMPROLOGUS TETRACANTHUS

Neolamprologus tetracanthus (Boulenger, 1899) gilt als Typusart der Gattung. Der Artname weist auf eine Besonderheit der Afterflosse hin, denn diese Art besitzt im Gegensatz zu den meisten anderen Neolamprologus nie mehr als vier Hartstrahlen in dieser Flosse. Neolamprologus tetracanthus ist ein altbekannter Aquarienfisch, den man im Tanganjikasee in den verschiedensten Biotopen antreffen kann und der weit verbreitet ist. Die Fische sind sehr anpassungsfähig: Ich war überrascht, als ich im Sandlitoral der Kasaba Bay in einem Meter Tiefe eine verrostete Blechdose aufnahm; darin befand sich ein Pärchen von N. tetracanthus mit Jungen! Normalerweise trifft man diese Art aber im Geröllitoral an. Hier gibt es ausreichend Versteckmöglichkeiten und die für die Fortpflanzung notwendigen Bruthöhlen. Von den Pflegebedürfnissen und vom Verhalten her gibt es keine gravierenden Unterschiede zu den anderen größeren Neolamprologus-Arten, bis auf die Besonderheit, daß N. tetracanthus neben anderer fleischlicher Kost auch ganz gern kleine Schnecken vertilgt. Im Aquarium kann man sich von dieser — für den Aquarianer durchaus nützlichen — Ernährungsweise überzeugen.

NEOLAMPROLOGUS SEXFASCIATUS

Neolamprologus sexfasciatus (Trewavas & Poll, 1952) besitzt auf silbrigweißem Grund sechs schwarze, kontrastreich gezeichnete, senkrechte Binden (Artname). Ein siebtes dunkles Band verläuft auf der Stirn zwischen den Augen. Auf den Kiemendeckeln liegt ein grünlich-schwarz glänzender Augenfleck. Die unpaarigen Flossen sowie die Bauchflossen haben eine blaugraue, transparente Färbung.

Die bisher bekannten Vorkommensgebiete liegen alle im südlichen Teil des Sees; so sind zwischen den Ortschaften Tembwe, M'toto, Mwe-

Links: Eine gelbe Farbvariante von Neolamprologus sexfasciatus. Rechts: Nicht sehr häufig gepflegt wird Neolamprologus pleuromaculatus

razi, Sumbu, Mpulungu und M'tossi Tiere dieser Art, wenn auch nur in geringer Stückzahl, nachgewiesen worden.

Von der zentralen Ostküste des Sees gelangten 1982/83 erstmals Tiere zu uns, die von der Gestalt mit N. sexfasciatus übereinstimmen. Lediglich die Färbung weicht ab. Die sonst silbrigweißen Körperflächen sind ebenso wie die Flossen gelb gefärbt. Die arttypischen sechs schwarzen Körperstreifen fehlen auch diesen Cichliden nicht.

Ausgewachsen ist N. sexfasciatus mit etwa 15 Zentimeter Länge, wobei die Weibchen etwas kleiner bleiben.

NEOLAMPROLOGUS TRETOCEPHALUS

Neolamprologus tretocephalus (Boulenger, 1899) erreicht eine ähnliche Gesamtlänge. Der Artname weist auf die winzigen Grübchen im Kopfbereich hin. Farblich und auch in der Körperform erinnert diese Art sehr an N. sexfasciatus. Es läßt sich aber schon mit einem Blick feststellen, welchen der beiden Cichliden man vor sich hat: Neolamprologus tretocephalus zeigt nämlich nur fünf schwarze vertikale Bänder auf den silbrigweißen Körperseiten. Eine sechste schwarze Farbzone liegt zwischen den Augen. Die Flossen sind im allgemeinen grau und hellblau gefärbt. Man findet diese Art vor allem an den nordwestlichen und nordöstlichen felsigen Küstenregionen; einzelne Exemplare wurden aber auch nördlich der Ortschaft Vua gefangen.

Neolamprologus tretocephalus und N. sexfasciatus besitzen beide einen gestreckten, hochrückigen Körper, der seitlich abgeflacht ist. Die Kopfprofillinie verläuft bei N. tretocephalus steiler als bei N. sexfasciatus, der eine etwas gestrecktere und flacher ansteigende Stirn besitzt. Im Verhalten und somit auch in der Pflege sind sich beide Arten sehr ähnlich. Sie benötigen, wenn es sich nicht um ein harmonisierendes Pärchen handelt, größere Aquarien, da die innerartliche Aggressivität stark ausgeprägt ist. Eine Vergesellschaftung mit weniger wehrhaften Arten ist nicht anzuraten, und man sollte auch beide Arten nicht gemeinsam in einem Aquarium pflegen, da wegen der äußerlichen Ähnlichkeiten häufig Reibereien zwischen ihnen entstehen. Daß das Aquarium, wie für die meisten Felsenbewohner, versteckreich eingerichtet werden muß, sei nur am Rande erwähnt. In der Natur ernähren sich beide Arten sowohl von Insektenlarven, Krebstierchen und kleinen Fischen als auch von Mollusken, wobei — nach den Schlundknochenzähnen zu urteilen — Neolamprologus tretocephalus ganz eindeutig der spezialisiertere „Schneckenknacker" von diesen beiden Arten ist.

„Außenseiter": „Lamprologus" finalimus, Paleolamprologus und Variabilichromis

„LAMPROLOGUS" FINALIMUS

Bis auf die Lepidiolamprologus-Arten, die alle eine recht einheitliche Gestalt besitzen, wurden fast alle ehemaligen, also die unterschiedlichsten Tanganjika-Lamprologus in die neugeschaffene Großgattung Neolamprologus überführt. Für zwei Arten stellten Allgayer und Colombe je eine neue Gattung auf. Eine dritte Art konnten sie nicht zuordnen, weil das Typusmaterial nicht zur Verfügung stand. Deshalb ist die systematische Stellung von *Lamprologus finalimus* Nichols & La Monte, 1931 noch unsicher. Man darf aber davon ausgehen, wenn es sich um eine im Tanganjikasee endemische Art handelt, daß sie früher oder später in eine andere, vielleicht sogar neu zu schaffende Gattung überführt wird. Solange das nicht

War es nötig, die neue Gattung Paleolamprologus für den ehemaligen Lamprologus toae aufzustellen?

Auch für diesen Cichliden, der früher Lamprologus moorii hieß, stellten Allgayer und Colombe eine neue Gattung auf: Variabilichromis

geschehen ist, sollte der Gattungsname für diese Art in Anführungsstriche gesetzt werden.

„Lamprologus" finalimus, der anhand eines einzigen, 55 Millimeter langen Exemplares beschrieben worden ist, zeigt nach seinen beiden Beschreibern in Alkohol folgende Färbung: Der Körper ist bräunlich mit einem schmalen dunklen Rand im unteren Bereich der Kiemendeckel. Auf den Körperseiten liegen etwa acht schmale, schwach gezeichnete, dunkle Längsstreifen. Die Rückenflosse zeigt ebenfalls eine nur leicht angedeutete, schräg von oben nach unten verlaufende Bänderung. In der Afterflosse befindet sich ein schwarzer Saum. Auffälligste Körpermerkmale sind die sehr großen Augen, die etwas über die sehr lange, aber nicht steil verlaufende Kopfprofillinie hinausreichen. Den höchsten Punkt erreicht der Körper etwa zwischen dem achten und dem neunten Hartstrahl der Rückenflosse; von dort aus verjüngt er sich zur Schwanzwurzel hin. Das Maul ist etwas schräg angesetzt, und der untere Kiefer springt leicht vor. Die Körperform ist so ähnlich wie die von Paleolamprologus toae; doch enden die Rücken- und die Afterflosse spitz, und die Schwanzflosse sieht spatelförmig aus.

Über das genaue Herkunftsgebiet dieser Art findet man in der Erstbeschreibung leider keine Angaben; es ist lediglich bekannt, daß das einzelne Tier mit einer Sendung weiterer Tanganjikafische von Uvira aus versandt wurde.

PALEOLAMPROLOGUS TOAE

Neu aufgestellt haben Allgayer & Colombe die Gattung *Paleolamprologus.* Das erschien den Franzosen notwendig, weil die bisher einzige Art, *Paleolamprologus toae* (Poll, 1949), im Gegensatz zu den Cichliden anderer lamprologusartiger Gattungen eine höhere Zahl von Unteraugenknochen vorweist. Ob diese Merkmale dazu ausreichen, um eine Abgrenzung zu den anderen Lamprologusartigen durchzuführen, sei dahingestellt. Sonst ist die Art vom Verhalten und von den Pflegeansprüchen her mit denen der meisten mittelgroßen Höhlenbrüter zu vergleichen.

Paleolamprologus toae ist sowohl an der Ostküste des Sees bei Kigoma als auch im westlichen Seegebiet nachgewiesen worden. Belegt sind hier Fundorte bei Toa (Artname), Kabimba und dem südlichen Zipfel der Ubwari-Halbinsel. Dort wird die Art in flachen Felsküstengewässern angetroffen. Sie ist mit etwas über zehn Zentimeter Länge ausgewachsen. Adulte Tiere zeigen eine braungraue Körperfärbung, die zum Bauch und den Kiemendeckeln hin heller wird, während die unpaarigen Flossen etwas dunkler gezeichnet sind, aber einen bläulichen Schimmer besitzen können. Jungtiere zeigen zum braungrauen Einheitskleid hübsche silbrigweiße Punkte auf den Körperseiten.

Paleolamprologus toae besitzt einen gestreckten, seitlich abgeflachten Körper, der recht hochrückig ist. Auffällig sind bei dieser Art die großen Augen mit der hellblauen Iris. Wie bei den meisten lamprologusartigen Cichliden sind keine Geschlechtsunterschiede auf den ersten Blick sichtbar; nur das Verhalten und ein Vergleich der Genitalpapille können einen einigermaßen sicheren Aufschluß hierüber geben.

Bei *Variabilichromis moorii* (Boulenger, 1898) verhält es sich mit den Geschlechtsunterschieden ähnlich wie bei den meisten Neolamprologus-Arten. Auch im Verhalten und in der Aquarienpflege gibt es keine gravierenden Unterschiede. Allgayer & Colombe überführten diesen Cichliden 1985 in die neugeschaffene Gattung Variabilichromis. Der Grund für diesen Schritt liegt ausschließlich darin, daß sich diese Art hinsichtlich der Unteraugenknochen von den anderen Lamprologusartigen unterscheidet!

VARIABILICHROMIS MOORII

Variabilichromis moorii gehört im südlichen Teil des Tanganjikasees zu den häufigsten Bewohnern des oberen Geröll- und Felslitorals. Dort sind die Tiere schon ab knapp ein Meter Tiefe anzutreffen; häufig halten sie sich paarweise auf und stehen über einem Schwarm gelblicher Jungfische. Das verwundert auf den ersten Blick, denn V. moorii ist ausgewachsen einer der düstersten Fische des Tanganjikasees. Körper und Flossen sind einheitlich grau, fast schwarz. Bis auf die Brustflossen zeigen alle Flossen einen leuchtend hellblauen Saum. Weitere bläuliche Farbtöne befinden sich in der Iris und unterhalb der Augen. Jungfische können noch in einer Größe von sechs Zentimeter herrlich gelb aussehen. Eine solche kräftige Jungfischfärbung konnte ich aber nur bei Wildfangtieren sehen, und auch dann nur an Exemplaren aus ganz bestimmten Fanggebieten, wie zum Beispiel Cape Chikutula in der Nähe des Lufubu in Sambia.

Variabilichromis moorii wird etwa zehn bis elf Zentimeter groß. Der Körper ist im Gegensatz zu dem der meisten anderen Lamprologusartigen sehr hochrückig und seitlich deutlich abgeflacht. Brutpflegende Elterntiere dieser Art sind so ziemlich das Rührigste, was es unter den Höhlenbrütern gibt: Sie pflegen ihre manchmal bis zu 500köpfige Kinderschar aufopferungsvoll und verteidigen ihr Revier äußerst erfolgreich.

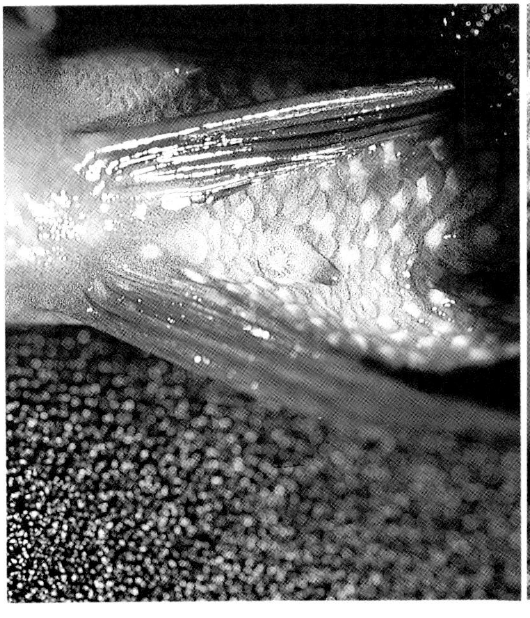

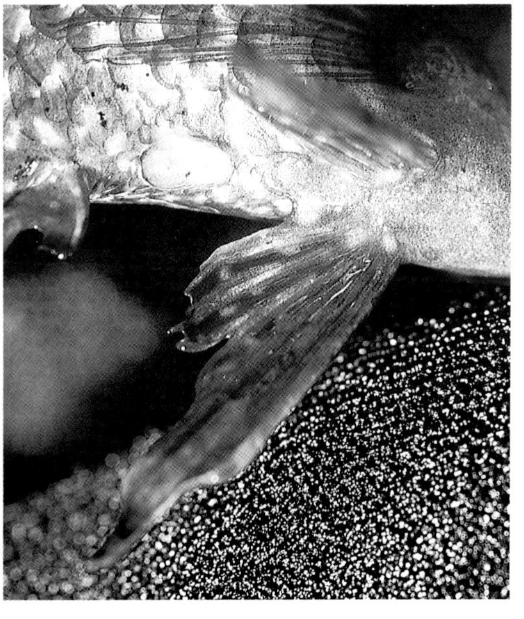

Bei einigen lamprologusartigen Cichliden lassen sich die Geschlechter anhand der Genitalpapille bestimmen. Beim Weibchen (rechts) ist die Öffnung größer. Beim Männchen liegt ein kleiner „Zapfen“ über der Öffnung

Eine andere Form der Brutfürsorge: Die Maulbrutpflege

Auch die Maulbrüter gehören zu den Versteckbrütern. Sie verstecken ihre Gelege zwar nicht in irgendwelchen Höhlen, aber sie haben sich einen der sichersten Brutplätze ausgesucht, die die Natur nur bieten kann. Meist sind es die Weibchen, die die Eier in ihrem schützenden Maul ausbrüten. Von einigen Tanganjikacichliden ist aber auch bekannt, daß sich die Männchen an der Brutpflege beteiligen. Beide Maulbrütertypen haben natürlich große Vorteile gegenüber den Höhlen- und Offenbrütern. Die Brut ist ständig geschützt, und die Fische können ihr Gelege im Maul überall mit hinnehmen.

Bei einer solchen Brutpflege muß der Ablaichplatz nicht identisch mit dem Brutrevier sein. Brütende Tiere können Feinden und nicht zusagenden Umweltbedingungen ausweichen; ferner sind die Jungtiere, wenn sie das Maul verlassen, schon sehr selbständig. Damit haben sie eine größere Überlebenschance als junge Höhlen- und Offenbrüter.

Die Natur hat aber selbstverständlich auch dafür gesorgt, daß die überlebenden Maulbrüterjungen zahlenmäßig nicht überhandnehmen. Im Gegensatz zu den Offenbrütern, bei denen 500 und mehr Junge keine Seltenheit sind, und zu den Höhlenbrütern, die meistens über 100 Eier absetzen, begnügen sich Maulbrüter oft mit einer wesentlich geringeren Zahl von Nachkommen. Das liegt zum einen an der begrenzten Aufnahmefähigkeit eines Maules, zum anderen an den sehr dotterreichen Eiern: Je größer die Laichkörner, um so weniger Eier kann ein Weibchen produzieren und absetzen. In der Gattung Tropheus sind die Gelege mit 10 bis 20 Laichkörnern sehr klein. Bis die Jungtiere den Dottervorrat aufgezehrt haben, vergehen annähernd vier bis viereinhalb Wochen; und wenn die Kleinen zum ersten Mal das mütterliche Maul verlassen, haben sie schon eine Größe von ungefähr 15 Millimetern. Entsprechend selbständig zeigen sie sich dann in den ersten Tagen ihres Freischwimmens.

BESONDERHEITEN DER MAULBRUTPFLEGE

Eine andere Besonderheit bilden die sogenannten Kärpflingscichliden. Auch sie produzieren relativ dotterreiche Eier. Zudem besitzen die Fische ausgesprochen kleine Mäuler, so daß Gelege von nur fünf bis sechs Eiern die Regel sind! Die fertigen Jungfische haben dann allerdings schon eine Größe von etwa zwei Zentimetern. Hier wird die zahlenmäßig geringe Produktivität durch selbständige und kräftige Jungtiere wieder ausgeglichen.

Es ist aber keinesfalls so, daß Maulbrüter immer nur dermaßen wenige Nachkommen haben; es sind durchaus Arten bekannt — auch aus dem Tanganjikasee —, die über 100 Jungfische im Maul betreuen, die dann allerdings auch meist kleiner sind als zehn Millimeter.

Eine raffinierte Form der Brutpflege hat sich ein Fiederbartwels der Gattung Synodontis ausgedacht: Er läßt seine Eier von Maulbrütern aufnehmen. Die ahnungslosen Cichlidenweibchen erbrüten den Laich der „Kuckuckwelse“, obwohl ihre eigene Brut dabei dezimiert wird.

Wie bereits angedeutet, ist auch die Form der Maulbrutpflege unterschiedlich. Sehr viele Tanganjikacichliden ziehen ihre Jungen in einer Mutterfamilie auf. Hier trägt allein das Weibchen während der gesamten

Brutzeit die Verantwortung für die Nachkommen. Das Männchen kümmert sich nach dem Ablaichen weder um das Weibchen noch um die Brut. Das hat den Vorteil, daß es sich weiter „auf Freiersfüßen bewegen“ und noch anderen Geschlechtspartnern widmen kann.

Wesentlich seltener sind Maulbrüter, die ihre Jungtiere in einer Elternfamilie großziehen. Bei den Tanganjikacichliden kennen wir zumindest sieben Gattungen, bei denen sich beide Elterntiere aktiv an der Maulbrutpflege beteiligen. Aber auch diese Form der Maulbrutpflege verläuft nicht immer nach dem gleichen Schema: Von den Grundelbuntbarschen ist bekannt, daß zunächst die Weibchen allein die Gelege betreuen. Nach Ablauf der ersten Hälfte der Brutpflegezeit übergibt das Weibchen die Larven dem Männchen, das dann für die restliche Zeit die Maulbrutpflege fortsetzt. Eine enge Partnerbindung ist Voraussetzung für eine solche Jungfischbetreuung.

Bei einer Art aus der Gattung Reganochromis stellte es sich heraus, daß beide Geschlechtspartner während der gesamten Pflegezeit ihre Jungen abwechselnd im Maul betreuen, und von einer Xenotilapia-Art ist bekannt, daß zuerst das Weibchen, dann das Männchen und zum Ende der Maulbrutpflegezeit beide Partner ihre Jungen betreuen!

Es gibt aber nicht nur Unterschiede bei der Brutpflege, sondern auch schon beim Ablaichen. So stammen aus dem Tanganjikasee die einzigen

Zu den freilaichenden Maulbrütern gehört Cyprichromis microlepidotus

Maulbrüter, die ihre Eier im freien Wasser absetzen. Der gesamte Ablaichvorgang findet im freien Wasser statt. Normalerweise benutzen Cichliden feste Laichsubstrate in Form von Steinen oder Sand. Männchen und Weibchen haben beim Laichen einen recht engen Kontakt zueinander und zum Substrat; oftmals führen sie dabei eine Art Kreisschwimmen aus. In der Regel nimmt das Weibchen nach der Eiabgabe sofort die Laichkörner ins Maul, die das Männchen erst anschließend befruchtet. Nur einige Arten machen darin Ausnahmen, indem das Weibchen die schon befruchteten Eier ins Maul nimmt. Diese Ablaichform hat den Nachteil, daß das Ei etwas länger möglichen Freßfeinden ausgesetzt ist. Im Aquarium konnte man sogar beobachten, daß die Männchen solcher Arten bei Störungen gar nicht oder nur unzureichend zur Befruchtung kamen. Die Weibchen nahmen also unbefruchtete Eier ins Maul. Solche Arten galten dann immer als schwer züchtbar; dabei hätte vermutlich allein etwas mehr Ruhe im Aquarium schon den erwünschten Erfolg gebracht!

Denkt man an die Viktoria- und Malawicichliden, so fällt auf, daß diese Maulbrüter oft einen deutlich ausgeprägten Geschlechtsdichromatismus aufweisen. Einfacher gesagt: Männchen und Weibchen zeigen verschiedene Farbkleider. Das ist zwar bei den maulbrütenden Tanganjikacichliden in der Regel genauso, jedoch sind die Farbunterschiede nicht so gravierend. Bei einigen Arten ist allerdings überhaupt kein Sexualdichromatismus festzustellen.

EIATTRAPPEN

Auch die bei so vielen Buntbarschen Ostafrikas vorhandenen, oft sehr auffälligen Flecke in der Afterflosse, die man häufig als „Eiattrappen" bezeichnet, sind bei den Cichliden des Tanganjikasees vielfach gar nicht oder nur in abgewandelter Form zu sehen. Ein Beispiel dafür sind die Fadenmaulbrüter: Sie haben extrem stark verlängerte Bauchflossen, an deren Enden einige Arten zusätzlich noch gelbe, eigroße Verbreiterungen, auch „Eitips" genannt, besitzen. Ob es sich hierbei oder auch bei den Afterflossenflecken wirklich um Eiattrappen im Sinne Wicklers handelt oder auch nicht — vermutlich hatten alle diese Gebilde ursprünglich einmal die Aufgabe, während der Balz- und Ablaichphase als optisches Signal für laichbereite Weibchen zu dienen. Man kann im Aquarium sehr schön beobachten, wie die Cichlidenmännchen diese Signalflecke besonders während des Ablaichens präsentieren. Die Weibchen reagieren dann, indem sie während der Samenabgabe des Männchens nach diesen Gebilden schnappen und in diesem Augenblick die Spermien zu den noch nicht befruchteten Eiern ins Maul aufnehmen.

Von einigen Fadenmaulbrütern ist seit längerer Zeit bekannt, daß die an den Enden der langen Bauchflossen befindlichen Verbreiterungen während der Balzzeit deutlich an Leuchtkraft und Umfang zunehmen. Auch hier kann man wohl von einer Signalfunktion dem laichbereiten Weibchen gegenüber ausgehen.

Aus dem Tanganjikasee kennt man derzeit 39 Cichlidengattungen, die Maulbrutpflege betreiben. Zu den interessantesten gehören zweifellos die Cyprichromis-Arten.

Grazile freilaichende Maulbrüter: Cyprichromis

Auf den ersten Blick wird es dem unbedarften Aquarianer gar nicht in den Sinn kommen, daß es sich bei diesen schlanken Fischen um Cichliden handelt. Während die meisten Buntbarsche kraftvoll und robust aussehen, wirken sie geradezu grazil und zerbrechlich, und das hat ihnen auch den deutschen Namen „Kärpflingsbuntbarsche" eingebracht. Bis 1977 wurden sie in der Gattung Limnochromis geführt. Da diese Gattung seinerzeit sehr unterschiedliche Cichliden enthielt, stellte Scheuermann noch im selben Jahr eine neue Gattung für drei Arten auf. Er wählte den Gattungsnamen *Cyprichromis,* was etwa „Kärpflingsbuntbarsch" bedeutet. Erst 1981 beschrieb Poll eine vierte Cyprichromis-Art.

Die im Tanganjikasee endemischen Cyprichromis-Arten ähneln einander sehr und lassen sich anhand ihrer Körpermerkmale und Lebensgewohnheiten klar von den anderen Cichlidengattungen des Sees abgrenzen. Es handelt sich um sehr schlanke, langgestreckte Cichliden, die einen spitzen Kopf und ein endständiges, relativ tiefgespaltenes Maul besitzen. Es kann weit vorgestülpt werden, was sich vor allem bei der Fütterung der Tiere besonders gut beobachten läßt: Fällt ein Stück Futter direkt vor das Maul, so entsteht durch das Vorstülpen ein kleiner Sog, so daß die Nahrung regelrecht „inhaliert" wird. Da es sich bei den Cyprichromis-Arten um Planktonfresser handelt — sie ernähren sich von frei im Wasser schwebenden Kleinstlebewesen —, kann man sie im Aquarium mit Cyclops, Wasserflöhen und Artemia-Nauplien sehr gut ernähren. Auch ausgewachsene Salinenkrebse oder Bosmiden eignen sich gut als Lebend- oder Gefrierfutter. Unbrauchbare Futtermittel sind größere Garnelen und Rinderherz. Sogar rote Mückenlarven pusten Kärpflingscichliden oftmals nur lustlos hin und her.

ERNÄHRUNG DER KÄRPFLINGS-CICHLIDEN

Auf die Fütterung gehe ich deshalb so genau ein, weil sie mit großer Wahrscheinlichkeit eine der Ursachen dafür ist, daß Cyprichromis-Arten im Aquarium erblinden können. Ich selbst verlor einmal von 20 Tieren die Hälfte durch Erblinden. Das geschah während eines ausgedehnten Urlaubes. In dieser Zeit bekamen die Tiere nur unregelmäßig und vermutlich auch minderwertiges Futter; außerdem wurde über vier Wochen lang kein Wasser gewechselt. Die Fische färbten sich dunkel, nahmen kein Futter mehr auf und schwammen ständig gegen alle möglichen Gegenstände. Nach wenigen Wochen hatten es einige Tiere gelernt, trotz der Erblindung, recht gut im Aquarium zurechtzukommen. Auch schien es so, als ob nicht alle Tiere denselben Erblindungsgrad erreicht hatten. Eine Heilung war mit den mir zur Verfügung stehenden Mitteln nicht mehr möglich. Heute kennt man die vermutlichen Umstände der Erblindungen bei Kärpflingscichliden; wie schon erwähnt, sind regelmäßiger Wasserwechsel und eine ausgewogene Futterzusammensetzung ratsam. Eine Multivitamingabe zum Flockenfutter wende ich bei diesen grazilen Schwimmern seit etlichen Jahren einmal wöchentlich an und habe nun schon seit fünf Jahren keine Ausfälle mehr.

Bei einer meiner Tanganjikaseereisen gelang es mir, südlich des Cape Kipimbi eine große Anzahl von Cyprichromis leptosoma zu beobachten.

Die Tiere hielten sich in einem Schwarm von einigen hundert Individuen in etwa drei Meter Tiefe auf. Sobald sie sich gestört fühlten, änderten sofort alle Tiere die Schwimmrichtung, kehrten gleich darauf wieder um und plazierten sich zwischen den hoch aufragenden Felsen. Mir fiel auf, daß sich sehr viele brütende Weibchen in diesem Schwarm aufhielten. Die Männchen schienen sich mehr am Rande dieser Ansammlung zu bewegen. Ständig balzten sie irgendwelche Weibchen an oder drohten anderen Männchen, die ihnen zu nahe kamen. Staeck konnte 1975 solche Schwärme genauer beobachten. Er stellte dabei fest, daß die Tiere über mehrere Wochen standorttreu waren und daß sich auch in diesen Ansammlungen stets viele brütende Weibchen befanden. Da die Cyprichromis-Arten nur selten an den Felsküsten und dann in großen Verbänden angetroffen werden, äußerte Staeck die Vermutung, daß die Tiere sonst die Freiwasserzone besiedeln.

FORT-PFLANZUNGS-VERHALTEN

Interessant ist auch das Ablaichverhalten der Cyprichromis-Arten. Während die meisten Maulbrüter auf einem Substrat laichen, sind die Kärpflingscichliden meines Wissens bisher die einzigen bekannten freilaichenden Maulbrüter. Die Männchen sind ständig balzaktiv. Sobald sich ein laichbereites Weibchen findet, wird es vom Männchen mit abgespreizten Flossen und unter heftigem Körperrütteln umworben. Die eigentliche Phase des Ablaichens findet im Aquarium in der oberen Beckenhälfte im freien Wasser statt. Mit dem Kopf nach unten steht das Weibchen in einer 45-Grad-Körperhaltung und stößt ein Laichkorn aus. Sobald das Ei herabsinkt, schwimmt das Weibchen in derselben Körperhaltung blitzschnell zurück und nimmt es noch unbefruchtet ins Maul. Das Männchen hat sich währenddessen in der unmittelbaren Nähe des Weibchens aufgehalten und legt sich jetzt, ebenfalls im freien Wasser, leicht auf die Seite; dabei präsentiert es seine Genitalpapille. Deutlich kann der Betrachter nun sehen, wie die weißlichen Spermien in das Wasser abgegeben werden. Das Weibchen ist sofort zur Stelle und nimmt mit dem vorstülpbaren Maul die Spermien auf. Dabei werden die Eier dann befruchtet. Ein Gelege besteht oft nur aus sechs bis zehn zwei Millimeter großen, weißlichgelben Eiern. So ist es nicht verwunderlich, daß die Nachfrage nach diesen interessanten Cichliden kaum befriedigt werden kann.

Während der rund dreiwöchigen Tragezeit nimmt das Weibchen nur ganz selten Futter zu sich. Tragisch kann es für die fertigen Jungfische werden, wenn das Weibchen sie nicht aus dem Maul entlassen will, weil sich Jungfischräuber im Aquarium befinden. Man hat schon häufiger beobachtet, daß die Jungen dann im Maul der Mutter verhungern. Der Aquarianer kann das verhindern, indem er nur Cyprichromis-Arten in einem Becken hält; dann entläßt das Weibchen die Jungen ohne weiteres aus dem Maul. Ein späteres Betreuen der fast zwei Zentimeter großen Jungfische findet nicht mehr statt. Die eigenen Artgenossen vergreifen sich aber auch nicht an ihnen.

Kärpflingscichliden sollte man in einem Aquarium mit einer Seitenlänge von wenigstens einem Meter pflegen. Man muß darauf achten, daß

Cyprichromis microlepidotus kommt an einem Standort in verschiedenen Farbmorphen vor (links). Das gilt auch für Cyprichromis leptosoma. Diese Art hat zudem unterschiedliche geographische Farbformen ausgebildet. Eine davon ist die „Kipimbi“-Variante (unten)

diesen eleganten Schwimmern genügend Freiraum zum Ausschwimmen zur Verfügung steht. Es ist durchaus möglich, das Aquarium zu bepflanzen: Cyprichromis-Arten ernähren sich nicht von „Grünfutter". Sie buddeln übrigens auch nicht im Sand. Ganz wichtig für das Wohlbefinden dieser Buntbarsche ist ihre Pflege in einem kleinen Schwarm. Wer nicht nur die Zucht im Sinn hat, der kann Kärpflingscichliden auch gut mit anderen Fischen aus dem Tanganjikasee vergesellschaften; er sollte dabei jedoch nicht zu rauflustige Arten wählen und die „Freiwasserzone" des Aquariums allein für die Cyprichromis-Arten reservieren. Wichtig ist auch eine gute Aquarienabdeckung, denn diese Cichliden sind ausgezeichnete Springer.

CYPRICHROMIS BRIENI

Cyprichromis brieni wurde erst 1981 von Poll beschrieben. Das Verbreitungsgebiet dieses Cichliden scheint sich auf den nördlichen Teil des Tanganjikasees zu beschränken. Belegt sind Fundorte südlich von Bujumbura und in der Nähe des Ortes Uvira (Zaire). Es gilt als ziemlich sicher, daß es sich bei den aus dem Norden des Sees importierten „Cyprichromis nigripinnis" tatsächlich ausschließlich um Cyprichromis brieni handelt. Beide Arten ähneln einander sehr. Unterschiede sind hauptsächlich in der Anzahl der Rücken- und Afterflossenstrahlen zu finden. So weist C. nigripinnis in der Rückenflosse 15 bis 18 Hart- und 10 bis 13 Weichstrahlen auf. Die Afterflosse besitzt drei Hart- und sieben bis neun Weichstrahlen. Cyprichromis brieni hat hingegen in der Afterflosse drei Hart- und neun oder zehn Weichstrahlen; die Rückenflosse trägt nur 14 bis 15 Hart-, aber 13 bis 14 Weichstrahlen.

Cyprichromis brieni wird ungefähr zehn bis zwölf Zentimeter groß. Die Grundfärbung ist braunbeige. Unter dem Auge, auf der Schnauzenspitze und auf den Körperseiten sind einige bläulich glänzende Farbmarkierungen zu sehen. Die Rückenflosse ist bei erwachsenen Männchen gelb, die bauchseitig angeordneten Flossen sind durchscheinend grau. Die Flossen der Weibchen sind umgekehrt gefärbt: Rückenflosse grau, Bauch- und Afterflossen gelb. Eintönig grau ist bei beiden Geschlechtern die Schwanzflosse.

CYPRICHROMIS NIGRIPINNIS UND CYPRICHROMIS LEPTOSOMA

Diese Farbbeschreibung trifft auch für die aus dem Süden des Tanganjikasees stammenden *Cyprichromis nigripinnis* (Boulenger, 1901) zu. Beide Arten besitzen einen schlankeren Körper als C. microlepidotus und *C. leptosoma* (Boulenger, 1898). Die zuletzt genannte Art wurde Mitte der siebziger Jahre erstmals lebend nach Europa eingeführt. Es handelte sich um Tiere aus Sambia, vermutlich aus der Umgebung des Cape Kipimbi. Männchen besitzen eine dunkelblaue bis blauschwarze After- und Rükkenflosse. Die Bauchflossen sind in der Basis blau und in den Spitzen gelblich. Herrlich gelb erstrahlt die Schwanzflosse, was diesen Cichliden den deutschen Namen „Zitronenschwanz" einbrachte; die unpaarigen Flossen sind hellblau gesäumt.

Staeck machte schon früh darauf aufmerksam, daß es von dieser Art auch eine blauschwänzige Farbmorphe gibt. Er beobachtete, daß sowohl die blau- als auch die gelbschwänzige Morphe jeweils in derselben Anzahl

Als Cyprichromis nigripinnis wurde dieser Kärpflingscichlide immer zu uns importiert; es handelt sich aber aller Wahrscheinlichkeit nach um Cyprichromis brieni. Diese beiden Arten bevorzugen es, über einem Substrat abzulaichen

in einem Schwarm vorkommt. Bis Ende der siebziger Jahre waren jedoch nur einige gelbschwänzige Männchen importiert worden, und alle Nachzuchten stammten von diesen wenigen Tieren ab. Unter den Jungfischen waren leider keine männlichen Tiere mit blauen Schwänzen. Erst Anfang der achtziger Jahre kamen dann endlich auch blauviolettschwänzige Männchen mit den Importsendungen aus Sambia. Beide Farbmorphen besitzen einen braungrauen bis braunbeigen Körper. Weibchen haben dunkelgraue Flossen.

Eine weitere Farbrasse von Cyprichromis leptosoma stammt von den zu Tansania gehörenden Malasa-Inseln. Hier zeigen die Männchen mehr Gelb im Körper und in der Kehlregion. Die Bauchflossen sind in den Spitzen leuchtend gelborange. Auch von dieser geographischen Rasse gibt es eine blauviolettschwänzige und eine orangeschwänzige Farbmorphe. Wie Aquariumbeobachtungen bestätigt haben, lassen sich die Farbrassen untereinander leicht kreuzen. Man sollte also darauf achten, Tiere verschiedener Standorte nur separat im Aquarium zu halten. Das gilt jedoch nicht für blau- und gelb- oder orangeschwänzige Morphen jeweils einer geographischen Farbrasse, da die ja auch in der Natur an gemeinsamen Vorkommensgebieten zu finden sind.

CYPRICHROMIS MICROLEPIDOTUS

Auch *Cyprichromis microlepidotus* (Poll, 1956) neigt zu einem solchen auffälligen farblichen Polymorphismus. Die bisher importierten Tiere stammten alle vom Nordende des Tanganjikasees. Männchen können sowohl eine gelbe als auch eine blauschwarze Schwanzflosse besitzen, die aber immer oben und unten hellblau gesäumt ist. Die Rücken- und die Afterflosse sind bei beiden Farbmorphen blauschwarz bis türkisblau. Braunbeige ist die Körperfarbe. Besonders die Männchen besitzen blauviolett irisierende Glanzzonen. Cyprichromis leptosoma und C. microlepidotus werden etwa zwölf Zentimeter lang. Beide Arten ähneln einander sehr, lassen sich aber dennoch recht einfach auseinanderhalten. So besitzt C. leptosoma — der Artname bedeutet soviel wie „mit schlankem Körper“ — nur 39 bis 42 Schuppen in einer Längsreihe. Cyprichromis microlepidotus trägt hingegen sehr kleine Schuppen (Artname!) und kommt somit auf bis zu 60 Schuppen in einer Längsreihe.

Baumeister unter den Cichliden: Fadenmaulbrüter

Der deutsche Begriff Fadenmaulbrüter umfaßt eine kleine Zahl recht ähnlicher Cichliden, die die ufernahen Fels-, Geröll- und Übergangszonen zum Sandlitoral hin bevorzugen. In dem Sand bauen diese Arten mehr oder weniger große Sandburgen, die sie dann als Laichrevier nutzen. Es gibt allerdings auch Arten in dieser Gruppe, die ihre Sandnester auf Steinflächen bauen oder den nackten Fels als Ablaichsubstrat verwenden. Alle Arten jedoch besitzen im männlichen Geschlecht stark zu Fäden verlängerte Bauchflossen.

In der Balzfärbung sind die Männchen dieser Gruppe oftmals sehr hübsch gefärbt. Die Weibchen hingegen haben oft nur ein wenig attraktives silbriggraues Farbkleid. Da die Fadenmaulbrüter nicht gerade kleine Fische sind und auch ihr Schwimmbedarf recht hoch ist, ist es unumgänglich, Aquarien ab einer Seitenlänge von 1,50 Meter zu benutzen. Als Beckeneinrichtung kommen größere, nicht scharfkantige Steine in Frage, und der Bodengrund sollte aus einer fünf Zentimeter hohen Sandschicht bestehen. Ratsam ist es, auf Cichliden der Gattungen Petrochromis, Tropheus und Simochromis als Vergesellschaftung zu verzichten, da die zu unruhig und zu robust sind. Als Beckenmitinsassen kommen da eher die verschiedenen Cyprichromis- und Xenotilapia-Arten in Frage. Da die Fadenmaulbrüter recht schreckhaft reagieren, nachts auf dem Bodengrund schlafen und bei der geringsten Störung wie wild durch das Aquarium schießen, sollte man auch auf nachtaktive Welse verzichten und zusätzlich eine sparsame Nachtbeleuchtung einschalten.

Es ist zehn Uhr morgens, und ein schwacher Luftzug weht über die Nkamba Bay im Süden des Tanganjikasees. Das Wasser kräuselt sich nur leicht, und ich vermute, daß das 25°C warme Naß heute sehr klar ist. Die Schnorchelutensilien sind rasch angezogen, und vorsichtig watscheln wir mit unseren Flossen in bauchnabeltiefes Wasser. Unter Wasser zeigt sich

Diese gescheckte Form des gelben Ophthalmotilapia nasuta wird im Süden des Sees gefangen

In der Sandzone legt Cyathopharynx furcifer seine Laichkrater an (oben). Am Cape Chaitika lebt diese Form von Ophthalmotilapia v. ventralis (links), und im Norden des Sees ist Ophthalmotilapia ventralis heterodonta zu Hause (unten)

eine Übergangszone, die nur langsam in größere Tiefe abfällt. Steinformationen, Sandflächen und Pflanzendickichte wechseln einander ab. Es gibt nicht gerade sehr viele Fische in diesem Biotop, doch auffällig und für mich interessant sind die hier anzutreffenden Cyathopharynx furcifer. Auf einer Grundfläche von etwa 40 Quadratmetern kann ich neun balzaktive Männchen ausmachen, die annähernd 20 Zentimeter lang sind. Jedes dieser Tiere besitzt einen bis zu 50 Zentimeter hohen Sandberg, den es in mühevoller Kleinarbeit, kegelförmig und mit einer Mulde versehen, angelegt hat. Diese Krater werden zu allen Seiten hin heftig gegen Geschlechtsgenossen verteidigt. Die Weibchen, die sich oberhalb der Sandburgen im freien Wasser in reichlicher Anzahl aufhalten, werden ständig von den Männchen angebalzt. Sobald ein Weibchen laichbereit ist, folgt es dem Männchen, und in der Mulde der Sandburg kommt es zur Spermien- und Eiabgabe. So etwas läßt sich natürlich im Aquarium besser beobachten als in der freien Natur. Nachdem das Männchen die Auserwählte mit prächtigem Imponiergehabe in die Ablaichgrube gelockt hat, gehen beide Tiere in eine Art Kreisschwimmen über. Hierbei verfolgt das Männchen das Weibchen, das nach der Laicheinstimmung ein oder zwei Eier in den Sand legt. Während sich das Weibchen weiter dreht, streift das Männchen knapp über das Gelege hinweg, gibt die Spermien ab und bleibt etwa auf Höhe der Laichkörner. Dabei präsentiert es die gelbgerandete Afterflosse, die zum Laich hin ausgestreckt ist. Inzwischen hat sich das Weibchen so weit herumgedreht, daß es die befruchteten Eier ins Maul nehmen kann. Dieses interessante Spiel wiederholt sich nun mehrere Male, und das Weibchen setzt manchmal sogar fünf Laichkörner auf einmal ab. Zwischendurch verläßt es immer wieder einmal den Krater, und das Männchen werkelt nervös an der Sandgrube herum, stellt dann aber wieder blitzschnell dem Weibchen nach. Nach einer guten halben Stunde ist die Ablaichprozedur beendet, und das Weibchen brütet nun dreieinhalb Wochen lang das bis zu 70 Laichkörner umfassende Gelege im Maul aus. Sobald die 15 Millimeter großen Jungfische frei schwimmen, kann man sie mit den in der Aquaristik gängigen Futtersorten unproblematisch großziehen.

CYATHOPHARYNX FURCIFER

Männchen von *Cyathopharynx furcifer,* der 1898 von Boulenger beschrieben wurde, sind besonders in der Balzfärbung ausgesprochen attraktive Cichliden. Der hochrückige, seitlich abgeflachte Körper erstrahlt in einem herrlichen metallischen Blau und Grün, das in einem auffälligen Kontrast zu den schwarzblauen Flossen steht. After- und Rückenflosse weisen zudem einen gelben Saum auf. Die überaus langen schwarzblauen Bauchflossen sind ebenfalls in den Spitzen gelb. Auffällig gezipfelt und lang ausgezogen (Artname!) ist auch die dunkelblaue Schwanzflosse. Neben der hier beschriebenen nördlichen gibt es von C. furcifer noch weitere Farbvarianten. So ist aus der Umgebung von Kigoma und der Nkamba Bay eine Farbrasse bekannt, die einen goldgelben Kopf besitzt. Von der Ndole Bay weiß man, daß es dort Tiere mit einer rotbraun gestreiften Rükkenflosse gibt.

Zweifellos gehört diese Art in die Gattung Ophthalmotilapia. Der Händlername lautet „Weißkopf-Ventralis“

Weibchen unterscheiden sich von den Männchen hauptsächlich durch die Flossen, die stets gerundet und nicht zu Fäden ausgezogen sind. Ferner bleiben erwachsene Weibchen etwas kleiner und sind recht eintönig silbriggrau; lediglich auf den Flanken zeigen sie stimmungsbedingt einige dunkelgraue Flecken.

Gegen die anderen Fadenmaulbrüterarten läßt sich C. furcifer gut abgrenzen, und zwar besitzt diese Art eine auffallend hohe Schuppenzahl auf den Körperseiten. Als Besonderheit sei erwähnt, daß sich erwachsene Tiere bei Gefahr in den Sandboden eingraben. Cyathopharynx furcifer hält es immerhin bis zu einer halben Stunde im Sand aus.

Zwanzig Zentimeter große Tiere verlangen natürlich eine entsprechende Ernährung; sie muß abwechslungsreich und nicht zu ballastarm sein. Man kann immer wieder beobachten, wie C. furcifer den Bodengrund aufnimmt und nach Freßbarem durchkaut sowie zeitweise auch Algen zupft.

Dasselbe gilt auch für die kleiner bleibenden *Ophthalmotilapia*-Arten, von denen einige früher zur Gattung Ophthalmochromis gehörten. Hierbei handelt es sich um relativ hochrückige, seitlich abgeflachte Fische. Die Augen sind relativ groß (Gattungsname!). Besonders die Männchen besitzen stark ausgezogene Ventralen und eine leicht gegabelte Schwanzflosse.

OPHTHALMOTILAPIA VENTRALIS

Ophthalmotilapia ventralis heterodonta (Poll & Matthes, 1962) ist aus dem nördlichen Teil des Tanganjikasees bekannt, eine Unterart von O. ventralis, die nur 13 Zentimeter groß wird. Diese Tiere unterscheiden sich in einigen Körpermerkmalen und auch Verhaltensweisen von *O. v. ventralis* (Boulenger, 1898), der zweiten Unterart, die südlich von Kigoma vorkommt. Vergleicht man beide Unterarten miteinander, so fällt auf, daß das Maul von O. v. heterodonta nicht so breit ist wie das von O. v. ventralis; auch in der Schlundbezahnung gibt es Unterschiede zwischen den beiden Unterarten sowie im Verhalten. So baut O. v. heterodonta ihre Laichkrater ausschließlich im Sand. Im Aquarium können die Krater gut 20 Zentimeter Durchmesser haben.

Eine sehr auffällige Balzfärbung zeigt Cyathopharynx furcifer

Die nördliche Farbvariante von Ophthalmotilapia nasuta

Aus Sambia stammt diese O.-nasuta-Farbvariante

Links: Ophthalmotilapia ventralis ventralis aus der Umgebung von Mpulungu (Sambia). Rechts: Cunningtonia longiventralis ist ein Aufwuchsfresser

Die südliche Unterart dagegen laicht auf einem Stein, wobei das Männchen vorher allerdings meist ein wenig feinen Sand auf das Laichsubstrat verteilt.

Bei der Balz lockt das Männchen unter heftigem Körperzittern ein laichbereites Weibchen in den Krater oder auf die Steinplatte. Hierbei spielen die stark verlängerten Bauchflossen eine wichtige Rolle; an ihren Spitzen befinden sich jeweils zwei signalgelbe „Eitips“, die je nach Balzaktivität mehr oder weniger stark ausgebildet sind. Diese gelben Flossenenden werden weit vom Körper abgehalten und sind ein ausgezeichnetes Lock- und Signalmerkmal für die laichbereiten Weibchen. Das Männchen, das nur kurz über dem Substrat steht, um seinen Samen abzugeben, hebt sich langsam senkrecht hoch und verharrt genau in dem Augenblick, wenn die Bauchflossenspitzen gerade noch das Substrat berühren. So signalisiert es dem mittlerweile ins „Nest“ gefolgten Weibchen, wo sich die Spermien befinden. Das Weibchen nimmt die Samen auf und setzt nun ein oder mehrere Laichkörner auf dem Substrat ab und nimmt sie blitzschnell ins Maul auf. Im Gegensatz zu den meisten anderen Maulbrütern gibt es hier also keinen direkten Kontakt zwischen den Geschlechtspartnern. Ophthalmotilapia-Arten sind nicht sehr produktiv, und so sind die Gelege mit 10 bis 20 Laichkörnern recht klein. Die Brutpflege dauert ungefähr dreieinhalb Wochen, bis die 14 Millimeter großen Jungfische zum erstenmal das mütterliche Maul verlassen.

Ophthalmotilapia ventralis heterodonta zeigt im männlichen Geschlecht ein ansprechendes Farbkleid. Rücken-, Schwanz- und Afterflosse sind hellblau. Die hellblauen Bauchflossen reichen bis hinter die Schwanzwurzel und enden jeweils in zwei gelben Plättchen. Den lang ausgezogenen Flossen verdankt dieser Fisch seinen Artnamen, während der Unterartname heterodonta auf die uneinheitliche Bezahnung hinweist. Auf dem Kopf können einige hellblaue Markierungen hervortreten; der Körper ist graubraun bis grünlichgrau. Bei den Weibchen sind die After- und die Rückenflosse gerundet, und die Ventralen reichen nur bis knapp in die Afterflosse.

Dasselbe trifft für die Weibchen der südlichen Unterart zu. Sehr variabel sind die Männchen von Ophthalmotilapia ventralis ventralis. So wurden in jüngster Zeit einige Tiere von der südlichen Tansaniaküste importiert, die am Körper und in den Flossen mehr oder weniger gelblich waren. Aus dem Grenzgebiet Tansanias und Sambias ist eine Variante bekannt, deren Männchen blaugrau oder gelblich-blaugrau sind. Die wohl schönste Farbvariante kommt von einem etwa 35 Kilometer langen Felsküstenstreifen, der von der sambianischen Stadt Mpulungu bis hinter das Cape Chaitika reicht. Die Männchen besitzen während der Balz strahlend weißblaue Körper, unpaarige Flossen und Ventralen. Entsprechend ihrem recht großen Verbreitungsgebiet, neigt selbst diese Variante noch zu unterschiedlichen Färbungen, vor allem im Kopfbereich. So gibt es Tiere, die zwischen den Augen und dem vorderen Teil des Rückens eine orange- oder schwefelgelbe Blesse haben, die teilweise von dunklen Farbtönen überlagert ist.

Vom Cape Chaitika kommt die schwarzköpfige Variante. Bei der Sumbu-Insel entdeckten deutsche Aquarianer 1983 eine gescheckte Farbform. Bei der Ndole Bay Lodge konnte ich dann schließlich sowohl weißblaue als auch Tiere mit sehr dunklem Körper beobachten; alle zeigten die weißblaue Färbung in der Kopfregion und auf den Flossen und ähnelten somit ein wenig der im Norden des Sees vorkommenden Unterart.

Aus der Umgebung von Kigoma kommt der sogenannte „Weißkopf-Ventralis". Der Körper dieser Cichliden ist im allgemeinen dunkelgrau. Auf der Körpermitte, vom Kiemendeckel bis zur Schwanzwurzel, befinden sich vier schwärzliche Flecken, und unterhalb der Rückenflosse können ebenfalls dunkle Punkte auftreten. Seinen Namen verdankt dieser Fisch der weißlichblauen Blesse zwischen den Augen und der gesamten oberen Rückenpartie. Bei genauer Betrachtung stellt man fest, daß es sich bei dem „Weißkopf-Ventralis" höchstwahrscheinlich um eine eigenständige, neue Art handelt. Die Körperform und vor allem die Anordnung des Maules, das tiefer angesetzt und breiter ist als bei O. ventralis, lassen diese Vermutung zu. Aquarianerbeobachtungen haben übrigens ergeben, daß sich die südlichen Rassen, einschließlich des sogenannten „Weißkopf-Ventralis", untereinander kreuzen.

OPHTHALMOTILAPIA NASUTA

Für *Ophthalmotilapia nasuta* (Poll & Matthes, 1962) gilt das auch. Diese Art ist recht hochrückig und seitlich deutlich abgeflacht. Der Artname spielt auf die nasenartige Verdickung über dem Maul an. Diese Art kommt ebenfalls in verschiedenen geographischen Rassen vor. Die wohl bekannteste Form stammt aus dem Norden des Sees: Männchen sind blaugrau bis silbriggrau. Stimmungsbedingt zeigen sie einige senkrechte Streifen. Rücken-, After- und Schwanzflosse sind am Ansatz hellblau gezeichnet und in den oberen und hinteren Teilen gelblich. Wie die anderen Ophthalmotilapia-Arten, besitzt auch O. nasuta stark verlängerte Bauchflossen, die an den Enden leuchtend gelbe Hautlappen aufweisen. Weibchen sind erheblich blasser und besitzen kürzere und eher gerundete Flossen.

Die Männchen der südlichen Farbrasse von O. nasuta sind prächtig zitronengelb, wobei Tiere von einem Fundort zusätzlich dunkle Zeichnungsmuster zeigen. Eigenartigerweise kommen die gelben Fische nur an ganz wenigen Stellen des Sees vor, und zwar sowohl im Süden Tansanias als auch an einigen begrenzten Küstenabschnitten Sambias. Wenn man bedenkt, daß zwischen diesen beiden Vorkommensgebieten rund 60 Kilometer liegen und daß die Tiere sich dennoch sehr ähneln, dann fragt man sich als Aquarianer, wo denn das „Ursprungsgebiet" dieser Fische liegt und wie zwei farblich so ähnliche Populationen in dermaßen weit auseinander liegende Küstengebiete gelangten.

Fadenmaulbrüter erwiesen sich als sehr transportempfindlich und werden somit nur selten in den Listen der Händler angeboten. Da die Art auch nicht besonders laichfreudig und produktiv ist — ein Gelege umfaßt immerhin nur etwa 20 Eier —, wird es noch einige Jahre dauern, bis genügend Nachzuchttiere den Bestand von O. nasuta in unseren Aquarien sichern.

Die Männchen bauen relativ kleine Laichgruben in den Sand. Diese Krater haben nur einen Durchmesser von knapp zehn Zentimetern und sind nicht sehr tief. Die Balz und das Ablaichen verlaufen so ähnlich, wie schon bei O. ventralis beschrieben. Die gut 15 Zentimeter großen Männchen verlieren in der Balzzeit etwas von ihrem strahlenden Gelb, so daß sie wie mit Ruß überstreut aussehen.

OPHTHALMOTILAPIA BOOPS

Ophthalmotilapia boops (Boulenger, 1901) ist als dritte Art in dieser Gattung zu nennen. Diese Tiere sind bisher noch nicht importiert worden; das liegt sicher daran, daß das Verbreitungsgebiet dieser Art im Süden Tansanias liegt; Poll nennt die Küstengebiete bei den Ortschaften Utinta und Mtossi. Gerade in jüngster Zeit sind Anstrengungen unternommen worden, südlich des Malagarasi gezielt Fische zu fangen, so daß die Hoffnung besteht, eines Tages auch Ophthalmotilapia boops in unseren Aquarien zu pflegen. Bis vor wenigen Jahren war diese Art übrigens die einzige der Gattung. Liem löste dann 1981 die Gattung Ophthalmochromis auf und überführte die beiden Arten O. ventralis und O. nasutus in die Gat-

Ein „Fadenmaulbrüter" vom Cape Chaitika, vielleicht eine neue Art?

tung Ophthalmotilapia, weil er zwei verschiedene Gattungen für dermaßen ähnliche Fische für nicht gerechtfertigt hielt. Ophthalmotilapia boops wird etwa 15 Zentimeter groß und ist nach Poll auf dem gesamten Körper dunkelbraun. Auch diese Art weist die langen Ventralen mit den gegabelten gelben Hautlappen in der Spitze auf. Die Körperform ist ähnlich wie bei Ophthalmotilapia ventralis. Über der Oberlippe befindet sich ein kleiner Nasenhöcker. Wie der Artname andeutet, ist das Auge recht groß.

CUNNINGTONIA LONGIVENTRALIS

Cunningtonia longiventralis Boulenger, 1906 ist eine Art, die erst sehr spät Einzug in unsere Aquarien hielt. Diese Gattung ist bisher monotypisch geblieben. Sie unterscheidet sich recht deutlich von den anderen Fadenmaulbrütern. Wir haben es hier mit einem spezialisierten Aufwuchsfresser zu tun, der gern und wesentlich häufiger als die anderen Fadenmaulbrüter Algen raspelt; das kann man auch im Aquarium sehr gut beobachten. Cunningtonia longiventralis besitzt leicht aufgeworfene Lippen, die mit kleinen Raspelzähnen besetzt sind. Sie erinnern ein wenig an die Petrochromis-Arten, und genauso wie diese Aufwuchsfresser sollte auch C. longiventralis nicht mit zuviel ballastarmer Kost ernährt werden.

Auffällig sind bei dieser Art die langen Bauchflossen (Artname!), die jedoch keine gelben Endzipfel besitzen. Männchen dieser Art sind mit knapp 15 Zentimeter Länge ausgewachsen und können sich recht gut gegen andere, auch robuster erscheinende Cichliden des Tanganjikasees durchsetzen. Aber auch untereinander sind die Männchen ein wenig streitsüchtig, und deshalb sollte man gemeinsam mit einem Männchen mehrere Weibchen pflegen.

Auch C. longiventralis ist ein wahrer Baumeister, der vor allem zur Laichzeit gern Sandkrater anlegt. Sie haben einen Durchmesser von rund 15 Zentimetern und werden häufig so gebaut, daß sie an einen Stein „angelehnt“ sind. Durch kräftiges Schwanzwedeln und Abspreizen der Flossen lockt das Männchen ein laichbereites Weibchen in den Krater. Alles weitere verläuft ähnlich wie bei den Ophthalmotilapia-Arten.

Männchen von Cunningtonia sind recht attraktiv: Auf den Flanken glänzt der Fisch bläulichgrau. In der Kopf- und Rückenregion zeigt er eine schwefelgelbe Farbzone. Die Flossen sind besonders bei balzaktiven Männchen königsblau, und die Schwanzflossenzipfel können bei einigen Tieren gelbe Säume haben. Weibchen sind silbriggrau, bleiben meist kleiner als die Männchen und besitzen abgerundete Flossen. Auch von C. longiventralis soll es unterschiedliche Farbformen geben.

Am Cape Chaitika konnte ich 1986 in der Fels- und Geröllzone in ein bis zwei Meter tiefem Wasser Cichliden fangen, die vom Körperbau her eine gewisse Ähnlichkeit zu den Ophthalmotilapia-Arten besaßen. Besonderes Merkmal waren auch bei dieser Art die lang ausgezogenen, in den Spitzen leicht gelb gefärbten Ventralen. Die Körperfarbe war ebenfalls Gelblich und erinnerte ein wenig an die gelbe Variante von O. nasuta, die aber deutlich hochrückiger ist und eine wesentlich stärker ausgeprägte „Nase“ besitzt. Die Körpergröße der meist im Schwarm anzutreffenden Tiere lag zwischen acht und zehn Zentimeter.

Bodenbewohnende Buntbarsche: Sandcichliden

Der Begriff „Sandcichlide“ soll in diesem Buch für eine Gruppe recht verschiedener Buntbarsche verwendet werden, die aber alle meistens oder sogar ausschließlich an den Sandküstengebieten des Tanganjikasees vorkommen. Sie besiedeln dort die ufernahen Küstenstriche, wobei einige Arten sogar auf größere Tiefen spezialisiert sind.

Die langgestreckte Körperform und die stark ausgeprägte Schwanzflosse ermöglichen den in der deckungslosen Sandzone möglichen Räubern schutzlos ausgelieferten Sandcichliden eine große Fluchtgeschwindigkeit. Die großen Augen und das gut entwickelte Seitenliniensystem –

Dieser Callochromis macrops macrops stammt aus der Umgebung von Kigoma

Ebenfalls aus Tansania kommt diese Farbvariante von Callochromis pleurospilus

Ein typischer „Sandcichlide" ist Xenotilapia boulengeri

Diese acht Zentimeter große Xenotilapia-Art erinnert insgesamt an X. flavipinnis, hat aber eine andere Kopfform

einige Arten besitzen drei Seitenlinien — sind wichtig für die Früherkennung solcher Feinde. Dadurch, daß die Augen sehr hoch angesetzt sind und die Schnauze so langgezogen ist, können die Tiere mit dem Kopf tief in den Bodengrund eintauchen, um im Sand nach Futter zu suchen. Häufig stützen sie sich auf dem Bodengrund mit den Bauchflossen ab oder liegen ganz flach auf dem Bauch. Eine blasse Färbung dient natürlich in erster Linie dem Schutz vor Feinden über hellem Untergrund. Nur die Männchen weisen attraktive Farbtöne auf. Daß viele dieser Tiere eine Art Schwarmverhalten zeigen, ist nur allzu verständlich, denn in dem offenen Sandlitoral kann ein einzelner Fisch sehr gut von Räubern erspäht werden, während er im Schwarm weitaus besser geschützt ist. Sicher gibt es auch unter den Sandcichliden Ausnahmen. So sind zumindest einige dieser Buntbarsche zeitweise auch im Übergangsbereich vom Sand- zum Steinlitoral zu beobachten.

EIN AQUARIUM FÜR SANDCICHLIDEN

Wie hat nun ein Sandcichliden-Aquarium auszusehen? Das Wichtigste ist natürlich der Bodengrund. Groben Kies oder scharfkantiges Bodenmaterial zu verwenden, wäre das Verkehrteste, was der Aquarianer tun kann. Der Bodengrund sollte aus einer wenigstens fünf Zentimeter hohen, feinen Sandschicht bestehen. Einige Versteckmöglichkeiten in Form von flachen Steinen, die an die Rückwand gestellt werden, sollten ebenfalls vorhanden sein. Eine Bepflanzung kann den Gesamteindruck des Aquariums nur abrunden. Wichtig ist auf jeden Fall, daß der Schwimmraum nicht zu eng bemessen wird. Je nach Gattung und Art eignen sich schon Aquarien ab 1,20 Meter Seitenlänge. Da alle Sandcichliden gern den

Bodengrund durchkauen und somit auch Mulmreste hochwirbeln, ist ein genügend starker Filter einzusetzen.

Nicht unterschätzen darf man die Schreckhaftigkeit der Sandcichliden: Bei der geringsten Störung kann unter den Schwarmfischen eine wahre Panik ausbrechen. Nachtaktive Fische, wie zum Beispiel manche Welse und Aale, haben in einem Sandcichlidenbecken nichts zu suchen, da sie die auf dem Boden schlafenden Cichliden aufschrecken und viel stärker stören, als man annimmt.

An der Kasaba Bay Lodge, die an einer flachen Sandbucht liegt, konnte ich an der Hafenmole erstmals Callochromis macrops im seichten Wasser beobachten. Die Männchen fielen mir besonders ins Auge: Sie waren alle in Balzstimmung und besonders dunkel gefärbt. Jedes verteidigte ein Brutrevier, in dessen Zentrum ein ungefähr zehn Zentimeter breiter Laichkrater lag. Das Territorium um diese Sandburg herum maß etwa zwei bis drei Quadratmeter. Bei den ersten Fangversuchen mit der Senke erbeutete ich immer nur Männchen. Weibchen konnte ich zunächst überhaupt nicht beobachten. Erst bei genauerem Hinsehen entdeckte ich an den Revierrändern kleinere Gruppen von laichbereiten Weibchen. Sie waren sehr blaß und daher über dem hellen Sandboden kaum sichtbar. Ständig balzten die Männchen diese kleinen Gruppen an, und von Zeit zu Zeit folgte ein Weibchen in einen Laichkrater. Es kam auch häufig vor, daß die Weibchen mehrere Laichkrater nacheinander aufsuchten, so daß ein Gelege wahrscheinlich von mehreren Männchen befruchtet wurde.

CALLOCHROMIS MACROPS

Die Gattung *Callochromis* — übersetzt bedeutet das „schöner Buntbarsch" — wurde 1920 von Regan aufgestellt. Sie umfaßt zur Zeit nur zwei Arten, von denen Callochromis macrops allerdings in zwei Unterarten vorkommt. Die Nominatform ist *Callochromis macrops macrops* (Boulenger, 1898). Ihre Verbreitung erstreckt sich nach den bisherigen Erkenntnissen nur auf den südlichen Teil des Tanganjikasees, wobei jedoch erwähnt werden muß, daß das nördlichste Verbreitungsgebiet bis hinauf nach Kigoma in Tansania reicht.

Callochromis macrops melanostigma (Boulenger, 1906) ähnelt ein wenig der Kigomaform von Callochromis m. macrops. Doch trägt diese Unterart auf silbriggrauem Körpergrund kleine lackschwarze Punkte (Unterartname!), und der Bauchbereich sieht rötlich aus. In der durchscheinenden gelblichen Rückenflosse liegen ebenfalls schwarze Punkte. Auch diese Unterart zeigt die rotgerandeten, großen, ovalen Augen (Artname) und in der Afterflosse die mit gelblichweißen Pünktchen durchsetzte signalrote Spitze. Callochromis macrops melanostigma wurde bisher nur im Nordende des Tanganjikasees nachgewiesen.

Beide Unterarten von Callochromis macrops sind mit gut 15 Zentimeter Länge ausgewachsen; die Weibchen bleiben etwas kleiner. Auffallendste Körpermerkmale sind die flache Bauch- und Kinnlinie, das endständige, weit unten angesetzte Maul, der langgestreckte Körper sowie die sehr großen ovalen Augen. Auch die kräftig ausgeprägte Schwanzflosse weist auf einen Sandcichliden hin.

Die Haltung dieser Cichliden sollte man nur in einem Aquarium ab 1,50 Meter Seitenlänge versuchen. Da die Tiere, besonders die Männchen, untereinander sehr streitsüchtig sind, ist es wichtig, die innerartliche Aggressivität zu dämpfen, indem man von vornherein genügend Reviergrenzen in die Aquariengestaltung mit einbaut. Ferner sollte man ein Männchen immer mit einem Harem von Weibchen zusammen pflegen. Auch ist es gut, artfremde Cichliden aus der „Sandcichlidenszene" mit zu vergesellschaften, da das ebenfalls hilft, die Aggressionen gegen Artgenossen herabzusetzen.

Zur Balzzeit heben die nun kräftig gefärbten Männchen einen Sandkrater aus. Diese Sandkuhlen haben meist einen Durchmesser von zehn Zentimetern. Oft baut ein Männchen mehrere dieser Krater in den Bodengrund. Unter heftigem Körperzittern lockt es nun ein laichbereites Weibchen in sein Revier, wo die Fische ablaichen. Die Tragzeit — nur das Weibchen brütet — beträgt rund 19 Tage.

CALLOCHROMIS PLEUROSPILUS

Für *Callochromis pleurospilus* (Boulenger, 1906) gilt hinsichtlich Pflege und Körperform dasselbe wie für Callochromis macrops, doch bleibt C. pleurospilus mit knapp zwölf Zentimeter Länge etwas kleiner. Auch diese Art neigt zu Farbvarianten. So ist vom Nordende des Tanganjikasees eine Farbform mit sechs horizontalen roten Punktreihen auf silbriggrauem Körpergrund bekannt. Die zartrosa gesäumte Rückenflosse sieht im vorderen Bereich hellgelb aus und ist im hinteren Teil grauweiß liniert. Auf der Schwanzflosse finden sich einige braunrote und weiße Marmorierungen. In der Afterflosse ist hauptsächlich der äußere Bereich orangegelb, während der körpernahe Bereich hellgrau durchscheint. Kräftig orangegelb zeigen sich die Bauchflossen.

Nördlich von Kigoma liegt das Verbreitungsgebiet von Callochromis macrops melanostigma

Oben: An der Ndole Bay fanden wir diese Farbrasse von Callochromis macrops macrops. Das Foto links zeigt eine Variante aus der Nkamba Bay, und der unten abgebildete Callochromis m. macrops ging uns bei der Kasaba Bay Lodge ins Netz

Die zweite bisher bekannte Farbform stammt von der zentralen Ostküste des Tanganjikasees. Diese Tiere wurden auch unter der Handelsbezeichnung Callochromis spec. „greshakei“ angeboten. Es handelt sich aber um Callochromis pleurospilus. Von den hellblau irisierenden Lippen bis zum Ansatz der Rückenflosse erstreckt sich eine auberginefarbene Zone. Auch bei dieser Farbform sind die Weibchen viel blasser.

Callochromis pleurospilus gehört zu den agamen Maulbrütern, das heißt, die Partner finden nur zum Ablaichen zusammen; sonst gehen die Geschlechter ihre eigenen Wege. Die von dieser Art gebauten Laichkrater sind nur handtellergroß und auch nicht so tief wie die der anderen Callochromis-Art. Sowohl das Ablaichen als auch die spätere Brutpflege verlaufen genauso wie bei Callochromis macrops.

GRAMMATOTRIA LEMAIRII

Schon im Jahre 1899 wurde *Grammatotria lemairii* von Boulenger beschrieben. Aber bis Ende 1985 waren diese Tiere im Handel kaum erhältlich. Dabei ist die monotypische Gattung an den Sandküstenzonen des Tanganjikasees sehr häufig nachgewiesen worden. Ihre obere Verbreitungsgrenze liegt bei knapp einem Meter Wassertiefe. Poll gibt aber auch an, daß G. lemairii noch in 100 Meter Tiefe vorkommt. Bedenkt man, daß ausgewachsene Männchen bis zu 26 Zentimeter groß werden können, so versteht man, warum die Art nicht zu den ausgesprochen begehrten Aquarienfischen gehört. Eine Rolle spielt dabei sicher auch die nicht gerade sehr attraktive Färbung.

Der Körper von G. lemairii ist sehr langgestreckt; der Körperquerschnitt ist oval. Auffällig sind die großen Augen und die langgezogene Schnauze. Auch hier erkennt man gut die hervorragende Anpassung an das Sandlitoral: Eine dritte Seitenlinie unterstützt den Ferntastsinn. Die Bauchflossen sind in den vorderen und hinteren Strahlen gleich lang ausgezogen und dienen so als praktische Stützorgane.

Solche großen Cichliden benötigen natürlich geräumige Aquarien und reichlichen Schwimmraum. Als Bodengrund ist auch hier ein hoher Sandbelag angebracht, in den die Tiere nach Erdfressermanier mit dem Kopf — bis zu den Augen — eintauchen. Im Sand suchen die „Tanganjika-Erdfresser“ nach freßbaren Nahrungspartikeln. Da das im Aquarium nicht immer erfolgreich gelingt, müssen wir sie anders ernähren. Grammatotria lemairii gehört zu den ausgesprochen gierigen Allesfressern. Den Tieren kann man fleischliche Kost genausogut reichen wie Kunstfutter. Bei Magenuntersuchungen an frisch gefangenen Exemplaren fand man nach Poll einzellige pflanzliche Organismen, ferner Krebstiere, Insektenlarven und kleine Mollusken.

Dieser Maulbrüter zeigte sich im Aquarium trotz seiner Größe wenig wehrhaft. Das sollte man bei der Vergesellschaftung unbedingt berücksichtigen. Robustere Aufwuchsfresser eignen sich jedenfalls nicht; besser sind da schon kleinere Höhlenbrüter und andere Sandcichliden.

REGANOCHROMIS CALLIURUS

Ein auch erst in jüngster Zeit importierter Cichlide ist *Reganochromis calliurus* (Boulenger, 1901), der ursprünglich als Paratilapia calliura beschrieben wurde. Ein weiteres Synonym ist Leptochromis calliurus. Die

Art soll bis zu 15 Zentimeter lang werden. Ihr Körper ist sehr langgestreckt. Die Augen sitzen weit oben an der Stirnlinie. Auffällig ist auch das leicht oberständige, tief gespaltene Maul, das ein wenig an einen Räuber erinnert, und das ist R. calliurus zweifellos. Die Tiere fressen äußerst gern kleine Garnelen, wie zum Beispiel unsere einheimischen Mysis.

Untereinander können die Tiere streitsüchtig sein, doch in der Regel verletzen sie einander nicht. Man sieht sehr selten, daß R. calliurus den Sandboden aufnimmt und durchkaut. Bei der Wahl von Bruthöhlen, die auf dem Bodengrund liegen, schaufeln die Fische aber ständig Sand unter den Steinen hervor. Obwohl sie eine Bruthöhle beziehen, gehören sie zu den Maulbrütern. Sie wurden zwar bereits im Aquarium gezüchtet, doch konnte das Laichverhalten noch nicht beobachtet werden. Eine Überraschung war aber dann die Brutpflege: Männchen und Weibchen bildeten eine Elternfamilie, das heißt, beide Partner waren gleichermaßen an der Aufzucht der Jungen beteiligt. Einmal trug das Weibchen, einmal das Männchen die Eier oder die Larven im Maul. Ungefähr 60 Jungfische umfaßt eine Brut.

REGANOCHROMIS CENTROPOMOIDES

Bisher keine Aquarienbeobachtungen liegen von *Reganochromis centropomoides* (Bailey & Stewart, 1977) vor. Die Tiere wurden von den beiden Autoren als Leptochromis centropomoides beschrieben. Da Bleeker diesen Namen 1876 aber schon für eine andere Fischgattung gewählt hatte, ist der von Regan 1920 erneut verwendete Name ungültig. Whitley veröffentlichte dann bereits 1929 den gültigen Gattungsnamen Reganochromis. Leider haben die Erstbeschreiber das wohl übersehen.

Reganochromis centropomoides ist Anfang der siebziger Jahre im südlichen Teil des Sees, in der Hore Bay und der Sumbu Bay, mit Kiemennetzen in Tiefen zwischen 40 und 100 Metern gefangen worden. Die Art erinnert von der Gestalt her stark an R. calliurus, doch gibt es einige Unterschiede. So besitzt R. centropomoides einen noch längeren Kopf und 10 bis 20 Schuppen mehr in einer Längsreihe. Besonders auffällig ist der Hartstrahlbereich der Rückenflosse: So sind der zweite bis vierte Strahl deutlich verlängert. Die Membranhäute, die normalerweise zwischen den Hartstrahlen liegen, reichen im vorderen Ansatz weit über die Stacheln hinaus, was vor allem für die ersten fünf Strahlen gilt.

Ihren Namen erhielt die Art, weil sie eine gewisse Ähnlichkeit mit den barschartigen Fischen der Gattung Centropomus hat, die im Meer-, Brack- und gelegentlich auch im Süßwasser angetroffen werden.

Bailey & Stewart weisen darauf hin, daß sich die Geschlechter farblich nicht unterscheiden. Kopf und Körper sind schmutzig olivbraun; zum Bauch hin wird die Färbung etwas heller. In der Rückenflosse befinden sich dunkle, schräge Längsbänder, die teilweise auf die obere Rückenregion übergreifen. Auch die Schwanzflosse kann fünf bis sechs grauschwarze, vertikale Linien aufweisen.

Die „Sandcichliden schlechthin" sind die Buntbarsche aus der Gattung *Xenotilapia.* Sie besitzen eine Reihe von auffälligen arttypischen Merkmalen. Wichtigstes Sinnesorgan ist das Auge. Alle Xenotilapia haben ausgesprochen große und bewegliche, sehr weit oben an der Stirnlinie angesetzte Augen, dank derer sie Feinde rechtzeitig erkennen. Das kann man auch im Aquarium sehr gut beobachten, denn dort achten die Tiere genau auf ihre Umwelt. Sobald der Pfleger den Raum betritt, sausen die Xenotilapia schon an die Wasseroberfläche, während andere Cichlidenarten noch in den „Startlöchern" stehen.

Ein weiteres Sinnesorgan, das bei diesen Arten gut ausgeprägt ist, sind die Seitenlinien. Während andere Cichliden in der Regel nur zwei Seitenlinien haben, besitzen die meisten Xenotilapia-Arten sogar drei. Mit

Grammatotria lemairii besitzt eine dritte Seitenlinie

Eine bemerkenswerte Brutpflege betreibt Reganochromis calliurus

Oben links: Paare von Xenotilapia spilopterus trifft man häufig im Fels- und Sandlitoral; dagegen sind die Männchen von X. spec. „Ndole“ Einzelgänger (oben rechts). Xenotilapia flavipinnis ist einer der kleinsten Sandcichliden (links). Das untere Bild zeigt X. ochrogenys ochrogenys bei der Balz

den Seitenlinien nehmen die Fische Strömungen und Druckreize im Wasser auf.

Manche Xenotilapia-Arten trifft der Schnorchler oder Taucher in sehr großen Ansammlungen an. In diesen Schwärmen können sich mehrere hundert Tiere aufhalten, die nicht einmal einer Art angehören müssen. Bewegt man sich auf diese Schwärme zu, so fliehen alle Tiere in dieselbe Richtung, wenn möglich, zum offenen Wasser hin. Ein einzelner Fisch wäre bei der Flucht viel besser auszumachen; im Schwarm aber finden auch schwache, junge und brütende Tiere ihren Schutz. Bei der gemeinsamen Nahrungsaufnahme, wenn die Tiere also abgelenkt sind, kann man immer einige „Aufpasser" beobachten, die eine eventuell notwendige Flucht auslösen.

Xenotilapia-Arten besitzen eigenartig geformte Bauchflossen. Während bei den meisten anderen Cichliden die vorderen Ventralstrahlen verlängert sind, ist es hier genau umgekehrt: So besitzen die Sandcichliden ausgezeichnete Stützorgane, auf denen sie sich dann auch, wann immer sie können, ausruhen.

Da die Xenotilapia-Arten ausgesprochen friedliche Cichliden sind, sieht man einmal von gelegentlichen Reibereien untereinander ab, darf man sie nicht mit den robusteren Aufwuchsfressern zusammen halten; die Sandcichliden würden dann nämlich den kürzeren ziehen. Sehr wichtig ist es auch zu wissen, daß die Buntbarsche der Gattung Xenotilapia sehr empfindlich auf Transportverletzungen reagieren. Oftmals treten diese Verletzungen besonders im Bereich der Schwanzwurzel auf.

Man pflegt diese Buntbarsche am besten in einem geräumigen Aquarium, wobei die kleiner bleibenden Arten auch ruhig in Becken mit einer Seitenlänge von nur 100 Zentimetern untergebracht werden können. Der Boden sollte aus einer fünf Zentimeter hohen, feinen Sandschicht bestehen. Da die Tiere ständig im Sand „wühlen", ist eine gute Filterung empfehlenswert. Xenotilapia-Arten darf man als Allesfresser bezeichnen.

XENOTILAPIA BOULENGERI

Eine der größten Xenotilapia ist *Xenotilapia boulengeri* (Poll, 1942), benannt zu Ehren des britischen Ichthyologen Boulenger. Daß diese Tiere häufig lebend nach Deutschland importiert wurden, ist zu bezweifeln. Es wurden aber gerade in jüngster Zeit immer wieder Tiere als X. boulengeri angeboten, die zwar vom Farbkleid her dieser Art durchaus ähnlich sahen, aber mit acht bis zehn Zentimeter Länge erheblich unter der Gesamtgröße der richtigen X. boulengeri blieben. Man trifft X. boulengeri im Tanganjikasee in Tiefen zwischen zwei und 60 Meter an, zeitweise auch im Felslitoral. Ihre Körpergrundfärbung ist mittelbeige. Auf den oberen Körperseiten können stimmungsbedingt einige dunkle Flecke vorhanden sein. Die unpaarigen Flossen sind durchscheinend beigegrau mit gelblichen Farbtönen. Der Körper ist sehr langgestreckt und ähnelt dem von Xenotilapia sima. Allerdings ist das Auge nicht so groß, und es befindet sich auch nicht so weit oben an der Stirnprofillinie. Dadurch lassen sich die Arten recht gut auf den ersten Blick auseinanderhalten. Bisher scheint X. boulengeri noch nicht im Aquarium zur Zucht gebracht worden zu sein. Bei frisch gefangenen Tieren fand man aber gelegentlich Eier in der Mundhöhle.

Ähnlich verhält es sich mit *Xenotilapia caudafasciata* Poll, 1951. Auch zu dieser Art liegen noch keine Berichte über eine Zucht vor. Die Tiere erreichen eine Größe von knapp 16 Zentimetern, wobei die gefangenen Weibchen etwas größer waren als die Männchen. Obwohl Poll diese Art wissenschaftlich beschrieb, kam er selbst ins Zweifeln, ob sie überhaupt in die Gattung Xenotilapia gehört. Seine Zweifel begründete er mit der gegenüber den anderen Xenotilapia-Arten so sehr abweichenden Unterkieferbezahnung und der Tatsache, daß die Weibchen größer werden als die Männchen. Nach den Unterkieferzähnen ist X. caudafasciata näher mit Grammatotria lemairii verwandt, doch unterscheiden sich beide Arten hinsichtlich Schuppenkleid und Beflossung dermaßen stark, daß es nicht sinnvoll wäre, sie in einer Gattung zusammenzufassen. Xenotilapia caudafasciata lebt im Litoral in geselligen Schwärmen über verschlammtem Boden und wird nach Poll in einer Tiefe von durchschnittlich 35 Metern angetroffen.

Die Geschlechtsbestimmung gelingt anhand der unterschiedlichen Größe und Färbung der Tiere: Männchen zeigen eine gelblich-silbrige Körperfärbung, die mit einigen perlmutterfarbenen Reflexen durchsetzt ist. Das Kinn weist eine schwarze Farbzone auf, die einen schönen Kontrast zu den weißen Kiemenmembranen abgibt. Der Kiemendeckelfleck ist schwarz. Die Rückenflosse, die sonst grau ist, zeigt einen weißen Saum und im Weichstrahlbereich einige schwarze Züngelzeichnungen. Durchsichtig ist die Anale, weist aber ebenfalls einen schwarzen Saum auf. Brust- und Bauchflossen scheinen farblos durch. Auf der Mitte und am Ende der Ventralen liegt ein schwarzer Saum. Interessant ist die Schwanzflosse gefärbt, die eine hellgrau-schwarze Bänderung besitzt. Das erste Band liegt am Ende des Schwanzstiels. Die beiden anderen Farblinien sind vollständig durchgezeichnet, während der letzte Streifen durch die Einbuchtung der Schwanzflosse zweigeteilt ist. Weibchen sind im allgemeinen blasser; außerdem fehlen ihnen das schwarze Kinn und die arttypische Bänderung der Schwanzflosse, die der Art auch den Namen gegeben hat. Auch bei dieser Art handelt es sich um einen langgestreckten, wenig hochrückigen Fisch, der durch seine gerade Bauchlinie, das endständige Schaufelmaul und die besonders großen Augen auffällt.

XENOTILAPIA FLAVIPINNIS

Ein Sandcichlide, der erst in jüngster Zeit entdeckt und wissenschaftlich beschrieben wurde, ist *Xenotilapia flavipinnis* Poll, 1985, der aus dem nördlichen Teil des Sees stammt und erstmals 1983 von dem Zierfischexporteur Brichard aus Burundi nach Europa geschickt wurde. Schnell hatte man dieser neuen Art eine falsche Bezeichnung verpaßt, nämlich X. boulengeri, der sie von der Körperform und vom Farbkleid her doch recht ähnlich sieht. Nur die Körpergröße paßte nicht so ganz: So wird X. boulengeri gut 16 Zentimeter lang, während die damals importierten und ausgewachsenen Tiere kaum acht Zentimeter maßen; und sie sind auch bis heute nicht größer geworden. Wir haben es also mit einem recht kleinen

Nicht nur in der Natur, sondern auch im Aquarium zeigt Xenotilapia sima sein arttypisches Schwarmverhalten

Prachtvoll sehen die Männchen von Xenotilapia spec. „Ndole“ aus

Cichliden zu tun, der zudem ein ausgesprochen interessantes Fortpflanzungsverhalten zeigt. Ein Gelege umfaßte etwa 20 bis 30 Eier, die vom ersten bis zum neunten, ja sogar bis zum sechzehnten Tag (Kallweit), betreut wurden. Von diesem Zeitpunkt an wurde es für die Mutter immer schwieriger, die fast fertig entwickelten Jungfische im Maul zu halten. Jetzt übergab es nach und nach alle Jungen dem Männchen. Für die nächsten drei bis fünf Tage waren die Jungtiere, die nun nur noch einen kleinen Dottersack besaßen, der Obhut ihres Vaters anvertraut. Erst als sie frei schwammen, beteiligte sich das Weibchen wieder daran, das kleine Sandgebiet im

Aquarium zu bewachen, während das Männchen, wenn akute Gefahr drohte, immer sofort die Brut ins Maul nahm. Als dann nach einer knappen Woche die Jungtiere durch die regelmäßige Futteraufnahme größer geworden waren, wurde es auch für das Männchen immer schwieriger, alle in dem schon stark strapazierten und gedehnten Kehlsack aufzunehmen. Von diesem Zeitpunkt an war auch das Weibchen wieder bereit, Jungfische ins Maul zu nehmen.

Ein Paar von X. flavipinnis läßt sich zwar durchaus in einem 100-Liter-Aquarium pflegen, doch halte ich es für besser, diese Buntbarsche in einer kleinen Gruppe zu pflegen. Bei der Haltung sollte man nicht vergessen, daß die Tiere ausgezeichnete Springer sind; also das Aquarium immer gut abdecken!

XENOTILAPIA LESTRADEI

Den Weg in unsere Aquarien hat auch *Xenotilapia lestradei* Poll, 1942 noch nicht gefunden. Über diese Art ist bisher auch nur wenig bekannt geworden. Man weiß aber, daß diese langgestreckte, wenig hochrückige Art mit annähernd elf Zentimeter Länge ausgewachsen ist. Die Körpergrundfarbe ist Gelbbraun, und auf den Flanken liegen einige silbrig irisierende Farbzonen. Kinn und Kiemenmembran sind, wie bei so vielen Xenotilapia-Arten, schwarz. In der Mitte der Rückenflosse befindet sich ein ovaler schwarzer Fleck, ähnlich wie ihn Xenotilapia spilopterus im oberen Teil der Rückenflosse zeigt. Xenotilapia lestradei wurde zu Ehren von A. Lestrade benannt, der die Tiere bei der Ortschaft Nyanza (Burundi) in fünf bis zehn Meter Tiefe fing.

XENOTILAPIA LONGISPINIS

Etwas mehr ist über *Xenotilapia longispinis* bekannt. Die Art wurde 1951 von Poll beschrieben und noch im selben Jahr, ebenfalls von Poll, in die beiden Unterarten *Xenotilapia longispinis longispinis* und *Xenotilapia longispinis burtoni* aufgeteilt. Beide lassen sich an den Rückenflossenhartstrahlen sehr gut unterscheiden: Bei X. l. burtoni sind der dritte bis neunte Strahl etwas verlängert. Bei den Weibchen ist diese Unterscheidung allerdings schwieriger, da ihnen die Verlängerung der Rückenflossenstacheln weitestgehend fehlt. Aber auch die Bauchflossen bieten eine Möglichkeit, die beiden Unterarten voneinander abzugrenzen. Bei X. l. longispinis sind die hinteren Strahlen leicht verlängert. Wer ganz sicher gehen will, der vergleicht die Ober- und Unterkieferzähne. Bei der Nominatform befinden sich kurz hinter der vorderen Reihe einspitziger Zähne weitere spitze Zähne. Bei der zweiten Unterart dagegen liegen die hinteren, kleinen, einspitzigen Zähne unmittelbar hinter den vorderen. Aber wer schaut schon seinen Cichliden ins Maul?

Nach bisherigen Erkenntnissen kommt Xenotilapia longispinis burtoni nur in der flachen Burtonbucht (Zaire) vor. Diese Bucht wurde, wie auch die dort gefundene Unterart von X. longispinis, nach dem englischen Forschungsreisenden R. Burton benannt. Die andere Unterart scheint ein großes Verbreitungsgebiet zu haben, denn sie ist sowohl in Sambia als auch in Burundi und in Tansania nachgewiesen worden. Beide Unterarten wurden zwar in Tiefen von zwei Metern gefangen, doch liegt ihre untere Verbreitungsgrenze bei etwa 50 Metern.

Der Körper ist langgestreckt. Auf den Seiten befinden sich je drei Seitenlinien, von denen nur die obere ganz durchgezogen ist. Die Kopfprofillinie verläuft nicht ganz so steil wie bei Xenotilapia sima, mit der diese Art recht nah verwandt ist. Xenotilapia longispinis wird rund 17 Zentimeter groß; der Artname deutet auf die langen Rückenflossenstrahlen hin. Beide Unterarten sind unscheinbar: Körpergrundfarbe ist Hellbeige bis Braunbeige, und auf der Basis der Brustflossen liegt häufig ein dunkler Fleck. Der Kiemendeckelfleck schimmert grünlich-schwarz, und auf den Körperseiten befinden sich je nach Stimmung der Fische dunkelgraue Flecke. Die unpaarigen Flossen sind hellbeige bis hellgrau. In den Bauchflossen können leichte Gelbtöne auftreten.

XENOTILAPIA MELANOGENYS

Weitaus bekannter als die bisher vorgestellten Arten ist *Xenotilapia melanogenys.* Der Artname bedeutet soviel wie „mit dem schwarzen Kinn". Während der Balz, in der Natur also wohl immer, haben die Männchen eine schwarze Kopfunterseite. Im Aquarium hängt das Vorhandensein dieser Färbung davon ab, wie viele Weibchen man mit den Männchen zusammen pflegt.

Das Balzverhalten dieser Art gehört für mich zu den faszinierendsten Geschehnissen im Verhalten der Cichliden. Die Männchen legen große, aber flache Gruben an, in deren Mitte zusätzlich noch eine flache Mulde liegt. Der Untergrund besteht aus ganz feinem Sand, während der Grubenrand auch gröbere Sandteile aufweist. Das Männchen versucht nun, ein Weibchen in den flachen Krater zu locken. Dabei spreizt es entweder die Flossen bis zum äußersten vom Körper ab, oder es legt sich auf die Seite und preßt alle Flossen an den Körper. In dieser Phase werden Mundboden und Kiemendeckel weit hervorgedrückt. Mit dem Maul nimmt das Männchen nun ständig Sand auf und spuckt ihn sofort wieder aus. Folgt ein Weibchen, so gehen die Tiere in ein Kreisschwimmen über. Beim Betupfen mit dem Maul in der Analgegend verharren die Fische kurzzeitig in einer T-Stellung. Wenn beide Partner gut aufeinander abgestimmt sind, kommt es zur Eiabgabe und zur Befruchtung des Geleges. Interessant dabei ist, daß die Eier gleich nach der Abgabe vom Männchen befruchtet werden; erst dann nimmt sie das Weibchen ins Maul.

Nach ungefähr 18 bis 20 Tagen verlassen die Jungfische das mütterliche Maul erstmals. Mir fiel auf, daß die Weibchen häufig die Gelege am dritten oder vierten Tag im Maul regelrecht zerdrückten. Anfangs dachte ich, das sei die Folge ihrer starken Freßgier. Ich versuchte die künstliche Aufzucht als letztes Mittel, und, siehe da, ein großer Teil der Eier war überhaupt nicht befruchtet. Nun beobachtete ich die Tiere während der Ablaichphase genauer und stellte dabei folgendes fest: Wenn das Weibchen die abgelegten Eier schon ins Maul aufgenommen hat, ist keine Befruchtung mehr möglich. Da in einem Aquarium aber ständig Störenfriede umherschwimmen, vertreibt das Männchen die möglichen Laichräuber, und das geht nur, wenn es den Laichplatz verläßt. Liegen aber zu diesem Zeitpunkt Eier im Sand, so kommt es zu keiner Befruchtung, und das Weibchen nimmt unbefruchtete Eier ins Maul.

Boulenger beschrieb die Art schon 1898, damals aber noch unter dem Gattungsnamen Enantiopus. Xenotilapia melanogenys weicht auch tatsächlich etwas vom Gattungsbild ab. Dieser Art fehlt die dritte Seitenlinie auf den Flanken, und die Kopfprofillinie verläuft nicht so stark gewölbt, sondern eher langgestreckt. Die Tiere beschädigen sich trotz aller Drohgebärden nicht im geringsten, und es ist durchaus möglich, mehrere Männchen zu einem Weibchen zu setzen (anders herum ist es natürlich besser).

Auch diese Art reagiert mit unbändiger Flucht, wenn sie erschreckt wird. Deshalb hier noch einmal der Rat, sich nicht allzu hektisch vor dem Aquarium zu bewegen. Ferner sollte das Licht nicht schlagartig ausgehen, da sich die Tiere zu jeder Nacht einen Schlafplatz aussuchen müssen. Sie legen sich dabei auf den Bodengrund und schaffen sich eine kleine Schlafmulde; einige Körperteile bedecken sie sogar mit Sand.

Nachts zeigen die Fische ein besonderes Farbkleid: Auf dem gesamten Körper befinden sich auf hellbeigem Untergrund viele unterschiedlich große dunkelgraue Flecke. Tagsüber ist diese Zeichnung so gut wie nie sichtbar. Dann sind vor allem die Männchen ausgesprochen attraktiv, wie die Fotos beweisen. Sie haben eine stärker ausgezogene Rücken- und Afterflosse; zudem werden sie mit knapp 15 Zentimeter Länge gut zwei Zentimeter größer als die Weibchen. Xenotilapia melanogenys wird in Wassertiefen von zwei bis 50 Metern angetroffen.

XENOTILAPIA NIGROLABIATA

In weitaus größeren Tiefen lebt *Xenotilapia nigrolabiata* Poll, 1951: Sie kommt noch in fast 160 Meter Tiefe vor, und nur selten fand man Fische dieser Art um 20 Meter Wassertiefe. Das ist wohl auch der Grund dafür, daß X. nigrolabiata bis heute noch nicht in unseren Aquarien gepflegt wird. So gibt es kaum Informationen über diesen Fisch. Der Artname bedeutet „mit schwarzen Lippen". Die Körpergrundfärbung ist silbrigbeige. In der Rücken- und Afterflosse befinden sich einige orangefarbene Binden, die durch einen grauen Saum begrenzt werden. Die Schwanzflosse, die Bauch- und die Brustflossen sind durchscheinend grau. Auf dem Kiemendeckel liegt ein schwärzlicher Fleck. Weibchen sollen daran zu erkennen sein, daß sie insgesamt blasser aussehen. Naturbeobachtungen (Poll) ergaben, daß es sich auch bei dieser Art um einen Maulbrüter handelt.

XENOTILAPIA OCHROGENYS

Xenotilapia ochrogenys (Boulenger, 1914) — der Artname spielt auf das blaßgelbe Kinn an — kommt in zwei Unterarten vor. *Xenotilapia ochrogenys bathyphilus* Poll, 1956 lebt, wie der Unterartname schon sagt, vorwiegend in größeren Wassertiefen, obwohl man die Tiere schon ab einer Tiefe von nur fünf Metern nachgewiesen hat. Ihr bevorzugter Lebensraum scheint zwischen 35 und 50 Metern zu liegen. Das ist wohl auch ein Grund dafür, daß sie noch nicht importiert wurde.

Aber nicht nur ökologisch, sondern auch morphologisch unterscheiden sich die beiden Unterarten. So verläuft bei X. o. bathyphilus die Kopfprofillinie in einem mäßig hohen Bogen, während bei der Nominatform, *Xenotilapia ochrogenys ochrogenys* (Boulenger, 1914), das Kopfprofil vom Maul aus in einem steilen Bogen zur Rückenflosse hin ansteigt. Diese Unterart trifft man schon in ein Meter tiefem Wasser an. Ihr bevorzugter Le-

Triglachromis otostigma. Dieser Sandcichlide ist bekannt für seinen gewaltigen Wühltrieb

bensraum liegt zwischen zwei und fünf Meter Tiefe, also wesentlich höher als bei der anderen Unterart.

Xenotilapia o. bathyphilus wird ungefähr zehn Zentimeter groß und zeigt auf silbrigbeigem Untergrund in der oberen Rückenregion und auf der Schwanzwurzel einige unregelmäßige, rußiggraue Flecke. Ihre Rükkenflosse ist durchscheinend grau. Sie weist einen in Längsrichtung verlaufenden grauen Streifen auf, der im Hartstrahlbereich auf der Mitte der Flosse liegt, im Weichstrahlbereich dagegen bis in die Strahlenspitzen hineinreicht. Auch auf der Schwanzflosse befindet sich ein dunkelgraues Muster. Über eine mögliche Balzfärbung ist noch nichts bekannt.

Die zweite Unterart wurde mittlerweile häufiger importiert. Wie das Foto belegt, zeigen Männchen während der Balzzeit ein ausgesprochen hübsches Farbkleid, während die Weibchen wesentlich blasser aussehen. Ein gutes Unterscheidungsmerkmal scheint jedoch auch der Vergleich der Rücken- und Afterflosse zu sein: Bei den Männchen sind diese Flossen so weit ausgezogen, daß sie bis an den Anfang der Schwanzflosse reichen. Bei den Weibchen sind Dorsale und Anale gerundet und nicht so stark ausgezogen. Die Schwanzflosse erscheint bei adulten Männchen, die eine Größe von elf bis zwölf Zentimetern haben, vor allem im oberen Teil stärker gezipfelt als beim Weibchen. Wie schon erwähnt, verläuft das Kopfprofil bei X. o. ochrogenys vom leicht unterständigen Maul bis zur Rükkenflosse stark gewölbt; anschließend verjüngt sich der Körper zur Schwanzwurzel hin. Die Bauchlinie verläuft relativ gerade, und auch das Kinnprofil ist waagerecht. Die Augen sind recht groß und oval. Sie sind genauso beweglich wie bei den anderen Xenotilapia-Arten.

Über eine gelungene Nachzucht liegen bislang keine Angaben vor. Sicher ist jedoch, daß es sich auch hier um einen Maulbrüter handelt. Die

Balz und das Ablaichen wurden schon mehrfach im Aquarium beobachtet. Dabei entdeckte man eine Eigenart, die bisher nur von X. o. ochrogenys bekannt ist: Die Männchen bauen Krater, was ja an sich nichts Besonderes ist. Sie suchen sich im Aquarium dazu einen geeigneten Laichplatz, in der Regel eine große Sandfläche. Jetzt kommt das Außergewöhnliche: Auf einer Fläche von einem viertel Quadratmeter legt das Männchen nun in einem Kreis etwa fünf bis sechs Zentimeter hohe Sandhäufchen an. Den Sand holt es sich aus der näheren Umgebung oder direkt von der „Baustelle“, so daß eine Mulde und zugleich die Hügel entstehen. Ein fertiger Krater kann bis zu 16 Häufchen aufweisen. Warum die Tiere solche Hügel bauen, konnte auch das nachfolgende Ablaichen nicht erklären. Vielleicht ist diese Berg- und Talkulisse nur ein besonderes Kennzeichen des Reviers.

XENOTILAPIA ORNATIPINNIS

Der züchterische Erfolg bei *Xenotilapia ornatipinnis* Boulenger, 1901 ist noch gar nicht greifbar. Das liegt daran, daß die Tiere im Tanganjikasee in größeren Tiefen vorkommen. Sie sind zwar schon in nur drei Meter tiefem Wasser gefangen worden, doch liegt ihre untere Verbreitungsgrenze bei 150 Metern. Poll gibt als mittleren Wert etwa 23,75 Meter an. Gegenwärtig ist also nicht daran zu denken, diese Fische gezielt zu fangen; vielleicht gehen aber einmal in flacheren Zonen, wie in der Burtonbucht, einige Tiere dieser Art ins Netz.

Die Gesamtgröße dieses Cichliden beträgt annähernd 13 Zentimeter. Seine Gestalt ist gestreckt; die Kopflinie verläuft von der Rückenflosse bis auf die Höhe der Augen in einer 45-Grad-Neigung und fällt dann steil zum Maul ab, das sehr weit unten liegt. Die Augen sind sehr groß und leicht ellipsenförmig; sie stehen sehr weit vorn und dicht am Maul. Vom Maul bis in die Afterflosse hinein verläuft die Bauchlinie gerade. Die Schwanzflosse ist gewimpelt.

Poll beschreibt die Färbung der Art folgendermaßen: Körpergrundfärbung gelblich bis beige, also ähnlich wie bei X. sima. Die Rückenflosse weist ein Muster aus fünf schwarzen, leicht schräg von oben nach unten verlaufenden Linien auf. Die Schwanzflosse soll sehr dunkel sein. Lediglich im unteren Bereich und oberhalb der mittleren Seitenlinie treten hellere Farbmarkierungen auf. Bauch- und Afterflosse sind ebenfalls dunkel (der Artname bedeutet „schönflossig“). Weibchen sollen daran zu erkennen sein, daß ihnen das dunkle Farbmuster in der Rückenflosse fehlt.

XENOTILAPIA SIMA

Weitaus mehr zu berichten gibt es von *Xenotilapia sima* Boulenger, 1899. Diese Tiere trifft man recht häufig im Sandlitoral an, wobei ihre obere Verbreitungsgrenze bei nur einem Meter Wassertiefe liegt; aber auch bis in 125 Meter Tiefe sind sie nachgewiesen worden. Ich selbst konnte sie häufig im Sandlitoral der Ndole Bay beobachten. Sie bewegten sich in riesigen Schwärmen von einigen hundert Individuen dicht über dem Bodengrund und suchten ständig den Sandboden nach Nahrung ab. Xenotilapia sima ist mit annähernd 16 Zentimeter Länge ausgewachsen, doch bleiben die Weibchen meist zwei Zentimeter kleiner. Ihr Körper ist sehr langgestreckt und seitlich abgeflacht. Das Kopfprofil verläuft in einem langgezogenen Bogen zur Rückenflosse hin, wo sich der Körper dann rasch in Richtung Schwanzflosse verjüngt. Bauchlinie und Kinn bilden eine waagerechte Linie. Erst auf Höhe der Afterflosse knickt der Körper leicht nach oben zum Schwanzstiel ab.

Auch diese Xenotilapia-Art besitzt drei Seitenlinien auf jeder Körperseite, von denen aber nur die obere komplett ausgebildet ist. Die Bauchflossen sind in den hinteren Strahlen verlängert. Rücken- und Afterflossen enden bei adulten Männchen stets spitz, während sie bei Weibchen immer gerundet sind. Die Färbung dieser Art ist auf den ersten Blick etwas fad. Nur die großen, ovalen, gelben Augen fallen dem Betrachter sofort auf. Körpergrundfarbe ist Hellbeige bis Gelbbeige, wobei die gelblichen Töne dadurch entstehen, daß einige Schuppen, vor allem im unteren Körperbereich, einen gelben Farbtupfer besitzen. Auch die Bauchflossen sind leicht gelb, wobei die Weibchen im allgemeinen blasser sind, vor allem in den Flossen.

XENOTILAPIA SPILOPTERUS

Während X. sima in allen vier Anliegerstaaten des Tanganjikasees nachgewiesen wurde, ist *Xenotilapia spilopterus* Poll & Stewart, 1975 bisher nur auf sambianischem Gebiet angetroffen worden. Genaue Fundstelle ist die kleine Insel Nkumbula vor Mpulungu. Man fing die Tiere dort in einer Wassertiefe von nur zwei Metern. 1986 konnte ich sowohl am Cape Kipimbi als auch am Cape Chaitika die Art in etwa derselben Wassertiefe antreffen, wo sie nicht sehr zahlreich, aber stets in Paaren oder kleinen Gruppen über Felsboden lebte. Die Paarbindung läßt durchaus vermuten, daß bei diesem Buntbarsch wohl beide Elterntiere an der Maulbrutpflege beteiligt sind.

Auch diese Art besitzt die gattungstypische runde und langgezogene Kopfprofillinie. Der Körper ist langgestreckt, und die Bauchlinie verläuft bis zur Anale gerade. Die Fische sind mit knapp neun Zentimeter Länge ausgewachsen. Ihr Körper ist silbriggrau bis beigegrau. Die vordere Kopf- und Nackenregion kann braunsilbern glänzen. Stimmungsbedingt liegen einige dunkle Flecke auf den oberen Körperseiten sowie unzählige blaue Glanzpunkte auf den Flanken. Bis auf die Brustflossen können alle Flossen eine mehr oder weniger gelbliche Grundfärbung zeigen. Auf den unpaarigen Flossen liegen feine bläuliche Pünktchen. Wie der Artname schon andeutet, befindet sich zwischen dem neunten und dem dreizehnten Strahl der Rückenflosse ein länglich-ovaler schwarzer Fleck, der teilweise weiß gesäumt ist.

XENOTILAPIA TENUIDENTATA

Eine der kleinsten Arten der Gattung ist *Xenotilapia tenuidentata* Poll, 1951. Die Tiere werden maximal acht Zentimeter groß. Sie sind bisher im Süden und im Norden des Sees nachgewiesen worden. Ihre Verbreitung scheint sich allerdings nicht auf alle geeigneten Biotope zu erstrecken, denn man fing sie nur in sehr eng begrenzten Gebieten. Meines Wissens ist die Art noch nicht lebend eingeführt und somit für die Aquaristik eigentlich noch gar nicht entdeckt worden. Dabei wäre es vermutlich kein Problem, die Fische zu fangen, kommen sie doch schon in recht flachem Wasser vor.

Auch diese Art ist sehr langgestreckt und nur wenig hochrückig. Sie unterscheidet sich jedoch von den anderen Xenotilapia-Arten durch die nicht ganz gerade verlaufende Bauchlinie. Vor allem aber verläuft das Kinn von der Schnauzenspitze bis zur vorderen Kiemenöffnung sehr schräg. Auch ist die Kopfprofillinie nicht so stark gebogen wie bei den anderen Arten. Insofern weicht sie ein wenig vom Gesamtbild der Gattung ab. Poll hielt es aber aufgrund anatomischer Merkmale, wie zum Beispiel der drei Seitenlinien, für richtig, diese Art zu den Xenotilapia zu stellen. Auffällig sind bei X. tenuidentata, wie der Artname schon andeutet, die feinen Zähnchen, die in jeweils einer Reihe auf dem Ober- und Unterkiefer angeordnet sind. Körperfärbung ist ein silbriges Grau, und über die Flanken ziehen sich sieben dunkelgraue Punkte, von denen der erste auf dem Kiemendeckel liegt und der letzte auf der Schwanzwurzel. Unterhalb der Dorsale können sieben weitere halbrunde Flecken sichtbar sein. In der Rückenflosse befinden sich einige undeutliche Zeichnungen, die von der Basis der Flosse in einem runden Bogen nach oben verlaufen.

XENOTILAPIA SPEC. „NDOLE“

1983 beobachtete ich eine unbekannte Art im Sandlitoral der Ndole Bay, die sicher zur Gattung Xenotilapia gehörte und ab einem Meter Wassertiefe anzutreffen war. Leider handelte es sich nur um Männchen, die untereinander einen sehr großen Abstand einhielten. Weibchen konnte ich nicht entdecken. Erst 1986 schnorchelte ich wieder an derselben Sandzone. Ein Schwarm blasser gezeichneter Tiere lag, auf die Bauchflossen gestützt, auf dem Sandboden. Als ich näher herankam, stoben sie auseinander. Nach einiger Zeit gelang es mir, einzelne Exemplare in das monofile Stellnetz mit einer Maschenweite von fünf Millimetern zu treiben. Es waren überwiegend Weibchen, die zu meiner Überraschung alle Larven im Maul trugen. Fänge an anderen Tagen brachten immer dieselben Ergebnisse: Weibchen mit Larven! Möglicherweise sucht diese Xenotilapia-Art zur Fortpflanzungszeit flachere Wasserzonen auf.

Von den wissenschaftlich bekannten Arten kann man diese Cichliden an einigen Besonderheiten am Kopf sowie durch die Färbung unterscheiden. Besonders zu X. o. ochrogenys und X. sima gibt es aber Ähnlichkeiten. Bei den 28 mitgebrachten zwischen 9 und 11,5 Zentimeter langen Exemplaren sind der seitlich abgeflachte Körper gestreckt und nur wenig hochrückig und das Kopfprofil konvex. Der Körpergrundton ist Sandfarben, und auf den Seiten liegen mehrere horizontale gelb und blau irisierende Punktreihen. Auffallend sind die schwarzen Flecke auf der Körpermitte. Bis auf die farblosen Brustflossen zeigen alle Flossen gelbe, schwarze und manchmal auch hellblaue Farbtöne.

TRIGLACHROMIS OTOSTIGMA

Bislang monotypisch ist die Gattung *Triglachromis* mit der Art *Triglachromis otostigma* (Regan, 1920). Ursprünglich waren die Tiere in der recht großen Gattung Limnochromis untergebracht. Thys van den Audenaerde kamen jedoch Zweifel über die Richtigkeit dieser Zuordnung. Vergleichbar war T. otostigma, was die Körperform anbelangt, allenfalls mit Limnochromis auritus. Aber auch hier gab es noch anatomische Unterschiede. So fehlen T. otostigma auf der Brust ganz eindeutig die Schuppen. Ein anderes wichtiges Merkmal sind die Brustflossen: Die einzelnen Flossenstrahlen sind im Gegensatz zur Membran um einige Millimeter verlängert, so daß eine deutliche Zähnelung entsteht. Das legte bei einigen Autoren die Vermutung nahe, daß die Flossen ein wichtiges Instrument zum Ertasten der Nahrung bilden.

Die Tiere sind von morgens bis abends damit beschäftigt, den gesamten Bodengrund des Aquariums auf einen Haufen zu bringen. Meist wählen sie dazu die Frontscheibe des Beckens. Dabei scheinen die Fische geradezu „mit System" vorzugehen: Zuerst wird nur in der unmittelbaren Nähe der „Baustelle" gebaggert, dann wird der Sand aus der weiteren Umgebung herantransportiert. Dazu benutzt T. otostigma sein großes Schaufelmaul. Oft sind an diesen Baggerarbeiten alle Tiere dieser Art beteiligt, die in dem Aquarium leben.

PFLEGE IM AQUARIUM

Dennoch wäre es nicht gerecht, T. otostigma als nicht aquariengeeignet einzustufen. Die Tiere haben nur eine andere „Auffassung" vom Einrichten des Aquariums. Sind die Sanddünen schließlich fertig, so kann eine Hälfte der Frontscheibe zugedeckt sein. Von der Spitze des Berges verläuft der Weg nach unten relativ steil. Reicht man den Fischen nun Flockenfutter, so nehmen sie es aus dem freien Wasser auf. Alles, was dabei erst einmal zu Boden sinkt, wird danach mit den Flossen, vornehmlich mit den Brustflossen, aufgewirbelt. Dabei schwimmen die Tiere von der Bergspitze nach unten, ganz flach mit dem Bauch über dem Bodengrund. Die Pectoralen werden abgespreizt und so ähnlich wie eine Harke benutzt. Liegengebliebene Futterpartikel werden dadurch aufgewirbelt und sofort mit dem Maul aufgenommen.

Bisher wurden die Tiere in Tiefen von zwei bis hundert Meter angetroffen. Die mittlere Vorkommenstiefe errechnete Poll anhand der in den verschiedenen Tiefen gefangenen Exemplare: Sie liegt bei immerhin 29,85 Metern. Dennoch wird Triglachromis otostigma häufig bei den Händlern angeboten. Den Gattungsnamen wählte man übrigens in Anlehnung an die Knurrhähne (Gattung Trigla), die ähnlich gestaltete Brustflossen haben. Der Artname weist auf den dunklen Kiemendeckelfleck hin.

Triglachromis otostigma zeigt eine metallisch braunbeige Körperfärbung. Kinn- und Maulregion sind heller, zeitweise sogar weißlich. Im oberen Rückenbereich ist eine silbrig-gold irisierende Farbzone sichtbar, und unterhalb der oberen Seitenlinie erstrecken sich bis in die Bauchregion etwa zwölf silbrigweiße, leicht schräg verlaufende, vertikale Linien. Rükken- und Schwanzflosse sind durchscheinend hellgrau, die Afterflosse und die Bauchflossen weißgrau mit einem leichten Anflug von Blau.

Der Kopf dieser Art wirkt stumpf, und das Maul ist oberständig. Der Mundboden ist kräftig ausgeprägt und weist auf einen Maulbrüter hin. Kopf und Körper wirken beinahe zigarrenförmig. Triglachromis otostigma wurde bisher nur vereinzelt gezüchtet. Dänische Aquarianer berichteten, daß sowohl das Weibchen als auch das Männchen Maulbrutpflege betreiben. Beide Tiere wechselten sich dabei ab, so daß immer nur ein Partner mit der Brutpflege beschäftigt war.

Raspelmäuler, die keiner Alge widerstehen können: Petrochromis

Wenn ich von Raspelmäulern rede, so meine ich die *Petrochromis*-Arten, die nur im Tanganjikasee vorkommen und das obere Geröll- und Felslitoral besiedeln. Ihren deutschen Namen verdanken sie den mit vielen dreispitzigen Zähnen ausgestatteten Lippen, mit denen sie, wie mit einer Raspel, den Aufwuchs abweiden. Er bildet die Hauptnahrung für diese hochspezialisierten Algenfresser. Der Aufwuchs besteht aus Algen und den darin befindlichen Kleinorganismen. Die Algen überziehen die Steine und Felsen hauptsächlich in den oberen, sonnendurchfluteten Wasserzonen; je mehr Sonnenlicht, um so stärker ist der Aufwuchs. Schon als Schnorchler kann man Petrochromis-Arten sehr gut unter Wasser beobachten. Die Tiere scheinen oftmals Einzelgänger zu sein und beanspruchen größere Reviere. Der Japaner Yamaoka berichtet in seiner Revision, daß einige Arten zumindest während der Futtersuche kleine Schwärme bilden. Ich habe diese Beobachtung auch gemacht: Eine Gruppe von 50 bis 100 Individuen — es handelte sich um eine gestreifte Petrochromis-Art — schwamm über das Geröllitoral, und wie auf Kommando begannen alle Tiere, den Körper fast senkrecht zu stellen und dann gemeinsam Algen zu raspeln. Diese Beobachtung ist allerdings nicht zu verallgemeinern, denn die meisten Petrochromis-Arten leben territorial, und der Aquarianer sollte das bei der Beckeneinrichtung berücksichtigen.

PETROCHROMIS IM AQUARIUM

Aquarien von unter 1,50 Meter Kantenlänge sind für die Pflege dieser Gattung oft ungeeignet; besser sind auf jeden Fall größere Behälter. Da aber innerhalb einer Petrochromis-Art das Individualverhalten recht unterschiedlich sein kann, ist es manchmal durchaus möglich, einige Tiere in kleineren Aquarien zu halten; ich rate aber grundsätzlich davon ab. Allein wenn ich mich an meine Kleingruppe von Petrochromis spec. „Kasumbe" erinnere, die ich in einem Becken von 2,50 × 0,80 Meter Größe pflegte, kommen mir heute noch Zweifel daran, ob man diese Tiere unter den begrenzten räumlichen Möglichkeiten eines Aquariums überhaupt pflegen sollte. Das Männchen von Petrochromis spec. „Kasumbe" brauchte, trotz guter Versteckmöglichkeiten für die unterdrückten Weibchen, keine zwei Wochen, um dem Harem den Garaus zu machen!

Andere Petrochromis-Arten verhalten sich durchaus nicht so aggressiv. Die Aggressionen richten sich nur gegen eigene Artgenossen, bei gewissen Ähnlichkeiten in Körperform und Färbung auch gegen andere Arten aus der eigenen Gattung. Um diese innerartliche Aggressivität zu mildern, sollte man auf jeden Fall gattungsfremde Tiere mit vergesellschaften, denn dann werden die dominierenden Petrochromis, meistens sind es die Männchen, von den eigenen Artgenossen ein wenig abgelenkt. Ob man eine Gruppenhaltung einer Pflege in Paaren vorziehen sollte, läßt sich nicht so ohne weiteres sagen. Sicher ist es oftmals besser, nur ein Männchen zusammen mit mehreren Weibchen zu pflegen, zumal dann nicht immer nur ein Weibchen getrieben wird. Allerdings können auch die Weibchen untereinander unverträglich sein. Bei einem gut harmonisierenden Pärchen — auch das gibt es! — wäre die Eingliederung weiterer Artgenossen schwierig und auch nicht sinnvoll.

Das Aquarium sollte eine Reihe guter Versteckmöglichkeiten aufweisen, wohin sich unterdrückte Tiere zurückziehen können. Außerdem ist es wichtig, das Aquarium so zu gliedern, daß verschieden große Reviere entstehen und Sichtbarrieren vorhanden sind. Berücksichtigen muß man weiterhin, daß die Petrochromis-Arten fast ausnahmslos große, kräftige Tiere sind (15 bis 25 Zentimeter Länge), und die benötigen einen freien Schwimmraum, der nicht durch eine übermäßige Dekoration beeinträchtigt werden sollte. Pflanzen sind in einem Petrochromis-Aquarium fehl am Platze, es sei denn, man hat vor, die Tiere damit zu füttern. Sollten nämlich nicht genug Algen im Aquarium vorhanden sein — und wann hat man sie schon, wenn man sie benötigt? —, so werden sich die Petrochromis über die Pflanzen hermachen und hier und da ein wenig von den Blättern abzupfen. So wird aus einem „steinliebenden" Fisch (Petrochromis bedeutet „Felsencichlide") ein Pflanzenliebhaber oder, besser gesagt, ein Vegetarier. Weitere ungeeignete Dekorationsgegenstände sind scharfkantige Steine, an denen sich die Tiere leicht verletzen können; besonders Augenverletzungen sind bei diesen kräftigen Schwimmern zu befürchten.

Die Petrochromis-Arten gehören zu den agamen Maulbrütern mit Mutterfamilie, das heißt, Männchen und Weibchen sind nicht auf einen dauerhaften Partner fixiert, und das Weibchen übernimmt die Betreuung des Geleges. Abgelaicht wird auf einem festen Substrat, in der Regel auf einem Stein. Sind keine geeigneten Ablaichplätze vorhanden, laichen die Fische auch auf dem Sandbodengrund. Das Männchen lockt seine „Auserwählte" unter heftigem Körperzittern zum Laichplatz, den es vorher nicht immer säubert und der sogar noch während des Ablaichvorganges gewechselt werden kann. Über dem Substrat gehen die Tiere in das sogenannte Kreisschwimmen über. Dabei präsentieren sie besonders die Genitalgegend und die Afterflosse. Bis sich die Partner aufeinander eingestimmt haben, vergehen oft einige Stunden. Wenn sie dann die bekannte T-Stellung einnehmen, dauert es nicht mehr lange bis zur Eiabgabe.

FORT-PFLANZUNGS-VERHALTEN

Männchen und Weibchen bestubsen nacheinander ihre Analgegend. Das Männchen steht im rechten Winkel zum Weibchen, wenn es die ersten ein bis drei Laichkörner absetzt. Nun dreht sich das Weibchen blitzschnell um und nimmt die soeben gelegten Eier ins Maul, die nun noch befruchtet werden müssen. Dazu präsentiert das Männchen seine Genitalgegend und die Afterflosse, die eine bis drei Eiattrappen tragen kann. Nach diesen Signalflecken versucht das Weibchen zu schnappen, und das Männchen gibt in leichter Schräglage die Samen ab. So wird das Gelege also erst nach und nach im Maul befruchtet. Das hat den Vorteil, daß die Eier nicht allzu lange großen Gefahren ausgesetzt sind.

Da die Eier sehr groß und dotterreich sind, ist es für das Weibchen kaum möglich, mehr als 10 bis 15 Eier ins Maul zu bekommen. Die Petrochromis-Arten gehören somit nicht gerade zu den produktiven Fischen, und durch den hohen Dottergehalt der Eier ist die Entwicklungszeit zu fertigen Jungfischen mit über 30 Tagen eine der längsten, die man überhaupt von maulbrütenden Cichliden kennt. Während der Tragezeit nimmt die

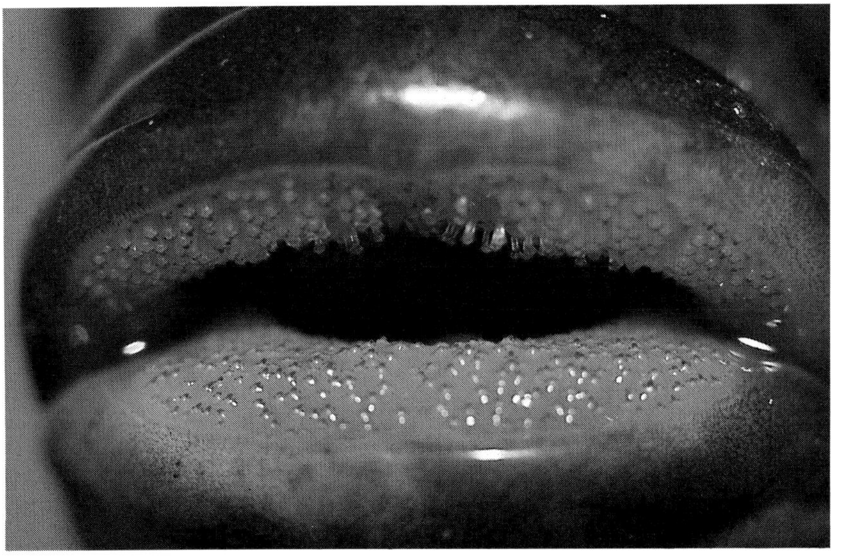

Typisch für Petrochromis-Arten sind die vielen Zähne auf den wulstig aufgeworfenen Lippen

Beim Fressen werden die geöffneten Lippen auf das veralgte Substrat gepreßt

Mutter in der Regel kleine Futtergaben zu sich; sie lebt aber sonst während der gesamten Zeit sehr versteckt und zurückgezogen. Sollte das Männchen während der Brutpflegezeit zu stark treiben, dann ist es besser, das Weibchen in einem separaten Aquarium die Brutpflege beenden zu lassen. Setzt man später das Weibchen wieder zum Männchen, dann gibt es in der Regel keine Probleme, wie wir sie zum Beispiel von den Tropheus-Arten her kennen, bei denen eine Eingliederung oftmals sehr schwer ist. Sollte es dennoch einmal Schwierigkeiten geben, so tut man gut daran, die Beckeneinrichtung ein wenig zu verändern.

Wenn die Jungfische zum erstenmal das Maul verlassen, sind sie beinahe zwei Zentimeter lang und recht selbständig. Dennoch führt das Weibchen in den nächsten Tagen und sogar Wochen die Brutpflege noch fort. Die Jungtiere verlassen nun immer häufiger das mütterliche Maul, um auf Entdeckungsgänge zu gehen und Futter aufzunehmen. Ab einer bestimmten Größe ist es der Mutter nicht mehr möglich, alle Kleinen ins Maul zu lassen; dann müssen sie endgültig ihre eigenen Wege gehen. Sie benehmen sich nun schon territorial, verteidigen ihr Kleinstrevier gegen Altersgenossen und sind auch in der Lage, schon relativ große Futterbrokken zu sich zu nehmen.

Der Fütterung kommt eine ganz besondere Bedeutung zu. Petrochromis-Arten ernähren sich ja von Aufwuchs, sprich Grünkost plus Kleinstlebewesen. Ihr Verdauungsapparat ist genau auf diese Nahrung abgestimmt. Reicht der Aquarianer seinen Petrochromis nun ständig ballastarme Nahrung, wie Regenwürmer oder Rinderherz, so versagt der Verdauungstrakt, und die Tiere werden schnell krank. Rinder ernährt man schließlich auch nicht mit halben Hähnchen. Es ist also darauf zu achten, daß die Petrochromis-Arten eine ausgewogene, ballastreiche Kost erhalten. Dazu gehören Flockenfuttersorten mit hohem Grünkostanteil, überbrühter Spinat, Wasserflöhe, die ja auch Schwebealgen filtrieren, Cyclops und verschiedene Mückenlarven, wobei bei den roten Mückenlarven Vorsicht geboten sein sollte. Auch kann man die leicht verdaulichen Artemien in Maßen füttern. Ideal sind stark veralgte Steine, die man in einer Plastikbadewanne auf dem Balkon „präparieren“ kann. Vor allem junge Petrochromis haben eine Zeitlang ordentlich daran zu zupfen. Den Petrochromis-Arten ist es übrigens egal, um welche Algensorte es sich dabei handelt. Ich konnte die Tiere dabei beobachten, wie sie nicht nur die sicher schmackhaften Grünalgen verzehrten, sondern auch Fadenalgen, Pinselalgen und andere Braunalgen. Nur die grünblauen Schmieralgen mögen sie nicht.

Wenn die Petrochromis-Arten Algen fressen, schwimmen sie das veralgte Substrat an, öffnen die Lippen und pressen sie gegen den Stein. Dann schließen sie das Maul, und die vielen dreispitzigen Zähne raspeln die Algen ab. Zurück bleibt eine kahle Stelle in einem grünen Teppich. Bei soviel ballastreicher Kost setzen die Tiere sehr häufig Kot ab. Daher ist es wichtig, eine gute Filteranlage zu haben. Sollten Ihre Tiere einige Tage nichts fressen und langer, weißer, dünnfädiger Kot aus dem After heraushängen, so ist allergrößte Aufmerksamkeit geboten, denn dann sind die Fische an der heilbaren Hexamita erkrankt. Die Behandlung sollte so früh wie möglich beginnen (siehe auch das Kapitel „Begehrte Eierkohlen“).

Die Gattung Petrochromis wurde 1898 von Boulenger aufgestellt. Bis heute enthält sie sechs wissenschaftlich beschriebene Arten. Man kann aber wohl davon ausgehen, daß in Zukunft noch weitere Arten beschrieben werden.

PETROCHROMIS FASCIOLATUS

Im Jahre 1914 beschrieb Boulenger *Petrochromis fasciolatus.* Dieser Cichlide wird rund zwölf Zentimeter groß. Er wirkt im Gegensatz zu den anderen Petrochromis-Arten nicht so sehr hochrückig. Ältere Männchen

zeigen auf dem gesamten Körper eine mehr oder weniger graublaue Färbung. Stimmungsbedingt können bei jungen Männchen sowie bei den Weibchen zehn vertikale graubraune bis mittelbraune Streifen auftreten. Bei diesen Tieren ist die Körpergrundfärbung dann eher ein Braungrau bis Grüngrau. Auf den Flanken und in der Rücken- und Schwanzflosse können kleine orangegelbe Farbtupfer zu sehen sein. Die Bauchflossen sind gelblich, und die Brustflossen haben einen gelblichen Schimmer. In der Afterflosse des Männchens, die in der Regel weißlichblau aussieht, befinden sich sechs bis acht gelbe Eiattrappen. Rücken- und Afterflosse enden spitz, und die Bauchflossen sind besonders beim Männchen lang aus-

Von links oben nach rechts unten: Petrochromis famula (?), Jungtier von P. orthognathus (?), P. spec. „Kasumbe blau", P. polyodon, P. spec. „Moshi yellow" und Petrochromis orthognathus

gezogen. Arttypisch für P. fasciolatus ist das Maul, dessen Unterkiefer etwas länger als der Oberkiefer ist. So entsteht der Eindruck, als habe diese Art ein oberständiges Maul. Petrochromis fasciolatus ist nicht sehr häufig im Tanganjikasee anzutreffen, obwohl die Art meist die flacheren Fels- und Küstenzonen besiedelt. Der Artname weist auf die dünnen Körperstreifen hin.

PETROCHROMIS FAMULA

Erst vor knapp 30 Jahren wurde *Petrochromis famula* Matthes & Trewavas, 1960 beschrieben. Hierbei handelt es sich um den hochrückigsten Petrochromis, den wir bisher kennen. Die Körperhöhe beträgt etwa 42 Prozent der Standardlänge. Ausgewachsen sind die Tiere mit gut 13 bis 15 Zentimetern. Die Kopfprofillinie fällt schräg und ohne große Wölbung zum Maul hin ab. Das Maul ist endständig und bei adulten Tieren meist etwas geöffnet, wobei die Oberlippe weiter vorragt als die Unterlippe. Rücken-, After- und Bauchflossen enden spitz. Beim Männchen sind besonders die Ventralen lang ausgezogen.

Die Körperfärbung scheint sehr variabel zu sein. Yamaoka spricht von einem purpurroten Körper, der gelegentlich neun helle, vertikale Streifen besitze. Staeck beschreibt die Farbe des Körpers als Schokoladenbraun, weist jedoch darauf hin, daß unterschiedliche Farbrassen existieren. In der Erstbeschreibung ist ebenfalls von einem schokoladenbraunen Körper die Rede, der zum Bauch und zur Kehle hin hellbraun bis hellbeige sein kann. Adulte Tiere zeigen auf der Oberlippe und zwischen den Nasenlöchern eine bläulich-violette Färbung. Der obere Teil des Rückens soll bronzegrün aussehen. Brust- und Bauchflossen sowie die Rückenflosse sind nach Matthes und Trewavas rot bis rötlich, die Afterflosse ist in ihrem weichen Teil bläulich, im Hartstrahlbereich purpurfarben.

Wie schon erwähnt, gibt es weitere Farbrassen. Eine davon ist dunkelbraun. Auf den Flanken liegen neun bis zehn vertikale beige Streifen, die etwas oberhalb der Bauchlinie enden. Die Unterseite des Fisches ist heller. Rücken- und Afterflosse schimmern blaugrau. Die Dorsale kann einen gelbschwarzen Saum tragen, und in der Anale befinden sich einige orangegelbe Eiflecken. Die Schwanzflosse ist ganz leicht graublau, mit einigen orangefarbenen Punkten. Besonders der hintere Teil der Ventralen schimmert blaugrau, während der Ventralstachel orangeschwarz gesäumt ist. Das Verbreitungsgebiet der Art erstreckt sich nach den bisherigen Untersuchungen nur auf den Nordteil des Sees, wobei die südlichste Grenze bei der Stadt Kigoma verläuft.

PETROCHROMIS ORTHOGNATHUS

Ein Jahr vor Petrochromis famula wurde *Petrochromis orthognathus* von Matthes beschrieben. Beide Arten sind, wenn überhaupt, nur ganz vereinzelt nach Deutschland importiert worden. Auch Petrochromis orthognathus lebt im oberen Geröll- und Felslitoral in einer Tiefe von acht bis zehn Metern. Die Art wird annähernd 15 Zentimeter groß und besitzt ein endständiges Maul, daher auch der Artname. Die Lippen können im Gegensatz zu denen anderer Petrochromis-Arten ganz geschlossen werden. Die Art ähnelt in ihrer Gestalt ein wenig Petrochromis fasciolatus. Sie ist nicht so sehr hochrückig und seitlich leicht abgeflacht. Ihr Kopf und

Auffällig gestreift sind die Weibchen von Petrochromis fasciolatus

die obere Körperregion sind braun, die Bauchpartie fleckig braun-beige. Stimmungsbedingt treten einige vertikale helle Streifen auf den Körperseiten auf. Adulte Männchen zeigen auf den Flanken oftmals kleine grünlichweiße Pünktchen. Auf der Stirn liegen zwischen den Augen drei perlweiße Linien. Die Afterflosse trägt die für Petrochromis-Männchen typischen gelben Eiflecken.

PETROCHROMIS POLYODON

Petrochromis polyodon Boulenger, 1898 verdankt seinen Artnamen den vielen Zähnen, die allerdings alle Petrochromis-Arten besitzen. Doch wurde diese Art als erste beschrieben, und da fielen die vielen dreispitzigen Zähne natürlich auf. Das Verbreitungsgebiet erstreckt sich über den gesamten Tanganjikasee, und die Tiere sind häufig in der Geröll- und Felszone schon ab einem Meter Wassertiefe anzutreffen. In der Vergangenheit wurde Petrochromis polyodon häufig mit Petrochromis famula verwechselt, obwohl man die Arten anhand der Erstbeschreibungen sehr gut auseinanderhalten kann. Die Körperhöhe von P. polyodon ist in der Standardlänge mit 38 Prozent enthalten. Somit ist der „Vielzähnige" nicht so hochrückig wie P. famula. Ein noch einfacheres Unterscheidungsmerkmal bilden die Schuppen unter den Augen: Bei P. famula zählt man nur drei untereinander angeordnete Schuppen, bei P. polyodon dagegen mindestens fünf, meistens sogar sechs in einer Reihe.

Petrochromis polyodon ist mit ungefähr 15 Zentimetern ausgewachsen. Auch von dieser Art scheint es einige geographische Farbrassen zu geben; das verwundert bei dem großen Verbreitungsgebiet kaum. Die bisher am häufigsten importierte Rasse hat eine mittelbraune Körperfärbung. Vom Rücken bis knapp über die unterste Seitenlinie erstrecken sich fünf bis sechs vertikale, hellbraune Binden, die maximal drei Schuppenfelder breit sind. Unterdrückte Tiere und Weibchen zeigen anstatt der hellbraunen Binden acht dunkelbraune senkrechte Streifen, die nur eine Ausdehnung von einer Schuppenbreite haben. Zwischen den Augen, die eine weiße Iris besitzen, ist eine grünblaue Farbzone sichtbar. Die Rückenflosse ist im Hartstrahlbereich orangegelb, in den Weichstrahlen blaugrau. Zudem trägt sie einen schmalen schwarzen Saum. Die Afterflosse weist eine ähnliche Färbung auf, doch fehlt hier der schwarze Rand; beim Männchen liegen einige gelbe Eiattrappen in der Anale. Die Caudale ist

Petrochromis spec. ,Kasumbegelb' stammt von der tansanischen Küste

blaugrau. Orangerot können die Ventralen aussehen; ähnlich sind auch die Pectoralen getönt, nur daß sie an den Enden durchscheinend grau sind. Weibchen sind insgesamt etwas blasser gefärbt.

PETROCHROMIS TREWAVASAE

Zu den bekannten Petrochromis-Arten gehört auch *Petrochromis trewavasae* Poll, 1948, die zu Ehren der englischen Ichthyologin Ethelwyn Trewavas benannt wurde. Diese Art ist sehr gut an ihrem Farbkleid zu erkennen, da der gesamte Körper dunkelbraun bis schwarzbraun gefärbt ist. Auf dem Kopf und den Körperseiten liegen unzählige weiße Flecken. Der Körper ist relativ hochrückig und seitlich stark abgeflacht; der Kopf wirkt massig. Besonders bei den Männchen sind bis auf die Pectoralen alle Flossen stark verlängert; teilweise enden sie sogar in lang ausgezogenen Fäden. In der Afterflosse der Männchen befinden sich einige orangegelbe Eiflecken. Sie sind aber nicht die einzigen Geschlechtsunterschiede; besonders bei adulten Männchen verschwinden die weißen Körperflecken völlig. Ausgewachsen sind Männchen mit ungefähr 18 Zentimetern; Weibchen bleiben oft etwas kleiner.

Petrochromis trewavasae wurde bisher nur an wenigen Stellen des Tanganjikasees nachgewiesen. So konnte ich diese Tiere knapp einen Kilometer westlich von Cape Kachese in ihrem natürlichen Biotop beobachten. Es handelte sich um ein Felslitoral mit relativ kleinen Felsbrocken, die überall auf dem Bodengrund lagen. Zwischen den Steinen gab es viele Zufluchtsorte, die die Petrochromis trewavasae nur selten verließen; somit zeigten sich die Tiere außerordentlich scheu.

Eine Art, die erst in jüngster Zeit gelegentlich importiert wurde, ist *Petrochromis macrognathus;* der Artname weist auf die großen und kräftigen Kieferknochen hin. Der Japaner Yamaoka beschrieb die Art 1983. Sie unterscheidet sich von den anderen Petrochromis-Arten deutlich durch das langgezogene Kopfprofil, das ihr auch den deutschen Namen „Rüssel-Petrochromis“ einbrachte. Zudem ist das Maul weit unten angesetzt, und die Oberlippe steht etwas vor. Petrochromis macrognathus wirkt nicht ganz so hochrückig. Rücken- und Afterflosse enden spitz. Die Bauchflossen sind besonders beim Männchen stark verlängert.

PETROCHROMIS MACROGNATHUS

Petrochromis macrognathus wurde sowohl im nordwestlichen Teil als auch an der tansanischen Ostküste des Sees nachgewiesen, und zwar am

Petrochromis trewavasae stammt aus den südlichen Gebieten des Tanganjikasees

Außergewöhnlich lang ist die Kopfprofillinie von Petrochromis macrognathus

Cape Kabogo, weshalb diese Tiere eine gewisse Zeitlang auch Petrochromis „Kabogogrün" genannt wurden. Ich konnte ähnliche Petrochromis, die vor allem durch das rüsselartige Maul auffielen, am Cape Chaitika beobachten und fotografieren. Ich traf sie in ungefähr zwei Meter Tiefe nur vereinzelt an. In der Färbung zeigten sie sich sehr variabel, woraus ich schließe, daß es weitere geographische Farbrassen oder gar Arten aus diesem Typenkreis gibt.

PETROCHROMIS „KASUMBE"

Vermutlich um eine neue Art handelt es sich bei dem im Handel unter dem Namen *Petrochromis* „Kasumbe" erhältlichen Fisch. Die Tiere wurden erstmals 1982 von der zentralen Ostküste des Sees importiert. Die Körpergrundfärbung ist goldockerfarben; jedoch sind aus diesem Formenkreis weitere „Farbvarianten" bekannt, die eine mehr bläuliche oder blauorange Färbung zeigen. Die in diesem Buch abgebildete Art wird als „Goldocker-Petrochromis" gehandelt. Jungtiere und unterdrückte Weibchen zeigen auf hellem Grund etwa elf dunkle vertikale Streifen; über dem Kopf und auf der Stirn befinden sich weitere Zeichnungen. Petrochromis „Kasumbe" wird etwa 18 bis 20 Zentimeter groß.

PETROCHROMIS „MOSHI YELLOW"

Das gilt auch für *Petrochromis* „Moshi yellow". Wie der Händlername schon sagt, sind die Tiere gelblich gefärbt, was aber meist nur auf balzaktive männliche Tiere zutrifft. Weibchen und unterdrückte Männchen sind eher braun bis braungelb; so zeigen sich auch die Jungtiere.

Aus Sambia brachten wir einen Petrochromis mit, der in der Körperform, vor allem in der Maulform, stark an Petrochromis orthognathus erinnert. Auch ist die Färbung der erwachsenen Tiere sehr ähnlich; Abweichungen gibt es hauptsächlich in der Jugendfärbung. Vielleicht ist diese Form auch nur eine Farbrasse von Petrochromis orthognathus. In den Importlisten erschienen die Tiere als *Petrochromis* „yellow", was natürlich irreführend ist, wenn man bedenkt, daß adulte Tiere ein blaugraues Einheitskleid tragen.

PETROCHROMIS „YELLOW"

Die Körperform erinnert ein wenig an die im Malawisee vorkommende Petrotilapia tridentiger. Petrochromis „yellow" ist nicht sehr hochrückig. Die Tiere sind seitlich abgeflacht und wirken langgestreckt. Sichere Erkennungsmerkmale sind das endständige Maul und die nur leicht aufgeworfenen Lippen, die dennoch einen Blick auf die Bezahnung freigeben. Ausgewachsen scheint diese Art mit 13 bis 15 Zentimetern zu sein.

Es werden auch in nächster Zukunft viele neue Petrochromis eingeführt werden. Ich denke dabei an Tiere, die ich im Süden des Sees weit verbreitet gesehen habe. Sie hatten unter Wasser einen stahlblauen Körper; die Flossen und vor allem der Kopfbereich schimmerten currygelb; leider waren diese Tiere immerhin fast 30 Zentimeter lang und damit für das Mitnehmen im Handgepäck zu groß. Aber noch weitere Formen konnte ich beobachten, und das in dem doch relativ gut untersuchten sambianischen Teil des Tanganjikasees. Ob es sich dabei allerdings wirklich um gute Arten handelt, das werden wohl erst die Ichthyologen herausfinden; so lange müssen wir uns wohl oder übel mit den oftmals phantastischen Händlernamen zufriedengeben.

Flinke Aufwuchsfresser: Simochromis und Pseudosimochromis

Mit „flinken“ Aufwuchsfressern ist nicht etwa die Schnelligkeit gemeint, mit der die Tiere die Algen von den Steinen zupfen, sondern ihre Schwimmfreudigkeit und Gewandtheit im Wasser. Für die Zierfischfänger ist es mit viel Arbeit verbunden, diese Cichliden in ein Netz zu treiben, und es ist sehr schwierig, die *Simochromis-* und *Pseudosimochromis-*Arten, von denen hier die Rede sein soll, im natürlichen Biotop, ja sogar im Aquarium zu fangen.

Bei diesen Buntbarschen handelt es sich um gestreckte, nicht sehr hochrückige Fische, die seitlich leicht abgeflacht sind. Die Seitenlinien, von denen diese Arten je zwei pro Körperseite besitzen, sind nicht komplett durchgezogen. Weitere Merkmale sind die im Bogen verlaufende Kopflinie und das breite, immer leicht unterständige Maul, wobei der Oberkieferknochen etwas länger als der Unterkieferknochen ist. Die Gattungen Simochromis und Pseudosimochromis sind nahe mit den Tropheus-Arten verwandt, denen sie in der Gestalt stark ähneln. Unterschiede finden sich hauptsächlich in der Bezahnung, der Maulform und den Hartstrahlenzahlen der Rücken- und Afterflosse. Weitere nahe Verwandte sind die Aufwuchsfresser aus der Gattung Petrochromis, von denen sich Simochromis und Pseudosimochromis aber ganz klar abgrenzen lassen: Petrochromis-Arten haben in mehreren Reihen angeordnete, dreispitzige Zähne auf den stark verdickten Lippen; außerdem ist ihre Kopfpartie recht breit ausgeprägt. Im Gegensatz dazu zeigen die Simochromis- und Pseudosimochromis-Arten eine schmale Kopfform; weiterhin sind ihre Frontzähne in einer Reihe angeordnet und nur zweispitzig.

FORTPFLANZUNGSVERHALTEN

Die Arten gehören ausnahmslos zu den Maulbrütern mit einer Mutterfamilie, das heißt, daß sich nur das Weibchen um die Pflege der Brut kümmert. Zwischen den Geschlechtspartnern gibt es nur während der Balz- und Ablaichzeit eine kurze Bindung; sonst gehen Männchen und Weibchen getrennte Wege und sind auch bereit, mit anderen Artgenossen eine Liebelei einzugehen. Der aktivere Teil bei der Balz ist das Männchen. Befindet sich ein Weibchen in seinem Revier, wird es sofort angebalzt. Ist es nicht laichbereit, so verjagt es das Männchen wieder. Ein Weibchen, das fortpflanzungswillig ist, wird in dem Revier nicht nur geduldet, sondern ständig unter heftigem Körperzittern „umschwänzelt“. Nur von wenigen Arten — etwa Simochromis pleurospilus — ist bekannt, daß sie kleine Laichkrater bauen. In der Regel wird als Ablaichplatz ein festes Substrat gewählt. Darauf lockt nun das Männchen ein Weibchen. Das Laichen und die Brutpflege verlaufen im großen und ganzen so, wie im Kapitel „Begehrte Eierkohlen“ geschildert.

Wenn die Jungtiere zum erstenmal das mütterliche Maul verlassen, sind sie schon knapp 1,5 bis 2 Zentimeter groß und relativ selbständig; dennoch können sie in den nächsten Tagen weiterhin im Maul des Weibchens Zuflucht suchen. Die Betreuung erstreckt sich noch über einige Tage, bis das Weibchen nicht mehr alle Jungfische im Maul unterbringen kann. Von jetzt an sind sie auf sich selbst angewiesen und der Gefahr ausgesetzt, auch von den eigenen Artgenossen aufgefressen zu werden. Will man also alle Jungen durchbekommen, so muß man ihnen ausreichend kleine Versteckmöglichkeiten bieten oder die Kleinen in einem separaten Aquarium großziehen.

Alle Simochromis- und Pseudosimochromis-Arten sind mehr oder weniger hoch spezialisierte Aufwuchsfresser. Sie nehmen in der Natur meist Algen und die darin befindlichen Kleinstlebewesen zu sich. Bei meinen Tauchgängen ist mir häufig aufgefallen, daß zum Beispiel Simochromis diagramma frei im Wasser schwebende Fadenalgen fraßen. Sicher wird die eine oder die andere Art auch anderes Futter aufnehmen. Dabei

Der Kurzkopfmaulbrüter, Pseudosimochromis curvifrons

Simochromis dardennii ernährt sich auch im Aquarium gern von Grünkost

Auch Simochromis diagramma gehört zu den Aufwuchsfressern

Simochromis diagramma, in zwei Meter Tiefe am Cape Chaitika fotografiert

handelt es sich aber nicht um reine fleischliche Kost; und das sollte jeder Aquarianer bedenken, der diese Fische in seinem Aquarium pflegen will. Nur ballastreiche Nahrungsarten kommen in Betracht. Rinderherz, Muschel- und Fischfleisch sind nicht die richtige Ernährung; besser sind da die verschiedenen Mückenlarven, Wasserflöhe, Cyclops, kleine Sandgarnelen und selbstverständlich Flockenfutter.

Auch diese beiden Gattungen verlangen dieselben Wasserwerte wie die meisten anderen Tanganjikacichliden. Da alle „flinken Aufwuchsfresser" recht aggressive Gesellen sind, sollte die Aquariendekoration ausreichend Versteckmöglichkeiten für unterdrückte und brütende Tiere bieten. Auch ist es gut, wenn Sichtbarrieren vorhanden sind. Man sollte bei solchen gewandten Schwimmern immer darauf achten, daß die Dekorationsgegenstände nicht zu scharfkantig sind, um Körper- oder Augenverletzungen zu vermeiden. Weiter ist es ratsam, nur ein Männchen mit mehreren Weibchen zu vergesellschaften; die Männchen sind den Weibchen gegenüber deutlich weniger aggressiv als den eigenen Geschlechtsgenossen gegenüber. Dagegen würde ein einzelnes Weibchen zu stark getrieben, was schnell zu seinem Tod führen kann.

Die Simochromis-Arten sowie die bislang einzige Pseudosimochromis-Art, P. curvifrons, konnte ich in den verschiedensten Biotopen beobachten. Ihre Hauptverbreitungsgebiete liegen in der ufernahen Geröll- und Felszone, aber auch in der Übergangszone zum Sandlitoral. Die große Variante von Simochromis pleurospilus traf ich sogar ausschließlich über sandigem Untergrund an, und Simochromis dardennii ist von Zeit zu Zeit in flachen Uferzonen mit großen Pflanzenbeständen zu beobachten.

PSEUDOSIMO-CHROMIS CURVIFRONS

Pseudosimochromis curvifrons (Poll, 1942) lebt hauptsächlich an den ufernahen Fels- und Steinküsten des Tanganjikasees; gelegentlich konnte ich ihn allerdings auch in Übergangsgebieten zum Sandlitoral beobachten. Diese Art ist aber in allen Gebieten nicht sehr häufig vertreten. Es handelt sich um Einzelgänger, die im See große Gebiete abschwimmen. Auffällig waren die langen Distanzen, die diese Art während der Flucht zurücklegt, obwohl genügend Versteckmöglichkeiten vorhanden waren. Pseudosimochromis curvifrons narrte seine Verfolger — in diesem Fall waren es besessene Aquarianer —, indem er ständig die Richtung änderte. Es war äußerst schwierig, diese Tiere auch nur in die Nähe eines Stellnetzes zu treiben, und so gaben wir meist entmutigt auf und kümmerten uns um andere Cichlidenarten. Später, in einem Händlerbecken, entdeckte ich einige Exemplare dieser nicht gerade alltäglichen Art. Selbst hier machte das Fangen noch große Mühe.

Pseudosimochromis curvifrons, der Artname deutet auf die steil gebogene Kopflinie hin, ist sehr nahe verwandt mit der Gattung Simochromis, zu der diese Art bis 1978 auch gehörte. Aufgrund einiger anatomischer Merkmale stellte Nelissen dann die neue Gattung auf, die bis heute monotypisch geblieben ist. Die Tiere neigen zu einer sehr starken innerartlichen Aggressivität, die der Pfleger bremsen sollte, indem er Fische der Gattungen Petrochromis, Tropheus und Simochromis mit vergesellschaftet. Auch ist es wichtig, ein ausreichend großes Aquarium zu wählen, das eine Kantenlänge von mindestens 1,50 Meter haben sollte. Versteckmöglichkeiten in Form von Höhlen sind notwendig, damit sich unterdrückte Tiere zurückziehen können.

Pseudosimochromis curvifrons ist mit gut zwölf Zentimeter ausgewachsen und gehört nicht gerade zu den auffälligsten Cichliden des Sees; dennoch kann man ihm eine gewisse Schönheit nicht absprechen.

Die Gattung Simochromis wurde 1898 von Boulenger aufgestellt und enthält zur Zeit sieben Arten. Erst 1978 überführte der Ichthyologe Greenwood zwei Limnotilapia-Arten in die Gattung Simochromis, wobei Limnotilapia trematocephala „auf der Strecke“ blieb. Bei dieser Art muß noch überprüft werden, ob sie überhaupt aus dem Tanganjikasee stammt. Als Boulenger sie 1901 anhand nur eines Exemplares beschrieb, teilte man ihm mit, daß das Tier im nördlichen Teil des Sees gefangen worden sei. Um die Jahrhundertwende waren aber etliche neu zu beschreibende Arten nach Europa gelangt, so daß es möglich ist, daß dieser Holotypus aus einer ganz anderen Sammlung stammte und sein Herkunftsort falsch angegeben wurde. Die englische Fischkundlerin E. Trewavas jedenfalls ist der Meinung, daß das vorliegende Exemplar gar nicht aus dem Tanganjikasee stamme, sondern vielmehr aus dem Malawisee!

SIMOCHROMIS BABAULTI

Von allen anderen Simochromis-Arten weiß man aber genau, daß sie aus dem Tanganjikasee stammen und dort endemisch sind, das heißt, sie kommen nur in diesem Gewässer vor. *Simochromis babaulti* Pellegrin, 1927 wurde in den siebziger Jahren recht häufig in unseren Aquarien gepflegt. Es zeigte sich aber, daß die Art sehr aggressiv sein kann. Ferner fehlt ihr ein auffälliges Farbkleid, so daß man S. babaulti heute nur noch recht selten bei Liebhabern antrifft. Im Tanganjikasee ist die Art sehr häufig im ufernahen Geröll- und Felslitoral zu sehen. Ausgewachsen sind die Tiere mit gut zwölf Zentimeter Länge, wobei die Weibchen ein bis zwei Zentimeter kleiner bleiben. Die Körpergrundfärbung kann je nach Herkunft der Fische ein wenig differieren. Meist sind Tiere importiert worden, die mehr oder weniger gelblichgraue bis grünlichgraue Körperseiten besitzen, zum Bauch hin aber heller werden. Stimmungsabhängig treten auf den Flanken neun bis zehn dunkelgraue vertikale Streifen auf, die allerdings auf der Körpermitte oft unterbrochen sind. In der Rückenflosse verläuft über die ersten sechs bis sieben Hartstrahlen eine fünf Millimeter breite schwarze Binde. Die gesamte Flosse zeigt undeutliche graue Farbmuster. Weibchen sehen im allgemeinen noch blasser aus; auch fehlt ihnen die schwarze Zone in der Rückenflosse.

SIMOCHROMIS DARDENNII

Ebenso selten wird *Simochromis dardennii* gepflegt. Die Art wurde 1899 von Boulenger als Tilapia dardennii beschrieben, später dann in der Gattung Limnotilapia Regan, 1920 geführt, und erst 1978 stellte Greenwood sie in die Gattung Simochromis.

Im Tanganjikasee trifft man S. dardennii regelmäßig in flachen Küstenzonen an. Ihre Verbreitung scheint sich nicht nur auf das Fels- und Geröllitoral zu beschränken, denn ich konnte die Tiere häufig auch in den sandigen Übergangszonen beobachten. Auffällig ist ihre Vorliebe für Pflanzenbereiche. Diese Pflanzenzonen, in der Hauptsache Myriophyllum- und Vallisneria-Bestände, werden nicht nur als Versteckplätze aufgesucht, sondern auch als Nahrungsquellen genutzt. Im Aquarium kann man ebenfalls sehen, daß S. dardennii sehr gern Pflanzen frißt.

Männchen werden fast 26 Zentimeter groß; auch im Aquarium erreichen sie schnell Längen von über 20 Zentimetern. Weibchen bleiben meist drei Zentimeter kleiner. Die Kopfform ist spitzer als die anderer Simochromis-Arten; auch ist das Maul nicht unterständig, sondern endständig.

Oben: Eine Gruppe Simochromis babaulti in einem Meter Wassertiefe. Simochromis pleurospilus fällt durch die roten Punktreihen auf den Körperseiten auf (rechts). Unten: Die Jungfische von S. pleurospilus suchen Schutz im mütterlichen Maul

Die Rückenflosse ist bei den Männchen im Weichstrahlbereich etwas spitzer ausgezogen; ferner reichen ihre Bauchflossen bis in die Afterflosse.

Der gesamte Körper ist silbrig, mit einigen grüngelb irisierenden Farbzonen. Auf den Seiten liegen neun vertikale schwarze Streifen, die jedoch nur bis zur Körpermitte reichen und zudem auf Höhe der Seitenlinie unterbrochen sind. Bei den Männchen können die Linien völlig verschwinden. Brichard behauptet sogar, daß Tiere ab einer Länge von 18 Zentimetern eine kräftig blau irisierende Färbung bekommen. Das kann bisher allerdings nicht bestätigt werden, obwohl auch über 20 Zentimeter große Exemplare schon in Aquarien gepflegt wurden. Auch bei Freiwasserbeobachtungen fand man keine Tiere mit einer dermaßen auffälligen Färbung. Vielleicht handelt es sich bei den von Brichard beschriebenen Fischen um eine andere geographische Variante von S. dardennii? Ein Aquarium mit einer Seitenlänge von mindestens 1,50 Meter ist Voraussetzung für die Pflege von S. dardennii.

SIMOCHROMIS DIAGRAMMA

Das gilt auch für *Simochromis diagramma* (Günther, 1893), einen häufiger anzutreffenden Cichliden des oberen Fels- und Geröllitorals. Es ist immer wieder interessant, diesen fast 20 Zentimeter großen Buntbarsch im natürlichen Biotop zu beobachten. Die Tiere leben dort ortstreu und halten sich ständig in der Nähe einiger Versteckplätze auf. Aus ihrem angestammten Revier vertreiben sie Artgenossen heftig, besonders wenn sie demselben Geschlecht angehören. Die Art lebt sehr territorial, was sich auch bei der Aquarienhaltung beobachten läßt: Es ist kaum möglich, zwei Männchen in einem 500 Liter fassenden Aquarium miteinander zu vergesellschaften. Aber auch die Weibchen werden ständig gejagt, so daß es unerläßlich ist, viele Versteckmöglichkeiten und Sichtbarrieren anzubieten. Eine Herabsetzung der innerartlichen Aggressivität erreicht man, indem man robuste Cichliden anderer Gattungen hinzusetzt.

Pseudosimochromis-curvifrons-Weibchen zeigen ein kontrastreiches Streifenkleid

Simochromis diagramma ist der spezialisierteste Aufwuchsfresser seiner Gattung. Daher ist es angebracht, auf ballastarme Kost, wie Rinderherz und Muschelfleisch, zu verzichten. Sonst frißt dieser Maulbrüter alles, was man ihm anbietet. Das gilt auch für Jungfische, die nach einer vierwöchigen Tragezeit zum erstenmal das mütterliche Maul verlassen und dann ausgesprochen gierige Fresser sind.

SIMOCHROMIS LOOCKI

Über *Simochromis loocki,* der von Poll 1949 zu Ehren von Herrn van Loock, damals als Limnotilapia loocki, benannt wurde, ist bisher sehr wenig bekannt; und er wurde bisher für die Aquaristik nicht importiert. Das liegt wohl daran, daß er nicht gerade häufig anzutreffen ist, obwohl die Tiere mit Sicherheit ohne große Schwierigkeiten zu fangen wären, da sie sich in der flachen Küstenzone aufhalten. Poll gibt eine mittlere Tiefe von 2,44 Metern an. Simochromis loocki hält sich über sandigem und schlammigem Bodengrund auf. Allerdings traf man diese Art auch schon in der Schilfzone und über Kiesboden an. Belegte Fangplätze sind die Ortschaften Kigoma an der zentralen Ostküste, Mpulungu und Vua im Süden und Kalemie am Westufer des Sees. Poll ließ die Tiere meist mit der Angel fangen. Nun muß man nicht denken, daß es sich bei S. loocki um einen sehr großen Cichliden handelt, sondern er scheint sogar mit einer Länge von nur zehn Zentimetern ausgewachsen zu sein. Sein Körper ist relativ kurz, so daß er sehr hochrückig wirkt. Seitlich sind die Tiere stark abgeflacht. Die Kopflinie verläuft nicht in einem steilen Bogen, sondern sie fällt etwa einen halben Zentimeter vor dem Ansatz der Rückenflosse recht steil zum endständigen Maul ab. Auffällig ist auch das sonst nicht gattungstypische große Auge, das sich sehr dicht an der Kopflinie befindet.

Leider ist die Farbbeschreibung eines lebenden Tieres nur anhand eines 46 Millimeter großen Jungfisches gemacht worden, so daß über die Lebendfärbung ausgewachsener S. loocki keine Angaben vorliegen. Das kleine Tier hatte eine braunolive Körperfärbung mit einigen leicht gelblichorangen Schuppen oberhalb der Seitenlinien. Ferner befanden sich auf den Körperseiten acht dunkle, nicht ganz durchgezogene, vertikale Streifen. Die Ventralen und die Anale waren leicht gelblich, und in der Afterflosse befanden sich ein oder mehrere gelborange Eiflecke. Man kann davon ausgehen, daß es sich bei S. loocki um einen Maulbrüter handelt und daß er ähnliche innerartliche Aggressionen zeigt wie die anderen Arten.

SIMOCHROMIS MARGARETAE

Die Beschreibung von *Simochromis margaretae* ist neueren Datums; sie wurde 1978 von Axelrod und Harrison veröffentlicht. Die beiden Autoren untersuchten vier Exemplare aus dem Hafen von Kigoma. Die Art unterscheidet sich von den anderen Simochromis-Arten durch einen breiteren Schwanzflossenstiel, durch längere Afterflossenstacheln und ein schmaleres Maul. Zu S. marginatus besteht eine größere Ähnlichkeit; morphometrische Unterschiede hat man vor allem im Kopfbereich und an den Brustflossen festgestellt. Simochromis margaretae ist mit über zehn Zentimeter Länge ausgewachsen und wirkt wie alle Simochromis-Arten sehr kräftig. Auffälligstes Merkmal ist die in einem weiten Bogen verlaufende Kopfprofillinie mit dem weit unten angesetzten Maul.

Die Körperfarbe ist Dunkelbraun und zum Bauch hin Hellbraun. Auf den Seiten liegen sechs bis acht undeutlich gezeichnete, schmale, vertikale, dunkle Streifen. Alle Flossen sind mittel- bis dunkelbraun. In der Rückenflosse befindet sich zusätzlich ein breiter grauschwarzer Saum. Weibchen und jüngere Tiere sollen heller gezeichnet sein, doch haben die beiden Autoren nur eine geringe Anzahl von Exemplaren untersucht. Obwohl es keine Schwierigkeit bereiten dürfte, diesen Cichliden zu importieren, zumal in Kigoma eine Fangstation existiert, ist er vermutlich noch nicht in bemerkenswerter Anzahl im Zoofachhandel aufgetaucht.

SIMOCHROMIS MARGINATUS

Mehrmals importiert wurde *Simochromis marginatus* Poll, 1956. Der Artname weist schon auf das in dieser Gattung arttypische Farbmerkmal hin: Die Rückenflosse ist in ihrem oberen Bereich durch eine breite schwarze Farbzone markiert, die eine Längsausdehnung vom vierten Hartstrahl bis in den Weichstrahlbereich hinein hat. Auch in der Schwanzflosse befindet sich vor allem im oberen Teil eine schwarze Farbmarkierung. Rücken- sowie die sonst durchsichtige Afterflosse haben zudem noch einen schmalen gelben Saum; auch die Schwanzflosse ist in ihrem hinteren Teil leicht gelblich. Die Bauchflossen sind weißlich und die Brustflossen mittelgrau. Die Körpergrundfärbung kann man als silbriggrau bis bläulichgrau bezeichnen. Auf den Flanken befinden sich acht wenige Millimeter breite vertikale Streifen, die teilweise von schwach angedeuteten Längslinien gekreuzt werden. Bei dominierenden Männchen kann diese Streifenzeichnung völlig verschwinden. Auf der Stirn und zwischen den Augen befinden sich weitere graue Farblinien. Simochromis marginatus ist im Tanganjikasee nicht sehr häufig anzutreffen. Die Biotope, die diese Art besiedelt, sind die ufernahen Sand- und Übergangszonen zum Felslitoral.

SIMOCHROMIS PLEUROSPILUS

Einen ähnlichen Lebensraum bewohnt auch *Simochromis pleurospilus* Nelissen, 1978. Diese Art hat aber ein größeres Verbreitungsgebiet. Belegte Fundorte sind die gesamte Kasaba Bay und die Nkamba Bay im Süden des Sees sowie die lange Westküste bis nach Kalemie hinauf. Allerdings trifft man die Tiere nicht an allen für sie geeigneten Biotopen an. In Sambia traf ich die Tiere in nur einem Meter Wassertiefe an. Sie besiedelten in großen Trupps, die wohl aus bis zu 100 Individuen bestanden, eine reine Sandküste. Bei Annäherungsversuchen verdichteten sich die Schwärme blitzschnell und versuchten mit großer Geschwindigkeit, in tieferes Wasser zu gelangen. Alle im Schwarm befindlichen Tiere waren erwachsen und hatten eine Größe von gut zwölf Zentimetern. Interessant war auch die Beobachtung, daß die vermutlich selbe Art in der Nkamba Bay nur acht bis neun Zentimeter groß wird.

Eigentlich wollten wir in der Nkamba Bay einige Cyathopharynx furcifer fangen. Durch den aufkommenden Wind wurde der See jedoch schnell so unruhig, daß es bald nicht mehr möglich war, unter Wasser auch nur ein bis zwei Meter weit zu sehen. Wir stellten dennoch unser Stellnetz auf und versuchten, blindlings irgendwelche Fische in das Netz zu treiben, immer in der Hoffnung, den großen Fadenmaulbrüter zu fangen, was uns dann auch gelegentlich gelang. Dabei gingen dann auch ein paar Simochromis pleurospilus ins Netz. Erst vermuteten wir, daß diese Fische Jungtiere waren, weil sie doch deutlich kleiner waren als die in der Kasaba Bay beobachteten Tiere. Es gingen uns nicht nur Männchen in die Maschen, sondern auch Weibchen, von denen einige bereits Brut im Maul trugen. Uns war bald klar, daß es sich um ausgewachsene Tiere handeln mußte. Die gefangenen Tiere wanderten dann auch in unsere Hälterungswannen und später mit nach Deutschland. Auch nach einigen Jahren bester Aquarienpflege sind sie unter zehn Zentimeter groß.

Bisher ist S. pleurospilus nicht sehr häufig importiert worden. Genauere Aquarienbeobachtungen über sein Verhalten liegen bisher nur von der kleineren Form vor.

PFLEGE IM AQUARIUM

Die Tiere sind untereinander sehr aggressiv, und es kommt ständig zu Attacken, die für das schwächere Tier mit herben Verletzungen enden; schlimmstenfalls wird gekämpft, bis der Gegner getötet ist. Daher sollte man, wenn möglich, immer nur ein Männchen mit mehreren Weibchen zusammen pflegen, damit nicht immer nur ein einziges Tier gejagt wird. Außerdem rät es sich, gattungsfremde Arten hinzuzusetzen, um die innerartliche Aggressivität weiter herabzusetzen. Gut geeignet hierfür sind die verschiedenen Petrochromis- und Tropheus-Arten. Aquarien mit einer Seitenlänge von 1,50 Metern sind auch für diesen relativ kleinen Cichliden die unterste Grenze. Die Dekoration sollte man sehr versteckreich anlegen.

Selten wird man die meisten anderen Simochromis-Arten im Sand ablaichen sehen. Simochromis pleurospilus zeigen ihre Laichbereitschaft an, indem sie eine Sandmulde ausheben. Balzaktiv sind die Männchen eigentlich immer, und so ist es nicht verwunderlich, daß ständig eine kleine Laichgrube vorhanden ist. Das Männchen lockt ein laichbereites Weibchen in die Grube, und hier gehen die Tiere in das bei Tropheus genauer beschriebene Kreisschwimmen über. Die weitere Balz und die Brutpflege verlaufen, wie im Kapitel „Begehrte Eierkohlen“ geschildert.

Bei S. pleurospilus gibt es einen auffälligen Geschlechtsdichromatismus, das heißt, Männchen und Weibchen unterscheiden sich deutlich in der Färbung. Männchen haben eine weißgraue Körperfärbung, die zum Rücken hin olivgrün bis senffarben wird.

Wie der Artname schon andeutet, befinden sich auf den Körperseiten Fleckenzeichnungen, und zwar lachsrote Punkte. Stimmungsabhängig können die Tiere neun dunkelgraue vertikale Streifen auf den Seiten zeigen; zwei oder drei weitere Linien liegen auf der Stirn und zwischen den Augen. Die Rückenflosse ist durchscheinend grünlichgrau; in ihrem vorderen Hartstrahlbereich liegt eine schwarze Farbzone. In der Afterflosse befindet sich ein „Eifleck“; an der Basis ist sie rötlich. Ähnlich sind auch die Bauchflossen gefärbt, die jedoch einen schwarzen Stachel besitzen. Den Weibchen fehlen die arttypischen roten Punktlinien; sie haben nur vereinzelt rote Flecke. Wenn die Fische nicht gerade die neun vertikalen Linien zeigen, treten auf den Körperseiten etliche unscharf begrenzte, graue, wolkenartige Zeichnungen hervor.

Begehrte Eierkohlen: Tropheus

Zu den bekanntesten und beliebtesten Cichliden des Tanganjikasees gehören die Arten aus der Gattung *Tropheus.* Der deutsche Begriff „Eierkohle" wurde vermutlich von Aquarianern geprägt, die der süd- und mittelamerikanischen Cichlidenszene näher stehen. Mittlerweile hat sich dieser „Kosename" aber auch bei Tropheus-Liebhabern festgesetzt, und selbst der größte Fan wird bei diesem Ausdruck nicht mehr gleich die Mundwinkel nach unten ziehen.

Alle Cichliden dieser Gattung sind im Tanganjikasee beheimatet. Sie besiedeln dort die ufernahen Geröll- und Felszonen. Es kommt aber auch vor, daß man diese Fische in der Übergangszone vom Sand- zum Steinlitoral antrifft. Die reinen Sandzonen und Flußmündungsgebiete meiden sie jedoch auf jeden Fall. Da es sich um hochspezialisierte Aufwuchsfresser handelt, die sich hauptsächlich von Algenkost und den darin befindlichen Kleinstlebewesen ernähren, bewohnen diese Tiere Gebiete des Sees, in denen die Nahrung reichlich vorhanden ist. Das sind in der Regel Steine oder Felsen, die im Wasser von der Sonne beschienen werden. Damit erklärt sich auch schon, daß Tropheus nicht in allzu großer Tiefe vorkommen können. Ihre Verbreitungsgrenzen liegen je nach Art für erwachsene Tiere zwischen 0,5 und gut 12 Metern. In diesen Bereichen sorgen die starken äquatorialen Sonnenstrahlen stets für Aufwuchs auf den Steinen. In größeren Tiefen wird dann die Algennahrung immer knapper, und die

Unter den Händlerbezeichnungen „Roter Regenbogen-Moorii", Kala-Variante und „Zitrone I" wurde dieser Tropheus moorii eingeführt

Tropheus-Populationen werden seltener oder sind dort überhaupt nicht mehr vertreten.

Bei den „Eierkohlen“ handelt es sich um agame Maulbrüter mit einer Mutterfamilie, das heißt, es besteht keinerlei Bindung zwischen den Geschlechtspartnern, und das Weibchen kümmert sich ausschließlich um die Brutpflege. Interessant ist dabei, daß diese Fische überhaupt keinen oder nur einen sehr geringen Sexualdimorphismus aufweisen; somit ist es kaum möglich, im Wasser schwimmende Tropheus nach Geschlechtern zu unterscheiden.

Die Gelege dieser Cichliden sind recht klein; Bruten von nur 5 bis 15 Jungtieren sind keine Seltenheit. Bei einer solchen geringen Reproduktionsrate wäre der Artbestand vermutlich schnell gefährdet, wenn die Eier nicht so dotterreich wären und dementsprechend große Jungfische nach gut vier Wochen aus dem Maul entlassen würden. Die Kleinen sind dann bereits zwei Zentimeter lang und recht selbständig.

Von der Körperform her ähneln alle Tropheus-Arten einander sehr stark. Es handelt sich um gestreckte, relativ hochrückige Fische, die seitlich deutlich abgeflacht sind. Auffälligste Merkmale sind das im hohen Bogen verlaufende Kopfprofil und das breite unterständige Maul, dessen Kiefer in der ersten Reihe zweispitzige Zähne tragen. Der Körper der Fische verjüngt sich ab dem ersten Rückenflossenhartstrahl auffällig zur Schwanzwurzel hin. Das Kinn ist gut sichtbar von der kräftigen Brust abgesetzt. Schwanzflosse und Brustflossen sind kräftig entwickelt.

Bisher wurden in der Gattung Tropheus, die schon im Jahre 1898 von Boulenger aufgestellt wurde, vier Arten und eine Unterart beschrieben.

TROPHEUS ANNECTENS

Als fünfte Art beschrieb im Jahre 1900 Boulenger *Tropheus annectens.* Derselbe Autor schloß eine Zugehörigkeit dieser Fische zu der zwei Jahre zuvor ebenfalls von ihm beschriebenen Art *Tropheus moorii* aber nicht aus. Mitte der vierziger und fünfziger Jahre war es dann der belgische Ichthyologe Poll, der sich dieses Problems annahm und zu der Schlußfolgerung kam, daß es sich bei T. annectens um keine gültige Art handeln könne. Weitere Wissenschaftler schlossen sich dieser Meinung an, und daher gilt Tropheus annectens heute als Synonym zu T. moorii.

Erst später, in den fünfziger Jahren, entdeckte der Belgier Dubois eine zweite Art der bis dahin monotypischen Gattung. Marlier beschrieb sie 1959 zu Ehren ihres Entdeckers als *Tropheus duboisi.* Auch als Aquarianer wird man morphologische Unterschiede zu T. moorii feststellen. Auffällig bei T. duboisi sind das nicht ganz so steil verlaufende Kopfprofil und das etwas höher angesetzte Maul; außerdem wirken die Tiere hochrückiger. Auch in der Jugendfärbung gibt es gravierende Unterschiede; so weisen kleine Tropheus duboisi eine Vielzahl weißer Punkte auf den Körperseiten auf, während junge Tropheus moorii mehr oder weniger durchgezogene, vertikale Linien zeigen.

Staeck konnte dann 1974 und 1975 nach Unterwasserbeobachtungen genauere Angaben zum natürlichen Lebensraum und zum Sozialverhalten dieser Art machen. Er wies darauf hin, daß adulte Tropheus duboisi eine andere ökologische Nische als Tropheus moorii besetzt halten. Auch stellte Staeck fest, daß Abweichungen im Verhalten die beiden Arten unterscheiden.

Ähnliches gilt auch für *Tropheus polli.* Diese Art wurde 1977 von G. Axelrod beschrieben, und es gibt bisher keine Zweifel daran, daß es sich um eine gute Art handelt. Anders verhält es sich mit dem von Nelissen und Thys van den Audenaerde 1975 beschriebenen *Tropheus brichardi.* Hier gehen die Meinungen auch noch heute auseinander, zumal kaum morphologische Unterschiede zu T. moorii vorhanden sind; die Fische besetzen auch dieselbe ökologische Nische wie Tropheus moorii. Schließlich überrascht auch, daß es an den Fundorten von Tropheus brichardi keine weitere Population von Tropheus moorii gibt, obwohl diese Art sonst im gesamten See verbreitet ist und auch dort vorkommt, wo man Tropheus polli oder Tropheus duboisi antrifft. Bei Aquarienbeobachtungen zeigte sich T. brichardi zwar etwas aggressiver, aber ob das dazu ausreicht, um eine neue Art aufzustellen, ist fraglich, denn das Individualverhalten der Tropheus kann sehr unterschiedlich ausfallen. Berücksichtigt man ferner, daß große Teile der Westküste des Tanganjikasees noch nicht genauer untersucht wurden und daß es dort aus der ehemaligen „Tropheus-annectens-Gruppe" den T. brichardi sehr ähnlich gefärbte Tiere gibt, dann erscheint eine Aufsplitterung der Art Tropheus moorii reichlich verfrüht. Das gilt meines Erachtens auch für das Aufstellen von Unterarten, wie es Nelissen 1977 mit *Tropheus moorii kasabae* machte.

TROPHEUS BRICHARDI

Zu der beliebtesten Art der Gattung gehört zweifelsohne *Tropheus duboisi,* der im Tanganjikasee ein relativ eng begrenztes Verbreitungsgebiet hat. Als Fundorte sind Küstenstreifen im Nordwesten und an der zentralen Ostküste belegt. Interessant ist daran, daß zwischen diesen Gebieten einige hundert Kilometer Küste liegen, in denen Tropheus duboisi nicht anzutreffen ist, obwohl es dort an geeigneten Biotopen durchaus nicht mangelt und sich auch etliche geographische Rassen von Tropheus moorii behaupten konnten. Bis Mitte der siebziger Jahre wurden ausschließlich Tiere aus dem nordwestlichen Teil des zu Zaire gehörenden Küstenabschnittes importiert. Genauer Fundort ist die Umgebung der Ortschaft Bemba.

TROPHEUS DUBOISI

Tiere dieser Variante zeigen eine braunschwarze Körperfärbung. Etwa auf Höhe des fünften Hartstrahles der Rückenflosse zieht sich ein weißes, drei bis fünf Millimeter breites, vertikales Band vom Rücken bis in die Bauchregion. Bei einigen Tieren reicht die weiße Binde auch bis in die Rückenflosse hinein. Der gesamte Kopfbereich ist schieferblau; dabei entsteht der Eindruck, als ob der Kopf von einer wachsähnlichen Schicht überzogen sei. Die Basen der Rücken-, After- und der Brustflossen schimmern weißlich-blau. In der Grundfärbung jedoch sind alle Flossen einheitlich braunschwarz.

Eine zweite Variante ist aus der Umgebung von Kigoma (Tansania) bekannt. Diese Tiere zeigen eine schmale weiße oder eine gelblich-weiße Binde.

Jungtiere von Tropheus duboisi zeigen weiße Punkte auf dem dunklen Körper, dagegen tragen erwachsene Exemplare eine senkrechte Binde

Etwas weiter südlich des Malagarasi kommt der sogenannte „Breitband-“ oder auch „Maswa-Duboisi“ vor. Diese Variante besitzt ein anderthalb Zentimeter breites Band, das sich von der Basis der Rückenflosse bis zur Bauchlinie zieht. Es ist jedoch nicht rein weiß, sondern vom Rücken bis zur Körpermitte schwefelgelb. Aber längst nicht alle Tiere besitzen eine gleichmäßige gelblich-weiße Binde. Bei den importierten Wildfängen mag das nicht so stark auffallen; es zeigte sich aber, daß etliche in Gefangenschaft gezogene Tropheus duboisi hinsichtlich der Vollständigkeit der Körperbinden voneinander abweichen, obwohl die Elterntiere gut gezeichnet waren und beide derselben Variante angehörten. Die „fehlerhaften“ Binden sind teilweise nicht durchgezogen, oft sogar nur auf einer Körperseite! Auch ist die Breite des Bandes innerhalb einer Farbvariante häufig sehr variabel.

Alle Farbvarianten von Tropheus duboisi zeigen einen bemerkenswerten altersbedingten Farbwechsel. Die bisher bekannten Farbbeschreibungen gelten nur für adulte Tiere. Jungtiere sehen ganz anders aus: Ihre Körperfärbung ist zwar ebenfalls braunschwarz, aber anstatt einer Körperbinde besitzen sie auf den Körperseiten weiße Punkte, die so gesetzt sind, daß sie etwa acht senkrechte Reihen ergeben, die auf Höhe der Brustflossen beginnen und in der Schwanzwurzel enden. In der Kopfregion befinden sich ebenfalls weiße Punkte, die jedoch unregelmäßig angeordnet sind; auch die Rückenflosse weist weiße Farbmarkierungen auf.

TROPHEUS DUBOISI: JUNGFISCH-FÄRBUNG

Bemerkenswert erscheint auch die Tatsache, daß erstmals aus dem Maul entlassene junge Tropheus duboisi so gut wie keine Punkte zeigen, dafür aber neun helle vertikale Binden. Sie erinnern somit an die Jungtiere von Tropheus moorii, die ebenfalls diese Streifenzeichnung besitzen. Die Ähnlichkeit dauert nur wenige Tage an; dann sind diese Streifen unterbrochen und ziehen sich zu Punkten zusammen. Wenn die Jungtiere etwas über ein halbes Jahr alt sind, verschwinden zuerst die Punkte auf den Flanken, und einige Wochen später verliert sich diese Zeichnung auch in der Kopfregion. Vom Rücken her färbt sich nun allmählich die weiße Körperbinde aus, und die schieferblaue Kopfzeichnung tritt in den Vordergrund. Zeigen erwachsene Tropheus duboisi keinen Sexualdichromatismus — das heißt, Männchen und Weibchen lassen sich farblich nicht auseinanderhalten —, so kann man zumindest in der Übergangsphase vom halbwüchsigen zum geschlechtsreifen Tier einen Unterschied in der Färbung feststellen: Die Weibchen verlieren erst zwei bis drei Monate später als die Männchen ihre weißen Farbpunkte.

Bei adulten Tieren gibt auch die Länge der Bauchflossen Aufschluß über die Geschlechtszugehörigkeit. Beim Männchen reichen sie bis in die Afterflosse hinein, während sie beim Weibchen meist kürzer sind. Das ist jedoch eine recht unsichere Bestimmungsmethode, weil bei Kämpfen oder Beißereien die Flossen oftmals beschädigt werden.

Ein sicheres Bestimmen der Geschlechter ist nur durch den Genitalpapillenvergleich möglich. Hierzu nimmt man die Fische aus dem Wasser und dreht sie auf den Rücken, so daß die Bauchseite dem Betrachter zugewandt ist. Etwa acht Millimeter vor der Afterflosse befindet sich die Genitalöffnung. Sie ist beim Weibchen größer als die Afteröffnung, die rund weitere zehn Millimeter davor liegt. Beim Männchen ist die Geschlechtsöffnung hingegen fast genauso groß wie der Anus. Im direkten Vergleich der Genitalpapillen sieht man beim Weibchen eine halbkreisrunde, etwas vorgewölbte Öffnung. Bei den Männchen ist die Genitalöffnung flach, kreisrund und nicht so auffällig.

Will man Tropheus duboisi artgerecht pflegen, so muß man einige grundsätzliche Dinge beachten. Sie beginnen mit der Wahl des Aquariums. Territorialen Maulbrütern, zu denen auch T. duboisi gehört, muß man ausreichend Platz bieten; somit sind Aquarien unter 450 Liter Inhalt im Grunde genommen ungeeignet. Der Pfleger, der jetzt mit „wenn und aber" anfängt, sollte besser die Hände von diesen wirklich interessanten Buntbarschen lassen. Je geräumiger das Becken, um so weniger Probleme wird man mit der innerartlichen Aggressivität dieser Art haben.

PFLEGE IM AQUARIUM

Das Tropheus-Aquarium kann durchaus eingerichtet sein. Als Bodengrund ist mittelgrober Sand zu wählen. Das hat den Vorteil, daß bei diesen starken Fressern der reichlich anfallende Kot nicht in den Bodengrund gelangt, sondern — bei entsprechend leistungsfähigem Filter — schnell aus dem Wasser entfernt wird. Man muß darauf achten, daß man den Tieren einige Reviergrenzen und Versteckplätze anbietet. Am besten stellt man mit Steinen Sichtbarrieren und Unterstände dekorativ zusammen. Man sollte aber nicht eine ganze Rückwand einheitlich „zumauern", da es sonst sehr schnell zu einem einzigen Großrevier eines einzelnen Tieres kommen kann. Nach meiner Erfahrung sind wenige, dafür aber großflächige Steine besser als zu viele kleine: Selbst in völlig zudekorierten Aquarien werden nicht revierbesitzende Tiere aufgespürt und ständig gejagt; zuletzt kommen solche unterdrückten Tropheus duboisi überhaupt nicht mehr aus der Höhle heraus und isolieren sich dadurch immer mehr von den übrigen Beckeninsassen. Eine Wiedereingliederung ist dann oftmals schwierig, wenn nicht sogar unmöglich.

Bei Tropheus duboisi handelt es sich um recht flinke, kräftige Schwimmer, so daß zu scharfkantiges Gestein Verletzungsgefahren in sich birgt. Eine Dekoration unter Verwendung von Moorkienholz wirkt unnatürlich bei diesen Felsencichliden; außerdem können Säuren an das Wasser abgegeben werden, und das sollte man ja gerade vermeiden. Auch eine Bepflanzung ist nicht biotopgerecht. Wer aber dennoch nicht darauf verzichten möchte, dem sei angeraten, hartblättrige Pflanzen zu nehmen, wie zum Beispiel kleiner bleibende Anubias-Arten und Javafarn. Als Solitärpflanze erwies sich die große Cryptocoryne usteriana als recht brauchbar, auch wenn sie aus Asien stammt und nicht aus dem Tanganjikasee.

Staeck weist in mehreren Arbeiten darauf hin, daß T. duboisi in Tiefen von drei bis fünfzehn Metern vorkommt und somit deutlich tiefer lebt als der nahe Verwandte Tropheus moorii. Weiter führt er aus, daß die Tropheus duboisi wie Einzelgänger leben; nur gelegentlich wird der Taucher einmal zwei Tiere gemeinsam antreffen. Im Gegensatz dazu leben Tropheus moorii im oberen Fels- und Geröllitoral auf engstem Raum beieinander; die Individuenzahl ist außerordentlich hoch. Im Aquarium zeigt sich bei der Pflege von mehreren Männchen, daß meist nur ein dominierendes Tier „glücklich" wird. Deshalb ist es ratsam, mit einem männlichen Tier mehrere Weibchen zu pflegen, die dann auch alle ein eigenes Revier besitzen sollten. Dadurch können die Aggressionen gemindert werden und sich auch auf mehrere Tiere verteilen. Eine weitere Möglichkeit, die innerartlichen Reibereien herabzusetzen, ist das Vergesellschaften mit anderen, gattungsfremden Aufwuchsfressern aus dem Tanganjikasee; selbstverständlich kann man aber auch T. moorii und T. polli hinzusetzen.

Innerhalb der engen Grenzen eines Aquariums bildet diese Art schnell eine Rangordnung. Meist ist ein Männchen das ranghöchste Tier und besitzt somit auch das größte Revier. Je niedriger der Rang, um so kleiner ist in der Regel auch das Territorium. Oftmals sind die Tiere, die in der Hierarchie an unterster Stelle stehen, gezwungen, mit einem Platz kurz unter der Wasseroberfläche vorliebzunehmen.

In einer Rangordnung kommt es aber auch zu gelegentlichen Streitereien. Meist beginnen sie mit Breitseitdrohen, bei dem die Tiere sich seitlich gegenüberstehen und die Flossen stark abspreizen. Eine weitere Möglichkeit sind ständiges Umkreisen und plötzliches Anschwimmen auf eine Körperseite, das häufig mit einem Biß in die Flanke endet. Zeitweise gehen die Tiere auch in Maulzerren über, bei dem sie sich in der Ober- und Unterlippe verbeißen. Es würde vermutlich häufiger zu Todesfällen im Aquarium kommen, wenn die unterlegenen T. duboisi keine Demutsgebärde zeigen würden. Schwache Tiere präsentieren dabei ihre Bauchregion, krümmen das hintere Körperteil ab und beginnen, kräftig mit dem Körper zu rütteln. Diese Demutsgebärde zeigt auch eine ganze Reihe anderer Tanganjikacichliden. Interessant dabei ist, daß balzaktive Männchen dasselbe Körperrütteln zeigen, wenn sich ihnen ein laichbereites Weibchen nähert.

FORTPFLANZUNGSVERHALTEN

Abgelaicht wird auf oder kurz oberhalb eines festen Untergrundes. Meist sind es Steine, die die Tiere vorher etwas nachlässig putzen. Bei der Balz ist das Männchen das aktivere Tier. Mit dem sogenannten Führungsschwimmen lockt es sein auserwähltes Weibchen zum Laichplatz. Bevorzugt werden meist leicht schräge Steinplatten, die nach Möglichkeit durch einen Felsüberhang auch von oben her noch Deckung bieten. Kurz über dem Substrat gehen beide Tiere in ein Kreisschwimmen über, bei dem abwechselnd das Männchen dem Weibchen und das Weibchen dem Männchen die Genitalgegend präsentieren. Das jeweils aktive Tier legt sich dabei leicht auf die Körperseite und rüttelt mit der Schwanz-, After- und dem hinteren Teil der Rückenflosse. Das abwartende Tier verharrt mit dem Kopf auf der Höhe der Genitalgegend des Partners („T-Stellung"). Dann wird die Stellung wieder gewechselt.

Nachdem sich die Tiere so einige Male aufeinander abgestimmt haben, kommt es zur ersten Eiabgabe. Jedesmal können zwei bis drei fünf Millimeter große Eier erscheinen. Das Weibchen dreht sich nach der Abgabe sofort um und nimmt die Laichkörner ins Maul auf. Erst anschließend erfolgt die Befruchtung durch das Männchen. Zwischendurch gibt es immer wieder Unterbrechungen, und die Tiere verlassen das Substrat.

Das gesamte Gelege kann aus maximal 25 Eiern bestehen, doch umfaßt es meistens nur 10 bis 15 Eier. Jüngere Weibchen bringen es oftmals sogar auf höchstens fünf Laichkörner. Nach dem Ablaichen ziehen sich die Weibchen häufig aus dem Revier des Männchens zurück und übernehmen nun die Brutpflege für rund vier Wochen. Zumindest in den letzten Wochen der Maulbrutpflege kann man beobachten, daß die tragenden Weibchen wieder Futter zu sich nehmen. Das Männchen hat mit der Aufzucht der Jungen überhaupt nichts zu tun; es kümmert sich vielmehr um weitere laichbereite Weibchen.

Wenn das Weibchen zum ersten Mal die fertig entwickelten Jungfische aus dem Maul entläßt, messen sie schon 15 bis 20 Millimeter und sind sehr gut in der Lage, Artemia-Nauplien, Cyclops und andere kleine Futterbrocken zu fressen. Kommt es zu einer Störung im Aquarium, so steuern die Jungen zielstrebig das Maul der Mutter an und verschwinden in dem schützenden Kehlsack. Diese Brutpflege setzt sich noch über mehrere Tage, ja sogar bis zu mehreren Wochen fort. In einem Aquarium, in dem nur Tropheus-Arten gepflegt werden und das den Jungen Unterschlupfmöglichkeiten bietet, besteht keine Gefahr, daß die Kleinen von den erwachsenen Tieren gefressen werden. Lediglich unter den Jungfischen, zumal, wenn sie verschieden alt sind, kommt es gelegentlich zu kleinen Auseinandersetzungen. Man sollte daher darauf achten, daß genügend kleine Versteckmöglichkeiten vorhanden sind.

ERNÄHRUNG IM AQUARIUM

Tropheus-Arten gehören zu den spezialisierten Aufwuchsfressern. Ihrer Fütterung sollte man daher ein wenig mehr Beachtung schenken. Das Verfüttern von Fleischkost kann bei ihnen fatale Folgen haben. Diese Tiere verweigern nämlich nicht das ihnen gebotene Futter, wenn es nur in der richtigen Größe gereicht wird und wenn ein gewisser Futterneid oder auch Gewöhnungseffekt bestehen. So kann man diese Algenfresser, die zwar auch die in den Algen befindlichen Kleinlebewesen fressen, sehr schnell an nicht artgerechte Futtersorten gewöhnen. Man hört immer wieder von Aquarianern, daß sie ihren Tropheus-Arten Rinderherz, Tubifex, rote Mückenlarven oder gar zerstückelte Regenwürmer als Nahrung anbieten. Dabei ist größte Vorsicht geboten, denn der Magen-Darm-Trakt dieser Algenfresser ist einfach nicht für dermaßen schwer verdauliche Kost geeignet.

Was ist zu tun, wenn die Tiere krank sind, und wie erkenne ich überhaupt die Symptome? — Jeder Aquarianer sollte besonders bei der Fütterung aufpassen, ob alle Cichliden Nahrung zu sich nehmen oder ob sie das Futter verweigern. Tiere, die das gebotene Fressen lustlos ablehnen, muß man genauer beobachten. Falls sie auch in den nächsten Tagen kein Futter zu sich nehmen und sich ungewöhnlich verhalten, ist höchste Vorsicht geboten. An Darmparasiten erkrankte Tropheus-Arten, aber auch andere Cichliden, ziehen häufig einen langen dünnen Kotfaden hinter

Von links oben nach unten: „Brabant-Moorii“ (Rutunga), „Orange-Moorii“ (Bemba), Kiriza-Variante („Kaiser II“), Kifumbwe-Variante und „Kaiser-Moorii“ (Ikola)

Oben links: Unscheinbar ist die Kashekezi-Variante; weitaus schönere Farben zeigt der junge „Orange-Moorii“; Herkunftsort: Bemba (oben rechts). Die zweispitzigen Zähne sind typisch für Tropheus (rechts); dreispitzig dagegen sind sie bei den Petrochromis-Arten (unten)

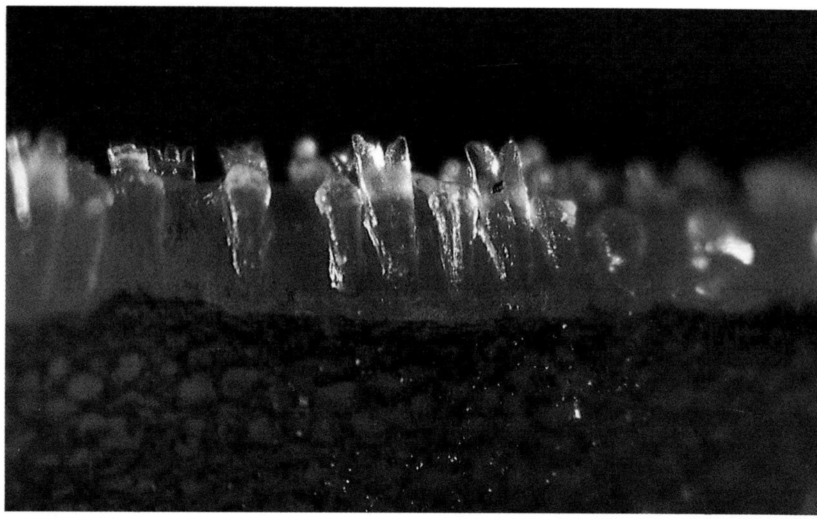

sich her. Dieser Kot ist nicht fest, sondern weißlich durchsichtig, und er wirkt ein wenig schleimig. Bei erkrankten Tropheus stellt man auch häufig Würgebewegungen fest. Eine Dunkelfärbung des Körpers ist dagegen durchaus nicht immer zu sehen. Eine Ansteckung erfolgt zum Beispiel über die Aufnahme von infiziertem Kot.

Liegen diese Symptome vor, dann kann man davon ausgehen, daß es sich um Spironucleus-Flagellaten oder um Hexamita handelt. Diese Parasiten schädigen die Darmwand und später die inneren Organe. Bei starkem Befall verenden die Tiere. Dabei ist es durchaus möglich, den Parasiten den Garaus zu machen. Es gibt eine ganze Reihe von wirksamen Mitteln. Sehr wirkungsvoll und auch genügend getestet ist Metronidazol. Verschiedene Medikamente enthalten diese Substanz. Metronidazolhaltige Medikamente werden in der Humanmedizin verwendet und sind sehr wirksam gegen Trichomonaden, die als Erreger einer Genital-Infektion vorkommen. Metronidazol gibt es allerdings auch als Rezeptursubstanz unter demNamen Metronidazol BP80/10 g in den Apotheken zu kaufen. Da sowohl das Pulver als auch die Tabletten rezeptpflichtig sind, sollte man sich vorher ein Rezept von einem Tierarzt ausstellen lassen. Pulver läßt sich recht gut in einer Tasse mit Wasser auflösen. Auf 100 Liter Wasser nimmt man 400 Milligramm Metronidazol. Da sich auch im Filter verseuchter Kot befindet, ist es wichtig, das gesamte Aquarium, den Filter (die absorbierenden Filtermaterialien, wie Aktivkohle, vorher entfernen!), die Dekoration und natürlich die Fische zu behandeln. Bassleer weist darauf hin, daß das Metronidazol nach drei Tagen aus dem Aquarium entfernt werden muß, da die Nieren und andere innere Organe der Fische sonst geschädigt werden. Da eine völlige Erneuerung des Aquarienwassers meist ausgeschlossen ist, sollte man anschließend 24 Stunden über Aktivkohle filtern.

KRANKHEITEN UND IHRE BEKÄMPFUNG

Dieser kleine Exkurs in die Fischmedizin war deshalb nötig, weil gerade bei den häufig gepflegten Tropheus-Arten ein Befall mit Darmparasiten schon bei Importtieren vorhanden ist. Das liegt an der Anfälligkeit der geschwächten, streßgeplagten Tiere und der für sie ungewohnten Ernährung. Am besten vermeidet man von vornherein ballastarme Fleischkost. Zur täglichen Fütterung gut geeignet sind ballastreiche Futtertiere, ob gefroren oder lebend, wie Cyclops, Wasserflöhe, weiße und schwarze Mükkenlarven, ferner Salinenkrebse und gelegentlich kleine (!) Mengen von Schwebegarnelen (Mysis). Außer acht lassen sollte man auch nicht die verschiedenen Flockenfuttersorten; hier sei besonders auf die Produkte hingewiesen, die reichlich Grünkostanteile besitzen. Am besten ist natürlich ein total veralgtes Aquarium; das läßt sich in der Regel jedoch nicht bewerkstelligen.

TROPHEUS MOORII

Dieselben Pflegehinweise gelten auch für *Tropheus moorii,* der zu Ehren von J. E.S. Moore benannt wurde. Tropheus moorii besiedelt die ufernahen Fels- und Geröllküsten des Tanganjikasees. Um diesen Cichliden im natürlichen Lebensraum zu beobachten, benötigt man lediglich eine Tauchermaske. In ihren Biotopen zählt die Art zu den häufigsten

Cichliden. Über fußballgroßen Steinen und zwischen riesigen Felsbrocken halten sich diese Aufwuchsfresser in großen Mengen auf. Schon wenige Zentimeter unter Wasser huschen junge Tropheus moorii von einem Versteckplatz zum anderen. Zwischendurch weiden sie mit ihrem unterständigen Maul Algen von den sonnenbeschienenen Steinen ab. Aber auch adulte Tiere, die mit etwa zwölf Zentimeter Länge ausgewachsen sind, trifft man in nur 50 Zentimeter Wassertiefe an. Ihr mittleres Verbreitungsgebiet liegt zwischen einem und zwei Meter Tiefe. Als unterste Grenze gelten fünf Meter.

Merkwürdig ist jedoch, daß zum Verhalten dieser Fische im See verschiedene Beobachtungen gemacht wurden. So erschienen Mitte der siebziger und Anfang der achtziger Jahre Berichte, in denen es heißt, daß Tropheus moorii in der Natur in geschlossenen Gruppen von zehn bis fünfzehn Individuen vorkomme. Grundlage für diese These waren vermutlich auch die Verhaltensuntersuchungen von Wickler, der anhand von Aquarienstudien, die er 1969 veröffentlichte, feststellte, daß die Art eine stabile soziale Gruppe bildet.

Als ich Mitte der achtziger Jahre T. moorii in den Geröll- und Felszonen des Tanganjikasees beobachtete, kam ich zu einem anderen Ergebnis:

TERRITORIAL-VERHALTEN

Tropheus moorii bilden im See keine in sich geschlossenen Gruppen. Sie leben vielmehr territorial; jedes Tier verteidigt ein Revier, dessen Grenzen jedoch fließend sind. Es kommt häufig zu Begegnungen mit artgleichen Tieren, die dann entweder angebalzt, angedroht oder verjagt werden. Da revierbesitzende Tiere standorttreu sind, kann man davon ausgehen, daß sich benachbarte Tropheus moorii durchaus „kennengelernt" haben und sich auch gegenseitig „einschätzen" können. Man kann in diesem Fall jedoch nicht von einer Gruppe sprechen, da eine genaue Abgrenzung — von beispielsweise 15 Tieren — nicht gegeben ist und auch nicht sein kann. Eine Trennungslinie ergibt sich erst am Ende des Geröll- oder Felslitorals, also an einer größeren Sandzone oder Flußmündung.

Im Aquarium sind die Verhältnisse etwas anders. Durch die begrenzte Fluchtdistanz in diesem geschlossenen Raum lernen sich alle Tiere sehr schnell kennen. Es bildet sich schon nach kurzer Zeit eine Rangordnung, und das stärkste Tier kontrolliert unter Umständen das ganze Aquarium. Rangniedrigere Tiere müssen sich mit kleineren Revieren oder „Toleranzzonen" zufriedengeben. Begegnen sich zwei gleich starke Tropheus moorii, dann kommt es manchmal nicht zu einer Beschwichtigung durch Körperrütteln, sondern zur Konfrontation. Die Auseinandersetzung kann sich sogar bis zum Beschädigungskampf steigern; dann beißen sich die Tiere in die Flanken und verletzen sich die Körperoberfläche und die Flossen. Kann der nun Unterlegene nicht ausweichen, so kommt es zu folgenschweren Verletzungen, an denen das Tier sogar sterben kann.

Eine völlig falsche Behauptung ist es, daß der Aquarianer von vornherein harmonisierende Wildfanggruppen, deren Tiere sich zudem auch noch kennen, nach dem Import erwerben könne. Wo sollen sich die Fische denn kennengelernt haben — im See? Es können nicht alle Exem-

Oben links: Der „Kirschkopf-Moorii“ (Katende-Variante) stammt vom Nordwesten des Tanganjikasees; der „Doppelfleck-Moorii“ (Bulu-Point-Variante) kommt von der zentralen Ostküste des Sees (oben rechts). „Schoko-Moorii“ lautet der Populärname der Rumonge-Variante. Bekannt ist dieser Cichlide auch als Tropheus brichardi (links)

plare von einem und demselben Fangplatz stammen! Der Plastikbeutel ist auch nicht der richtige Ort, um sich kennenzulernen und um eine „geschlossene Gruppe“ zu bilden. Im Händlerbecken sieht ein Schwarm Tropheus moorii in der Tat recht geschlossen und friedlich aus; nur sollte man nicht vergessen, daß die Fische hier meistens in einem nicht eingerichteten Aquarium untergebracht sind. Den Tieren sind keine Anhaltspunkte für Reviergrenzen gegeben, und innerartliche Aggressionen verteilen sich auf viele Individuen.

Die „geschlossene Gruppe“ kann sich also erst bei artgerechter Haltung in einem eingerichteten Aquarium ergeben. Ob eine Gruppe nur aus zwei Individuen besteht oder aus mehreren Tieren, bleibt dem jeweiligen Geschmack des Pflegers und oft auch der Dicke seiner Geldbörse überlassen. Verschweigen sollte man aber nicht, daß in einer Kleingruppe zeitweise größere Probleme auftreten können. Das liegt an der Verteilung der innerartlichen Aggression. So kann es dann schnell vorkommen, daß von zwei Tieren eines ständig das „dumme“ ist und bei den Verfolgungsjagden nicht zur Ruhe kommt. Es sind aber auch erfolgreiche Paarhaltungen bekannt, die über Jahre hinweg gutgingen, besonders wenn art- und auch gattungsfremde Fische die innerartliche Aggression erheblich milderten.

Mit einem größeren Stamm von Tropheus moorii gibt es meist weniger Probleme wegen der schon erwähnten „Prügelverteilung". Eine Garantie für ein harmonisches Zusammensein ergibt sich daraus jedoch nicht, auch wenn man sich für Jungfische entscheidet. Diese Tiere haben zwar die Chance, sich von klein auf kennenzulernen, meist muß der Pfleger aber mit Beginn der Geschlechtsreife die überzähligen Männchen entfernen, so daß auf mehrere Weibchen nur ein Männchen kommt; und selbst jetzt kann das Männchen noch so „ausflippen", daß es die Weibchen ständig bedrängt. Aber auch die Weibchen untereinander können sich das Leben zur Hölle machen.

PFLEGE IM AQUARIUM

Trotz dieser Schwierigkeiten kann die Pflege von T. moorii problemlos gelingen, wenn das Aquarium ausreichend groß ist, also über 450 Liter Inhalt hat. Dann ergeben sich auch — bei einer sinnvollen Anzahl von Tropheus moorii — genug Reviere, die meist von den Artgenossen toleriert werden. Eine weitere Möglichkeit — wenn auch nicht die optisch schönste und natürlichste — ist das Zusammenbringen von einem Männchen mit vielen Weibchen in einem nicht oder nur spartanisch eingerichteten Becken. Hier sind dann überhaupt keine Reviere vorhanden; eventuell auftretende Aggressionen verteilen sich. Allerdings zeigen die Tiere jetzt auch kein natürliches Revierverhalten mehr.

Wie bei vielen Cichliden gibt es auch bei Tropheus moorii individuelle Verhaltensabweichungen, was aber gerade den Reiz seiner Pflege ausmacht. Eine Verhaltensweise, die immer wieder gezeigt wird, ist das Bekämpfen von neu hinzugesetzten Artgenossen im Aquarium. Hierbei wird deutlich, daß die bereits vorhandenen Tiere einander tatsächlich kennen und daß die Reviere festgelegt sind. Ein neuer Fisch wird es sehr schwer haben, die „geordneten Verhältnisse" festzustellen. Wo er sich auch bewegt, befindet er sich schon im Revier eines anderen Fisches und wird dann vertrieben. Häufig bleibt dann für den Neuankömmling nur noch ein Platz nahe unter der Wasseroberfläche. Aber auch dort ist kein sicherer Schutz vorhanden, so daß es sehr schwierig ist, eine Tropheus-Gruppe aufzustocken.

Aber nicht nur Tropheus moorii zeigt diese Ablehnung neuen Artgenossen gegenüber. Viele der territorial lebenden Cichliden verhalten sich ähnlich. Keines der „alten" Tiere will sein erworbenes Revier teilen, verkleinern oder gar verlieren. Lieber wird gekämpft. Es ist allerdings auch nicht völlig unmöglich, in eine bestehende Gemeinschaft neue Tiere einzugliedern. Der Aquarianer sollte dabei vorsichtig zu Werke gehen. Eine Möglichkeit ist, in eine schon bestehende Gruppe eine größere Anzahl von Neuankömmlingen zu integrieren. Die Verfolgung eines einzelnen Tieres wird dadurch ausgeschlossen, und die Kämpfe verteilen sich. Dadurch kann es aber auch zu einem Bruch in der alten Gruppe kommen, so daß man nun ein weitaus größeres Durcheinander angerichtet hat. Besser ist das Entfernen jeglicher Dekorationsteile, also auch aller Reviergrenzen. Sollten danach noch Komplikationen auftreten, so kann man das Becken in den nächsten Tagen gut abdunkeln. In dieser Zeit können sich die Gemüter langsam beruhigen. Am besten schaltet man das Licht an einem Wochenende wieder ein, damit man mehr Zeit hat, seine Tiere zu beobachten und bei Problemen einzugreifen. Gute Erfahrungen hat man auch mit der Eingliederung junger Tropheus moorii in eine Gruppe von Erwachsenen gemacht. Dieses Zusammenführen bringt keinerlei Probleme mit sich. Ein allgemein gültiges Rezept wird und kann es für diese „Individualisten" aber nicht geben; es gehört eben auch ein wenig Glück dazu.

Wie schon sein naher Verwandter Tropheus duboisi zeigt auch Tropheus moorii, bis auf wenige Ausnahmen, keinen Sexualdimorphismus, das heißt, Männchen und Weibchen sehen in Gestalt und Färbung gleich aus. Unter den aufwuchsfressenden Maulbrütern des Tanganjikasees ist diese Gleichförmigkeit der Geschlechter nur noch bei den Grundelbuntbarschen zu finden. Es ist sehr schwierig, wenn nicht sogar unmöglich, Männchen und Weibchen farblich auseinanderzuhalten. Einen sicheren Aufschluß erhält man nur durch den Genitalöffnungsvergleich. Nicht zur Geschlechtsbestimmung heranziehen sollte man die stark zurückgebildeten „Eiattrappen", die meist nur die nördlichen Varianten von Tropheus moorii zeigen. Wenn „Eiflecken" vorhanden sind, dann bei beiden Geschlechtern.

Im Ablaich- und im Brutpflegeverhalten gibt es keine Unterschiede zu Tropheus duboisi, so daß es sich an dieser Stelle erübrigt, noch einmal genauer darauf einzugehen. Junge Tropheus moorii wachsen sehr schnell heran, und es ist durchaus möglich, die Tiere bei guter Fütterung, hervorragender Wasserqualität und in einem ausreichend großen Aquarium innerhalb eines Jahres über zehn Zentimeter groß werden zu lassen. Die Geschlechtsreife tritt nach einem Jahr ein. Nach etwa zwei Jahren sind die Fische in der Lage, die Maulbrutpflege bis zum Ende durchzuführen. Man kann sehr lange Freude an seinen Tropheus moorii haben, denn sie werden immerhin zwischen 10 und 15 Jahre alt.

GEOGRAPHISCHE FARBVARIANTEN

Interessant ist, daß Tropheus moorii in einer ganzen Reihe von geographisch voneinander getrennt lebenden Farbvarianten vorkommt. Auch die Wissenschaftler befassen sich deshalb recht gern mit dieser Art, gibt sie doch viele Hinweise darauf, wie neue Arten entstehen. Ihre stammesgeschichtliche Entwicklung, ihre Evolution, ist offensichtlich noch nicht abgeschlossen.

Man muß sich nur einmal vor Augen halten, daß der Tanganjikasee rund 670 Kilometer lang ist; seine Küste mißt sicher weit über 2500 Kilometer. Bei diesen gigantischen Entfernungen liegt es auf der Hand, daß es unterschiedliche Küstenbiotope gibt; solche, die Tropheus moorii zusagen, und solche, die dieser Art keine Lebenschance lassen. Zusagende Biotope findet die Art in der ufernahen Fels- und Geröllzone. Hier gibt es die für diesen hochspezialisierten Aufwuchsfresser lebensnotwendige Nahrung, die reichlich auf dem steinigen Untergrund wächst. In der Sandzone ist diese Algenkost nicht vorhanden, und somit ist dieser Biotop als Lebensraum nicht interessant. Das gilt auch für die Flußmündungszonen; auch hier gibt es kein Futter, das auf Steinen wächst; ferner sind die Wasserwerte durch die einmündenden Flüsse häufig nicht gerade so, wie sie Tropheus moorii für sein Wohlbefinden benötigt. Außerdem ist das Wasser hier oft trüb, und um die Flußmündung erstrecken sich sumpfige Gebiete. All diese Faktoren bedeuten für diese Art natürliche Barrieren. Tropheus moorii können diese Hindernisse in der Regel nicht überschreiten. Durch Abtrennung einzelner Tiere aus ihrem angestammten Biotop und spätere Isolierung war es möglich, daß sich im Laufe der Zeit neue Varianten bildeten. Ob es sich hierbei nur um Rassen handelt oder schon um eigenständige Arten oder Unterarten, darüber sind sich die Ichthyologen noch nicht ganz einig. Ich denke hierbei an Tropheus brichardi und Tropheus moorii kasabae.

Wo aber stand die „Wiege“ des heutigen Tropheus moorii, und wie vollzog sich seine Verbreitung? Darüber gibt es heute nur Spekulationen. Beachtenswert ist die Tatsache, daß man diesen Aufwuchsfresser in eine nördliche und eine südliche Gruppe gliedern kann. Die nördlichen Varianten kann man nochmals unterteilen, da es innerhalb dieser Gruppe weitere Unterschiede in der Färbung gibt. Das Verbreitungsgebiet der nördlichen Varianten erstreckt sich von Kalemie im Westen (wobei diese Region noch nicht genauer erforscht wurde) bis etwa Kipili im Südosten des Tanganjikasees. Die hier lebenden geographischen Farbrassen zeigen

Dieser Tropheus moorii hat viele Namen: Malagarasi-Variante, „Gold-Tropheus“, „Grüner Moorii“, „Green-Wimpel“ und Lugufu-Variante wird er genannt

Beim Algenfressen tummeln sich oft mehrere Tropheus moorii auf engstem Raum

Auch innerhalb der einzelnen Varianten gibt es Farbunterschiede, wie dieser „Doppelfleck-Moorii" zeigt

in der Jugendfärbung ein einheitliches Streifenmuster: Auf braunschwarzem bis grünbraunschwarzem Körpergrund befinden sich neun vertikale beige Streifen, die von der Rücken- bis in die Bauchregion reichen.

Die erwachsenen Tiere der nördlichen Gruppe lassen sich dann noch einmal farblich unterteilen. Tiere von der auf zairischem Gebiet liegenden Halbinsel Ubwari und dem angrenzenden Küstenstreifen im Norden (bis südlich von Bujumbura, Burundis Hauptstadt) sind im allgemeinen schwarz bis schwarzbraun. Auf den Körperflanken, in einem Fall auch im Kopfbereich, zeigen sie meist orange, gelbe oder rote Farbmuster. Die

Farbintensität ist allerdings sehr stark von der jeweiligen Stimmung des Fisches abhängig.

NÖRDLICHE RASSEN

Interessant sind auch die Varianten von T. moorii aus dem östlichen Mittelstück des Tanganjikasees, denn auch diese beiden Varianten, die am Bulu Point und bei Ikola vorkommen, zeigen das für die im äußersten Norden vorkommenden Varianten typische Farbkleid.

Von der kleinen Stadt Rumonge im Süden Burundis bis etwa zum Cape Kabogo und bei der Ortschaft Kipili liegt das zweite Verbreitungsgebiet der nördlichen Varianten. Auch diese Tiere zeigen im Jungfischalter die neun vertikalen Streifen auf dem Körper. Erhebliche Unterschiede gibt es dann in der Altersfärbung: Adulte Tiere zeigen keine schwarze Grundfärbung, sondern vorherrschend braune oder grüne Körperfarben. Auf den Körperseiten treten häufig beige oder gelbe Farbzeichnungen auf. Bei einigen Varianten dieser Gruppe sind sogar zeitlebens vertikale Streifen sichtbar. Auffällig ist auch, daß diese Cichliden meist eine attraktive leuchtende Iris besitzen. Ein weiterer Unterschied ist der zumindest bei einigen Varianten recht deutliche Sexualdichromatismus, der ja sonst bei Tropheus moorii überhaupt nicht auftritt. Aquarienbeobachtungen ergaben auch, daß Tiere aus diesem Verbreitungsgebiet eine stärkere innerartliche Aggression zeigen als die nördlichen schwarzen und die südlichen Varianten.

Da in jüngster Zeit an den zentralen Westuferbereichen des Tanganjikasees Anstrengungen unternommen wurden, auch von dort regelmäßig Cichliden zu importieren, wird man vielleicht schon bald erfahren, welcher Gruppe die dort vorkommenden Tropheus-moorii-Varianten zugehören. Erste Anhaltspunkte lieferten in der Umgebung von Kalemie gesammelte Fische. Hier decken sich Beobachtungen von Poll, Staeck und Brichard. Die Tiere dieser Region zeigen eine große Ähnlichkeit zu den auf der gegenüberliegenden Seite des Sees vorkommenden braungrünen Varianten.

SÜDLICHE RASSEN

Das Verbreitungsgebiet der südlichen geographischen Rassen von Tropheus moorii beginnt irgendwo zwischen den Orten Mtossi und Kala im Südosten des Sees. Genauere Angaben sind nicht möglich, da die Zierfischfänger keine näheren Informationen über ihre Fundorte geben. Die gesamte sambianische Küste ist hingegen sehr gut untersucht, und man weiß, daß aus diesem Gebiet weitere Varianten stammen. Wie es allerdings nördlich von Moliro aussieht, einem Ort in Zaire, nahe der sambianischen Grenze, darüber gibt es nur Spekulationen. Büscher, der dieses Gebiet unfreiwillig besucht hat, konnte vom Boot aus Tropheus moorii sehen, die, wie er meint, wahrscheinlich der Moliro-Variante zuzuordnen sind, also auch einer südlichen Farbform. Jungtiere dieser Gruppe weisen keine durchgehende Streifenzeichnung auf den Körperseiten auf. Die neun hellen vertikalen Linien wirken dünner und sind bei genauer Betrachtung gestrichelt, das heißt seitlich versetzt.

Erwachsene Tiere zeigen ihre Körperfarbe kontinuierlich; sie ist also nicht so sehr von der Stimmung der Fische abhängig wie bei den nördlichen Vertretern. Als Körpergrundfarben treten gelbbraune, rotbraune und grünbraune Töne auf. Einige Varianten zeigen ständig farbige Zeichnungen auf den Körperflanken, meist gelbe und rote. Auffällig sind die herrlich leuchtenden Farben in der Rücken- und der Afterflosse. Dafür ist die Iris aber nicht so leuchtend wie bei der zweiten Gruppe der nördlichen Varianten.

Einige geographische Formen der südlichen Gruppe zeigen auch im Alter noch gelegentlich eine angedeutete Streifenzeichnung. Das gilt vor allem für unterdrückte Männchen und für die Weibchen. Ob später die Jugendfärbung von Tropheus moorii einmal ausschlaggebend ist für die Aufstellung von neuen Arten oder Unterarten, kann zur Zeit natürlich nicht beantwortet werden. Eine Abgrenzung, wie sie Nelissen & Thys van den Audenaerde mit Tropheus brichardi gemacht haben, war allerdings sicher verfrüht. Ich habe mich daher dazu entschlossen, Tropheus brichardi hier weiterhin lediglich als Form von Tropheus moorii zu führen. Sonst müßte man, will man konsequent sein, alle nördlichen Varianten der zweiten Gruppe ebenfalls zu dieser neuen Art zählen. Ähnliches gilt für Tropheus moorii kasabae: Hier wären fast alle südlichen Varianten betroffen und müßten als weitere Unterarten von Tropheus moorii betrachtet werden. Eine solche Abgrenzung halte ich aber auch für verfrüht.

In nächster Zukunft sollte man vor allem die Übergangsgebiete der einzelnen Formen untersuchen. Hier kommt es besonders auf solche Gebiete an, in denen zwei unterschiedliche Gruppen aufeinanderstoßen, wie etwa die nördliche Gruppe I der „schwarzen T. moorii" und die nördliche Gruppe II der „braungrünen T. moorii" oder die Grenze zwischen den nördlichen und südlichen Varianten. Tropheus moorii kommt in rund 30 verschiedenen getrennten Farbvarianten vor. Im Süden des Sees könnten aber möglicherweise fließende Übergänge zwischen einzelnen Formen festgestellt werden. Einige Varianten besiedeln auch ein so weites Gebiet, daß innerhalb ihres Vorkommensgebietes Unterschiede in der Färbung auftreten können.

NAMENS-WIRRWARR BEI TROPHEUS MOORII

Leider immer wieder verwirrend sind die für eine Variante gebräuchlichen Vielfachbenennungen. Da sich etliche dieser Namen eingebürgert haben, sollen sie in diesem Buch auch verwendet werden. In einigen Ländern geht man aber dazu über, die Varianten nach ihren Fundorten zu benennen; eine begrüßenswerte Regelung. Leider sind nicht alle Fundortangaben oder nach Fundorten klingenden Namen richtig. Aber ein Anfang ist immerhin gemacht.

Für den Aquarianer ist die Gliederung von T. moorii in zwei nördliche und eine südliche Gruppe auch dann von Interesse, wenn er verschiedene Farbvarianten in einem Aquarium pflegen will. Gegen eine Vergesellschaftung von nördlichen und südlichen Rassen bestehen im Grunde keine Einwände; eine unerwünschte Kreuzung der Tiere untereinander wird kaum vorkommen. Beachten sollte man lediglich, daß von beiden Gruppen auch beide Geschlechter vorhanden sind. Eine gemeinsame Pflege zweier Varianten, die der nördlichen Gruppe I und der Gruppe II angehören, kann unter bestimmten Voraussetzungen zu Vermischungen führen. Ich denke dabei an die Ikola-Variante und die Lugufu-Variante, die beide ein nördliches Jugendkleid tragen, jeweils in einer anderen Gruppe geführt werden und dennoch ähnliche Farbsignale auf der Körpermitte tragen. Gar nicht zusammensetzen sollte der Aquarianer Tiere, die aus ein und derselben Gruppe stammen, also zum Beispiel der nördlichen Gruppe I, denn hier kann es sehr schnell zu Kreuzungen kommen, und das sollte der gewissenhafte Aquarianer ja gerade vermeiden.

Bei den nördlichen Varianten aus der Gruppe I sind der Vorder- und der Hinterkörper immer schwarzbraun gefärbt. Auf den Körperseiten befinden sich rote, gelbe oder orange Farbzonen. Bei einer Variante ist diese Farbzone auf den Kopf verlagert, und zwei Varianten besitzen so gut wie keine Farbsignale.

RUTUNGA-VARIANTE

Die wohl bekannteste geographische Farbrasse ist der sogenannte „Brabant-Moorii" oder „gelbrote Moorii", der aus der Umgebung von Rutunga stammt. Der Belgier Brichard gibt noch ein weiteres Vorkommensgebiet bei der Ubwari-Halbinsel an; der genaue Fundort soll hier das Cape Banza sein. Brichard begann schon recht früh mit dem Export der Tiere, und so war die Rutunga-Variante bis Mitte der siebziger Jahre „der Moorii" schlechthin. Heute wird diese Rasse nicht mehr so häufig gepflegt, obwohl man die Tiere immer noch importiert. Bei den Importfischen handelt es sich gar nicht so selten um nachgezogene Tiere, die in großen Teichen in der Nähe des Tanganjikasees, bei Bujumbura, gezüchtet werden.

Ihre Grundfärbung ist ein einheitliches Braunschwarz. Auch alle Flossen zeigen diesen Farbton, wobei die Brustflossen schwarz durchscheinen. Unterhalb der Rückenflosse, etwa vom vierten bis zum zehnten Hartstrahl, erstreckt sich eine weißlichgelbe Farbzone, die sich zur Körpermitte hin verjüngt und wie ein auf der Spitze stehendes Dreieck aussieht. In diesem weißlichgelben Feld treten stimmungsbedingt einige rote Schuppenränder hervor. Bei Erregung färbt sich die Rückenflosse vom vierten bis zum zehnten Hartstrahl karminrot. Gleichzeitig tritt in der Bauchregion eine rote Farbzone auf, die ebenfalls dreieckig ist und mit der Spitze nach oben zeigt, so daß sich das obere und das untere Farbfeld verbinden. Einige Schuppen auf der vorderen Körperhälfte hellen sich zum Rand hin auf; die Iris ist im oberen Teil rot. Bei kämpfenden und balzaktiven Fischen wird die Maulregion häufig hellgrau, und auf den Wangen und den Kiemendeckeln zeigen sie eine grünlichgraue Färbung. Es kann sogar noch eine weitere Körperbinde zwischen After- und Rükkenflosse auftreten, die allerdings unscharf begrenzt ist und eine schmutzig rotgelbe Färbung besitzt.

BEMBA-VARIANTE

Auch die Bemba-Variante, auch als „Orange-I-Variante" bekannt, wird in jüngster Zeit in großen Teichen in Burundi gezüchtet. Pierre Brichard will damit die Schwierigkeiten umgehen, die regelmäßig beim Fang in Zaire, wo diese geographische Farbform beheimatet ist, entstehen. Als genauer Fundort wird die Ortschaft Bemba am nordwestlichen Ufer des

Tanganjikasees genannt. Diese Variante besiedelt nur einen recht kurzen Küstenabschnitt (Brichard). 1959 sind die Tiere erstmals von Marlier beschrieben worden; bereits ein Jahr vorher wurden diese Tiere vom Aquarium Hamburg importiert. Im Laufe der Jahre starb diese Variante wohl aus Unkenntnis über ihre Pflegeansprüche wieder bei uns aus, und erst Mitte der siebziger Jahre versuchte man erneut, die Tiere im Aquarium zu pflegen.

Körpergrundfarbe ist Schwarz. Auf den Körperseiten tritt häufig eine orangerote Binde auf, die sich von der Rückenflosse bis in die Bauchregion erstreckt. Die Breite des Farbgürtels ist von Tier zu Tier recht unter-

Von links oben nach rechts unten: östliche und westliche Rassen von T. moorii: Kigoma-Variante, Kipili-Variante, „Karilani-Moorii", „Anthrazit-Moorii" (Zaire), Benga-Variante (Zaire) und Mikonga-Variante (Zaire)

schiedlich. So gibt es Individuen, die ein nicht einmal einen Zentimeter breites Band zeigen, während andere eine gut zwei Zentimeter breite Binde tragen. Außerdem ist diese orangerote Zone auch von der Stimmung der Fische abhängig, so daß die Tiere oft völlig schwarz aussehen oder nur eine angedeutete schmutziggelbe Binde zeigen. Das können schon ein Wasserwechsel oder ein Dekorationsumbau zum Positiven verändern. Bei einigen Exemplaren ist besonders die Bauchregion rotorange, die Rückenregion dafür gelborange. Die Iris ist meist schwarz; gelegentlich tritt in der oberen Hälfte ein orangeroter Saum auf. Matthes berichtete 1962 von einem weiteren Fundort dieser Variante, die in ihrem Vorkommen auf die Halbinsel Ubwari beschränkt ist. Als genauer Fangplatz wird die Ortschaft Rubana an der Burton-Bucht genannt. Matthes Farbbeschreibung zur Folge gibt es keine nennenswerten Unterschiede zwischen den beiden Varianten. Vermutlich ist bisher nur die Bemba-Variante importiert worden.

KASHEKEZI-VARIANTE

Noch nicht nach Deutschland gelangte die Kashekezi-Variante. Auch hier liegen nur Angaben von Matthes vor, der diese Tiere allerdings als Übergangsform zwischen der in Bemba vorkommenden Bemba-Variante und der weiter nördlich beheimateten Uvira-Variante einstufte. Die „orangeschwarze Variante“, wie der vor Kashekezi vorkommende Tropheus moorii auch genannt wird, ist im allgemeinen schwarz. Auf den Körperseiten treten einige uneinheitliche orangegelbe Flecken und Streifenzeichnungen auf.

UVIRA-VARIANTE

Der am äußersten Nordwestufer des Sees gelegenen Ortschaft Uvira ist eine etwa 20 Kilometer lange Fels- und Geröllküste vorgelagert. Hier befindet sich das Verbreitungsgebiet der Uvira- oder „Schwarzen Variante“. Jungtiere zeigen als Körpergrundfärbung, nachdem sie ihr Streifenkleid verloren haben, eine mehr oder weniger gelbgraue Färbung. Mit Beginn der Geschlechtsreife werden die Tiere immer dunkler, bis später nur noch ein einheitliches schwarzes Farbkleid übrigbleibt. Hervorstechendstes Merkmal sind dann die stark zurückgebildeten gelborangen Eiflecken in der Afterflosse und der halbmondförmige orange Saum der Iris. Sicher wäre es möglich, diese Rasse zu uns einzuführen; aber wer will schon eine „Anthrazit-Eierkohle“ in seinem Becken schwimmen haben?

LUEBA-VARIANTE

Dasselbe gilt auch für den „Blauschwarzen Moorii“, die Lueba-Variante. Diese Ortschaft liegt etwa auf derselben Höhe wie das Cape Banza auf der Halbinsel Ubwari, und zwar am westlichen Ausgang der Burton-Bucht. Auch hier war es wiederum Matthes, der die Tiere erstmals beschrieb. Der Körper sieht einfarbig blauschwarz aus; lediglich in der Iris liegt ein oranger Saum. Es wäre sicher interessant, diese Tiere einmal zu importieren, um zu sehen, ob sie im Aquarium nicht doch einige weitere Farbmerkmale zeigen.

KIFUMBWE-VARIANTE

Importiert wurde gelegentlich der „Gelbe Moorii“, auch Kifumbwe-Variante genannt. Diese Farbrasse soll ein sehr kleines Areal bei den Kifumbwe-Inseln besiedeln, die der Ortschaft Mboko vorgelagert sind. Der Körper dieser Rasse ist schwarzbraun bis schwarz. Auf der Körpermitte

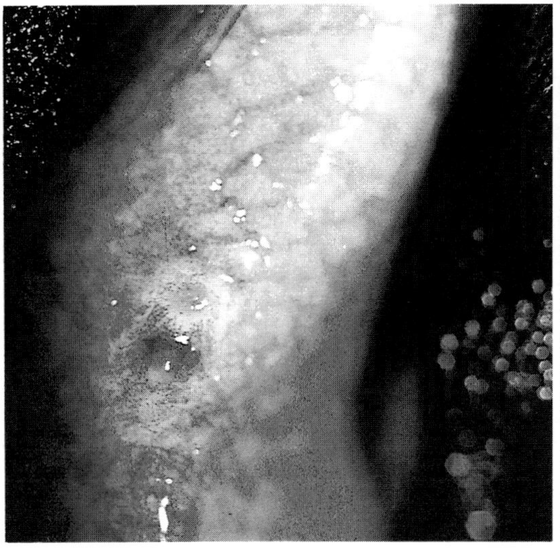
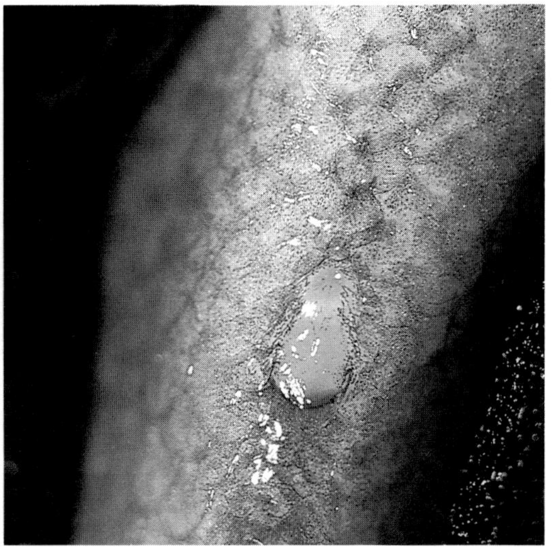

Eine sichtbare Geschlechtsöffnung zeigen adulte T.-moorii-Weibchen (rechts), während die Genitalpapille (zwischen Anus und Afterflosse) beim Männchen deutlich kleiner ist. Bei jüngeren Tieren sind diese Merkmale noch nicht ganz so auffällig ausgebildet

liegt ein gelbes vertikales Band, das sich vom Rücken bis in die Bauchregion erstreckt. In seiner Breite zieht sich das Band vom sechsten bis zum achten Hartstrahl der Rückenflosse. Bei erwachsenen Tieren ist die Binde seitlich recht scharf begrenzt, während sie sich bei Jungtieren häufig in zwei vertikale Linien aufteilt. Leider kann dieses Farbband, wie bei allen nördlichen Varianten, stimmungsbedingt völlig verschwinden, womit wir wieder eine „Eierkohle" vor uns haben. Gelegentlich färbt sich der obere Rand der Iris gelb.

KIRIZA-VARIANTE

Erst in jüngster Zeit importiert und sehr ähnlich gefärbt ist die sogenannte „Kaiser-II-" oder auch Kiriza-Variante. Diese Tiere stammen aus dem nordwestlichen Teil des Tanganjikasees. Ob der von Brichard gebräuchliche Name „Kiriza" gleichzeitig eine Fundortangabe ist, konnte bisher nicht geklärt werden. Erwachsene Tiere sind nur recht selten in den Handel gekommen; meist waren es Jungtiere, die in großen Freilandteichen gezüchtet und dann von Burundi aus nach Deutschland exportiert wurden. Die Tiere zeigen eine breite leuchtendgelbe Binde auf den Flanken. Diese farbige Zone beginnt schon in der Rückenflosse und setzt sich bis in die Bauchregion fort. In seiner Breite reicht das Band etwa über sieben Schuppen; es beginnt auf Höhe des fünften Hartstrahls der Rückenflosse. Vor und hinter der gelben Farbzone sind die Tiere schwarz; das gilt auch für die Flossen. Die Maulregion kann leicht aufgehellt sein. Die Iris ist bei dieser Variante völlig schwarz. Interessant ist, daß etliche hundert Kilometer weiter südlich an der Ostküste des Tanganjikasees eine ganz ähnlich gefärbte Variante vorkommt.

Diese Farbvariante wird in Deutschland „Kaiser-Moorii" genannt. Sie stammt vom zentralen Ostufer des Tanganjikasees; ihr genaues Verbreitungsgebiet liegt in der Nähe der Ortschaft Ikola. Die Tiere wurden erst Mitte der siebziger Jahre von dem damaligen Exporteur Fainzilber entdeckt und wenige Monate später erstmals exportiert; fortan gehörte dieser Cichlide zu den begehrtesten Tropheus-moorii-Varianten, und das ist wahrlich kein Wunder.

IKOLA-VARIANTE

Die Ikola-Variante ist von ihren Körperfarben her nicht ganz so stimmungsabhängig wie die anderen Vertreter aus dem Norden. Auch bei ihr sind die vordere und die hintere Körperhälfte schwarz. Vom vierten Hartstrahl der Rückenflosse an erstreckt sich eine leuchtendgelbe Körperbinde von der Rückenflosse bis zur Bauchlinie. Ihre horizontale Ausdehnung reicht bis in den Weichstrahlbereich der Dorsale, die selbst auch gelb gefärbt sein kann. Bei einigen Tieren treten sogar rötliche Zeichnungen in der Rückenflosse auf; dasselbe gilt für die Afterflosse. Es wurden sogar schon Tiere importiert, bei denen die Breite der Binde bis auf die Schwanzwurzel reichte; bei ihnen trat in der Caudale ein gelbliches Dreieck auf. Diese kleinen Färbungsunterschiede resultieren vermutlich aus dem recht ausgedehnten Verbreitungsgebiet dieser Rasse: Die nördliche Umgebung von Ikola weist eine felsige Küstenzone auf, die über etliche Kilometer keine Unterbrechungen in Form von größeren Flußmündungen oder Sandzonen erfährt. In der Afterflosse zeigt die Ikola-Variante einige stark zurückgebildete Eiattrappen. Die Iris dieser Cichliden trägt einen oberen dunkelroten Saum.

BULU-POINT-VARIANTE

Auch zur nördlichen Gruppe I gehört der sogenannte „Kirschfleck-“ oder „Doppelfleck-Moorii“. Sein Verbreitungsgebiet liegt an der zentralen Ostküste des Tanganjikasees. Fainzilber, der die Tiere 1975 entdeckte, gibt als Fundort Bulu Point an. Im darauffolgenden Jahr wurde diese Variante erstmals importiert und gehört seitdem zu den begehrten Farbrassen von Tropheus moorii. Da Fainzilber nach einigen Jahren seine Fangstation in Tansania aufgab, waren die nur wenigen Tiere bald begehrte Liebhaberstücke, und erst Anfang der achtziger Jahre gelang es erneut, Wildfänge einzuführen. Seit diesem Zeitpunkt ist der Bestand gesichert.

Die Bulu-Point-Variante zeigt eine schwarze Körpergrundfärbung, die nur durch zwei leuchtend rotorange Körperflecken unterbrochen wird, die in Form und Ausdehnung recht variabel sein können. Der vordere Fleck erstreckt sich in der breitesten Ausdehnung über sechs Schuppen, wobei die Farbzone zum Bauch hin immer schmaler wird. Während der erste Fleck in der horizontalen Anordnung vom fünften bis zum elften Rückenflossenstachel reicht, beginnt die hintere orangerote Zone beim siebzehnten Hartstrahl und reicht bis in den Weichstrahlbereich hinein. Die vertikale Ausdehnung beginnt unterhalb der Rückenflosse und endet, breiter werdend, in der Basis der Afterflosse. Hier beträgt die maximale Breite ungefähr zwölf Schuppenfelder. Balzaktive Männchen können in der Körpermitte, über beide Farbzonen hinweg, noch zusätzlich eine breite anthrazitfarbene Binde zeigen; jedoch ist es auch möglich, daß sowohl die hellgraue Binde als auch die orangeroten Flecken stimmungsbedingt stark zurücktreten. Farblich erinnert die Bulu-Point-Variante ein wenig an die einige hundert Kilometer weiter im Norden vorkommende Rutunga-Variante. Die Rasse vom Bulu Point zeigt eine hellblau schimmernde Iris, die in der oberen Hälfte dunkelrot gefärbt ist; auf dem Kiemendeckel liegt eine grünlichgraue Farbzone. Die Afterflosse kann einige recht deutlich ausgeprägte „Eiflecken“ vorweisen und außerdem im Weichstrahlbereich hellgrau gefärbt sein.

KATENDE-VARIANTE

Von der zentralen Ostküste nun wieder hoch in den Norden zur Halbinsel Ubwari an das Cap Katende. Staeck gibt für den „Kirschkopf-Moorii“ diese Gegend als Fundort an. Er bezieht sich dabei auf Ichthyologen, die in Zaire arbeiteten und ihm diese Information gaben. Brichard, der es eigentlich genau wissen müßte, schweigt sich über den Fundort aus, denn er züchtet die Katende-Variante in großen Teichen, so daß nur diese nachgezogenen Tiere nach Europa importiert werden. Die Fische sind im gesamten Körper- und Flossenbereich schwarz bis schwarzgrau. Bei verängstigten Tieren treten vereinzelt graue Farbflecken auf den Körperseiten auf. Zeitweise verändern sich diese Flecken, und es entsteht ein rötlicher Schimmer. Somit erinnern diese T. moorii ein wenig an die Rutunga-Variante. Ihren deutschen Namen verdankt diese Farbrasse einem oder auch mehreren blutroten Flecken im Kopf- und Nackenbereich. Leider sind

Tropheus-Biotop: Bis an das Felsufer heran wachsen die Euphorbien

diese Flecken sehr variabel, so daß sie bei manchen Tieren nicht einmal Kirschkerngröße erreichen. Auch können sie stimmungsbedingt völlig verschwinden. Die Iris ist in ihrem oberen Bereich dunkelrot. Jungtiere zeigen die für die nördlichen Varianten typischen durchgezogenen beigen Linien auf den Körperseiten.

Auch die Varianten der zweiten Gruppe der nördlichen Rassen von Tropheus moorii tragen in der Jugendfärbung die kontinuierlich durchgezogenen Streifen auf den Körperseiten. Erwachsene Tiere unterscheiden sich farblich recht deutlich von den anderen nördlichen Rassen. Ihnen fehlt die schwarze Kopf- und Schwanzregion; dafür herrschen braune und grüne Farbtöne vor. Auffällig ist auch bei diesen Varianten, daß die Iris kräftig leuchtende Farben besitzt, vornehmlich Hellblau und Gelb. Aquarienbeobachtungen ergaben zudem, daß die Tropheus-moorii-Varianten aus dieser Gruppe stärkere innerartliche Aggressionen zeigen. Häufig ist es völlig unmöglich, mehrere Männchen in einem Aquarium zu pflegen. Sicher spielt der Sexualdichromatismus hierbei eine entscheidende Rolle. Bei einigen Rassen dieser Gruppe lassen sich nämlich die Männchen farblich von den Weibchen abgrenzen, und somit können sich männliche Rivalen sofort erkennen.

NYANZA-VARIANTE

Noch in Burundi, etwa auf der Höhe der Ortschaft Nyanza, liegt das Verbreitungsgebiet des „Grünbraunen Moorii“. Die Tiere sind bereits 1962 von Matthes beschrieben worden und tauchten gelegentlich im Handel auf. In den achtziger Jahren fand kein Import mehr statt. Die Nyanza-Variante besitzt eine dunkelbraune Körperfärbung; das gilt auch für die Beflossung. Von der Rückenflosse bis in die Bauchregion erstreckt sich eine kupfergrüne, in der Breite sehr variable Körperbinde. Diese Farbzone beginnt kurz hinter dem Kopf und endet auf Höhe des Ansatzes der Afterflosse. Da in der Basis der Schuppen braune Zeichnungen vorhanden sind, entsteht ein grün-braunes Wabenmuster. Bei einigen Tieren hellt sich die kupfergrüne Binde in der Mitte auf, und es können gelblichgrüne Töne zum Vorschein kommen. Auf den Kiemendeckeln liegen ebenfalls schwach grünliche Muster. Auffällig sind bei dieser Variante die leuchtend hellblauen Augen und einige doch recht deutliche „Eiflecken“.

LUGUFU-VARIANTE

Ein wenig ähnelt diese Rasse der ungefähr 100 Kilometer weiter südlich vorkommenden Lugufu-Variante, in Deutschland besser bekannt als „Grüner Moorii“, „Malagarasi-Moorii“ oder „Gold-Tropheus“. Dieser Cichlide wurde 1974 von Staeck entdeckt und ein Jahr später von Scheuermann erstmals erwähnt. Noch im selben Jahr kamen die Tiere in den Zierfischhandel. Das Verbreitungsgebiet der Rasse liegt südlich des Malagarasi und verläuft mindestens bis zum Lugufu. Der Körpergrundton ist Olivgrün; die Flossen zeigen eine grüngraue bis einheitlich graubraune Färbung. Unterhalb der Dorsale liegt in der vorderen Körperhälfte eine gelbe Farbzone, die in der Breite recht variabel sein kann. Vor allem bei den Weibchen ist sie häufig nur ein ovaler Fleck, der knapp die Größe eines Pfennigs hat. Die Männchen zeigen einen deutlich kräftiger gefärbten und auch größeren Fleck, der allerdings auch nicht bis in die Bauchregion reicht. Auch bei dieser Variante tritt wieder ein Wabenmuster hervor, weil die Schuppen an den Rändern deutlich heller gezeichnet sind. Auf dem Kiemendeckel liegen kupfergrüne Farbtöne. Das Maul ist häufig dunkelgrau bis schwarz gerandet, und das Auge leuchtet herrlich hellblau.

KIPILI-VARIANTE

Farblich fast genauso sieht die Kipili-Variante aus. Wenn man den Fängern glauben darf, dann liegt das Verbreitungsgebiet dieser Rasse etwa 250 Kilometer weiter südlich vom Lugufu bei der Ortschaft Kipili. Männchen und Weibchen sind olivgrün auf dem Kopf, dem Körper und den Flossenbasen. Die Weichstrahlen der Rücken- und Afterflosse sind dunkler gezeichnet, genauso wie die Spitzen der Bauchflossen. Die Schwanzflosse zeigt sich dunkel graugrün. Männchen besitzen einen schmalen gelben Fleck etwa einen Zentimeter hinter den Kiemendeckeln. Dieser Fleck erstreckt sich von der Höhe des oberen Kiemendeckelbogens bis zum unteren Ansatz der Brustflossen. Weibchen weisen einen zweiten gelben Fleck einen Zentimeter hinter der ersten Farbzone auf; zeitweise kann sogar ein dritter Fleck folgen. Hier ist also ein deutlicher Sexualdichromatismus vorhanden. Auch die Kipili-Variante besitzt eine leuchtendblaue Iris.

RUMONGE-VARIANTE

Aus dem nordöstlichen Teil des Tanganjikasees stammt der „Schoko-Moorii“. Matthes, der die Tiere 1962 erstmals beschrieb, gibt die Ortschaft Rumonge als Fundort an, während Nelissen und Thys van den Audenaerde als Verbreitungsgebiet die Nähe von Nyanza nennen. Brichard, der ja in Burundi seit vielen Jahren als Exporteur arbeitet und die Gegend vermutlich wie seine Westentasche kennt, gibt ebenfalls das Grenzgebiet zwischen Burundi und Tansania als Vorkommensgebiet an. Nelissen und Thys van den Audenaerde waren es dann 1975, die diese Variante zu einer neuen Art machten. Fortan hieß die braune Variante Tropheus brichardi. Andere Autoren waren nicht ganz glücklich darüber, zumal hauptsächlich Verhaltensweisen die Kriterien für das Aufstellen dieser neuen Art bildeten.

Diese geographische Variante besitzt einen schokoladenbraunen Körper; die Beflossung weist dieselben Farbtöne auf. Unterhalb der Rückenflosse wird eine längliche beigegelbe Farbzone sichtbar, die in ihrer vertikalen Ausdehnung ungefähr drei bis vier Schuppenreihen ausmacht. Horizontal reicht dieser Fleck vom dritten bis zum siebten Hartstrahl der Rükkenflosse. Allerdings kann dieser Fleck in der Fläche größer oder kleiner sein, was auch von der Stimmung der Fische abhängt. Auch in der Bauchregion wird eine beigegelbe Farbzone sichtbar, und in der Afterflosse liegen einige sehr kleine Flecken. Die Iris leuchtet silbrigweiß und zeigt im oberen Bereich einen gelben Saum.

„KARILANI-VARIANTE“

Eine sehr ähnlich gefärbte Variante ist Mitte der achtziger Jahre aus Tansania importiert worden. Leider ist das genaue Verbreitungsgebiet bisher nicht bekannt. Der Handelsname lautet „Karilani-Variante“. Körpergrundfärbung ist graubraun; gelegentlich treten auf den Flanken einige schwach angedeutete vertikale Linien auf. Besonderes Merkmal sind die blaßgelblichen Bauchflossen; auch die Brustflossen können diesen Farbton vorweisen. Die Iris leuchtet gelblich.

KIGOMA-VARIANTE

Ein sehr großes Verbreitungsgebiet besiedelt der sogenannte „Kigoma-Moorii", den Staeck 1974 entdeckte und noch im selben Jahr in Veröffentlichungen vorstellte. Bekannt sind Fundorte aus dem Grenzgebiet Burundi/Tansania und von dort aus in südlicher Ausdehnung über Kigoma bis hin zum Malagarasi-Fluß. Bei einer so großen Entfernung ist es nicht verwunderlich, daß diese Variante einige Spielarten ausgebildet hat, die sich farblich unterscheiden lassen. Am bekanntesten und am häufigsten importiert sind Tiere mit einer braungrauen Grundfärbung. Auf den Körperseiten befinden sich neun senkrechte Streifen, die von der Rückenregion bis zur Bauchlinie reichen. Diese Streifen sind nur wenige Millimeter breit und hellbeige. Auf der Körperunterseite werden zartgelbe Töne sichtbar; auch können die After- und Schwanzflosse sowie die Bauchflossen einen leichten gelben Anflug zeigen. Die Lippen sind häufig schwarzgrau gerandet. Die Iris leuchtet silbrigweiß und weist in ihrem oberen Teil einen schmalen gelben Saum auf.

Eine weitere Spielart aus diesem Gebiet besitzt eine eher mittelbraune Körperfärbung. Bis auf die Caudale sind alle Flossen hellgelb. Zudem können in den Flossenspitzen einige hellblaue Farbzeichnungen auftreten. Unterhalb der Rückenflosse liegt ein länglicher hellbeiger Sattelfleck. Dasselbe gilt auch für die Katonga-Variante, die allerdings nichts weiter ist als eine Kigoma-Variante. Diese Tiere fallen besonders durch ihre herrlich gelben Flossen auf. Ferner ist die Bauchregion deutlich gelb gezeichnet. Auch hier befinden sich wiederum neun vertikale Streifen auf den Körperseiten. Zu bemerken ist, daß dominante Männchen ihre Streifenzeichnung

Geröll- und Felszone am Cape Chaitika

Eine schmale Binde zeigt dieser Tropheus duboisi

Die Kalambo- oder Gelbfleck-Variante ist auch als „Zitronen-Moorii II“ in den Handel gelangt

völlig verlieren können und somit eindeutig von den Weibchen zu unterscheiden sind.

Auch die Tropheus-moorii-Varianten aus dem westlichen Teil des Tanganjikasees zeigen ähnliche Farbmerkmale wie die der Kigoma-Region.

MIKONGA-VARIANTE

Südlich von Kalemie soll das Vorkommensgebiet einer Tropheus-moorii-Variante liegen, die als „Mikonga-Moorii“ in den Händlerlisten auftauchte. Die Tiere erinnern sehr stark an den „Schoko-Moorii“ von der Ostküste des Sees. Der Mikonga-Variante fehlt lediglich der beigegelbe

Sattelfleck in der Rückenregion. Die Körperfarbe ist Braungrau, und in der Kehl- sowie der Stirnregion werden beigegelbe Farbzonen sichtbar. Hellblau leuchtet die Iris; sie besitzt einen oberen gelben Rand.

In jüngster Zeit sind weitere Varianten dieses interessanten Cichliden von der Westküste des Tanganjikasees importiert worden.

Bereisen wir nun den südlichen Teil des Tanganjikasees. Hier ändert sich, wie bereits erwähnt, das Jugendkleid von Tropheus moorii. Die Streifenzeichnung ist nun nicht mehr linear durchgezogen, sondern wirkt gestrichelt. Adulte Tiere zeigen häufig rote und gelbe Körpertöne, und die Rückenflossen sind bei allen Varianten kräftig leuchtend gefärbt. Der erste belegte Fundort einer südlichen Variante an der Ostküste ist die Umgebung der Kala-Inseln, die noch zum Staatsgebiet von Tansania gehören. Die dort lebenden Tiere werden sowohl von Fängern aus Tansania als auch von Sambia aus exportiert, so daß anzunehmen ist, daß diese Variante auch weiter südlich zu finden ist. Im Handel tauchte sie erstmals 1984 unter dem Namen „Roter Regenbogen-Moorii" auf, wurde aber auch versehentlich als „Mpulungu-Variante" angeboten. Wie sich jedoch herausstellte, ist bei der Ortschaft Mpulungu eine ganz andere Variante von Tropheus moorii zu Hause.

KALA-VARIANTE

Die Kala-Variante zeigt eine rötlichbraune Grundfärbung. Da die Schuppen an der Basis dunkel und an den Rändern heller gefärbt sind, entsteht eine Art Wabenmuster auf den Körperseiten. Zur Körpermitte hin wird häufig eine gelbe Farbzone sichtbar, die sich zur Bauchregion hin erstreckt. Auf dem rotbraunen Kopf und den Wangen befinden sich viele winzige weißblaue Punkte. Die Iris dieses Cichliden ist rot. Bei dieser geographischen Farbrasse fallen besonders die tiefauberginefarbene Rücken- und Afterflosse auf. Auch die Bauchflossen können ähnliche Farbtöne haben. Schwanzflosse und Brustflossen sind dunkelgrau. Bei den Weibchen ist die gelbe Farbzone in der Mitte des Körpers meist nicht so kräftig ausgeprägt.

MUZUMWA-VARIANTE

Im Grenzgebiet zwischen Tansania und Sambia bei der Ortschaft Muzumwa entdeckte man noch eine weitere geographische Variante von Tropheus moorii. Die Tiere kamen dann unter mehreren verschiedenen Bezeichnungen in den Handel. Der geläufigste Name ist wohl „Orangefleck-Variante", aber auch „Sunset-" oder „Papageien-Moorii" haben sich eingebürgert. Hier zeigt sich, daß es viel besser ist, gleich auf den Fundortnamen zurückzugreifen. Die Muzumwa-Variante zeigt in der oberen Körperhälfte grünlichgelbe Farbtöne, die sich zur Schwanzwurzel hin verstärken. In der unteren Körperregion hellt sich die Färbung etwas auf und wird eher hellbraun. Da auch bei dieser Rasse die Schuppenränder heller als die Basis sind, entsteht wiederum ein Wabenmuster auf den Körperseiten. Das wohl augenfälligste Merkmal dieser Variante ist eine orangegelbe Farbzone auf der Körpermitte. Sie hat eine horizontale Ausdehnung von ungefähr neun Schuppenfeldern. Vertikal erstreckt sich diese Zeichnung von der oberen Körperhälfte bis in die Rückenregion. Zeitweise zeigen auch erwachsene Tiere Reste ihrer Jugendfärbung in Form von kleinen

Strichen unterhalb der Rückenflosse. Oberhalb der Brustflossen und im Nackenbereich werden rote bis rotbraune Farben sichtbar. Die Wangen, die Kiemendeckel und die Maulregion sind graubraun bis blaugrau; der gesamte Kopf ist über und über mit kleinen bläulichgrünen Punkten übersät. Gelborange gesäumt ist das Auge. Die Rückenflosse zeigt im oberen Bereich hellblaue und im unteren Teil weinrote Farben, wobei jeder einzelne Hartstrahl zusätzlich rot gezeichnet ist. Die Afterflosse ist mehr oder weniger graublau; die Hartstrahlspitzen enden rötlich. Auch die Bauchflossen zeigen rote und blaue Farbtöne. Das Aussehen der Schwanzflosse ist grau, genauso wie die Brustflossen.

KALAMBO-VARIANTE

Häufig verwechselt mit der Muzumwa-Variante wird die Kalambo-Variante; dabei ist es recht einfach, beide auseinanderzuhalten. Der „Zitronen-Moorii" oder auch „Gelbfleck-Moorii", der in der Nähe des Kalamboflusses gefangen wird, zeigt einen gelben Körperfleck auf den Seiten, der sich jedoch bis zur Bauchregion erstreckt. Hinsichtlich Form und Größe dieser Farbzone gibt es häufig Unterschiede. So ist besonders bei den Männchen die gesamte untere Körperhälfte gelb, während der Fleck bei anderen Tieren nicht einmal Markstückgröße erreicht. Die obere Körperregion ist grünlichbraun. Wie bei den beiden vorher vorgestellten Farbformen tritt auch hier wieder ein Wabenmuster zum Vorschein. Die Kopfregion und die Brust sind rotbraun. Die Kehle zeigt bläulichgraue Zeichnungen. Auch diese südliche Farbform weist viele weißlichblaue Farbtupfer über Stirn, Wangen und Brust auf. In der Rückenflosse, die im allgemeinen bräunliche Farbtöne aufweist, werden etliche hellblaue Punkt- und Strichmuster sichtbar. Ebenfalls braune und hellblaue Zeichnungen liegen in den Bauchflossen und in der Afterflosse, die sogar einige rotorange Farbtupfer trägt. Die Schwanzflosse ist eintönig durchscheinend grau; ähnlich verhält es sich auch mit den Brustflossen. Die Iris leuchtet silbrigblau, weist aber einen roten Rand auf, der sich nach oben hin verbreitert.

CHAITIKA-VARIANTE

Eine Variante von Tropheus moorii, die nun schon seit 1975 bei uns gepflegt wird, ist der „Regenbogen-Moorii" oder die „Chaitika-Variante". Diese Cichliden besiedeln eine sehr lange Felsküstenregion, die von keiner nennenswerten Sandküste oder Flußmündung unterbrochen wird. Der südöstlichste Fundort liegt südlich von Mpulungu auf Höhe der Mbete Bay, und im Südwesten kann als Grenze der Lufubu-Fluß angesehen werden. Seinen Namen verdankt diese Variante dem Cape Chaitika an dieser langen Felsküste. Interessanterweise werden ähnlich gefärbte Tiere aus Tansania exportiert; der Herkunftsort dieser Variante soll südlich des kleinen Fischerortes Mtossi liegen.

Nelissen stellte 1977 die Chaitika-Variante als Unterart von Tropheus moorii vor. Als Unterartnamen wählte er *Tropheus moorii kasabae*; dieser Name ist aber leicht verwirrend, da die Chaitika-Variante nur bis zum Lufubu nachgewiesen wurde. In der Kasaba Bay ist dagegen eine ganz andere Farbrasse anzutreffen. Die Chaitika-Variante besitzt eine grauolivgrüne Grundfärbung, die sich zur unteren Körperhälfte aufhellt. Verein-

Von links oben nach rechts unten: Muzumwa- („Orangefleck-"), Chaitika-(„Regenbogen-"), Kachese-, Nangu-, Cameron-(„Chimba-Moorii") und Ndole-Variante

zelt zeigen auch erwachsene Tiere acht bis neun vertikale beige „Jugendstreifen". Die Wangen, aber vor allem die Brust, sind herrlich rot. Eine hellblaue Farbzone liegt auf der Kehle und um die Lippen herum. Auch diese Farbvariante weist wieder die hellblauen Pünktchen im gesamten Kopfbereich auf. Die Iris strahlt silbrig und besitzt einen goldenen Saum. In der Rücken- und Afterflosse herrschen vor allem rote, blaue und violette Farben vor. Der Bauchflossenstachel schimmert blau, während der restliche Flossenbereich rot wirkt. Schwanzflosse und Brustflossen sind durchscheinend grau. Da diese Variante ein großes Verbreitungsgebiet besiedelt, treten einige leichte Farbabweichungen auf.

Die Nangu-Variante besitzt ein ähnlich großes Verbreitungsgebiet. Es beginnt beim Cape Kasenga und setzt sich über das Cape Nambeyeye (Kambeyeye) bis in die Kasaba Bay fort. Obwohl es dort eine ausgedehnte Sandzone gibt, erstreckt sich das Verbreitungsgebiet bis um die Halbinsel Inangu herum. Auch bei der Kasaba Bay Lodge kann man die Tiere im künstlich aufgeschütteten Bereich der Hafenmole entdecken. In der Rükkenregion sind sie grünlichgrau. Zum Bauch hin hellt sich der Körper auf, so daß eher beigegraue Farbtöne gezeigt werden. Kurz hinter den Brustflossen ist sogar eine leicht gelbliche Farbzone sichtbar. Auch bei dieser Variante verschwindet die jugendliche Streifenzeichnung auf den Körper-

NANGU-VARIANTE

Der Sumbu-Moorii ist sehr variabel; das liegt sicher an seinem großen Verbreitungsgebiet

Weibchen von Tropheus polli zeigen ständig eine deutliche Streifenzeichnung

seiten nicht immer. Der gesamte Kopf einschließlich der Brust ist braunrot; einige hellblaue Farbtupfer verteilen sich darüber. Die Kehle zeigt einen blaugrauen Anflug. Die Iris glänzt silbrig, und im oberen Bereich sind gelbe Töne zu sehen. Die Rückenflosse schimmert gelblichgrau, was dem Tier auch die Handelsbezeichnung „Gelber Regenbogen-Moorii" einbrachte. In der graublauen Afterflosse liegen einige leuchtendrote Farbpunkte. Die Ventralstacheln sind ebenfalls graublau. Schwanz- und Brustflossen schimmern grau.

SUMBU-VARIANTE

Abweichend von den bisher vorgestellten südlichen Farbformen zeigen die nun folgenden geographischen Varianten keine hellblauen Tüpfelzeichnungen im Kopfbereich. Das Verbreitungsgebiet der Sumbu-Variante beginnt südwestlich der Kasaba Bay Lodge, durchläuft die gesamte Nkamba Bay, einen fjordähnlichen Einschnitt am Tanganjikasee, und erstreckt sich über Nundo Point bis zum Distriktort Sumbu. Die Tiere sind auch als „Grün-rote Moorii" in den Handel gekommen. Sie wurden 1975 von deutschen Aquarianern entdeckt. Nun ist es keinesfalls so, daß einer solchen Entdeckung eine lange Suche vorausgegangen ist: Schon beim Baden am Strand der Nkamba Bay Lodge wird man in den angrenzenden Steinzonen Hunderte von Tropheus moorii sehen, die dieser Farbform angehören. Die Tiere haben in der oberen Körperhälfte eine grüngraue Färbung. Die Bauchregion und Teile der Körpermitte zeigen gelborange bis rotorange Farbzonen. Braunoliv ist der Kopfbereich, wobei auf den Wangen und teilweise auch auf den Kiemendeckeln rote Farbtupfer hervortreten können. Die Iris leuchtet silbrigblau; darüber liegen orangebraune Farbtöne. Auffällig ist bei dieser Rasse die leuchtende Färbung der Rükken- und Afterflosse. Die Membranen sind herrlich rot, die Strahlen dagegen dunkel abgesetzt. Auch die Bauchflossen sind rötlich. Alle übrigen Flossen sind durchscheinend grau.

KACHESE-VARIANTE

Wenige Kilometer nördlich der Ortschaft Sumbu liegt das Cape Kachese. An diesem markanten Punkt lebt eine Variante, die der vorher beschriebenen Form sehr stark ähnelt. Der Körpergrundton ist ein Honiggelb, das besonders in der Bauchregion auftritt. Im Brust- und im Schwanzwurzelbereich werden diese Farben häufig noch kräftiger, so daß rotorange Zonen sichtbar werden. Auch die Kehle setzt sich im Farbton meist stärker von den honiggelben Farben ab. Rücken- und Kopfregion sind graugrün bis mittelbraun. Da die Schuppenränder heller gezeichnet sind, entsteht eine Art Wabenmuster auf den Körperseiten. Rücken- und Afterflosse zeigen leuchtend orangerote bis kupferrote Farbtöne. Auch bei dieser Variante sind die Hartstrahlen dunkler abgesetzt. Ähnliche Farben sind in den Bauchflossen ebenfalls zu sehen. Die Schwanz- und die Brustflossen weisen graue Farbtöne vor. In Deutschland ist die Kachese-Variante auch unter den Namen „Stirnstreifen-Variante", „Gelber von Sambia" und „Goldregenbogen-Moorii" bekannt.

Fährt man mit dem Motorboot noch etwas weiter in nordwestlicher Richtung, so befindet man sich in der Ndole Bay, und an der gleichnamigen Lodge sollte man auf jeden Fall Halt machen. Der Lodge vorgelagert

Ein Männchen von Tropheus polli

ist ein herrlicher Sandstrand, und wer vermutet dort schon Tropheus moorii? Ein Blick unter die Wasseroberfläche belehrt uns eines besseren. Hier tummeln sich Tropheus moorii in 80 Zentimeter tiefem Wasser. In dieser Tiefe befinden sich einige große Sandsteinplatten, die mit Algen dicht bewachsen sind. Fängt sich der schnorchelnde Aquarianer einige Tropheus moorii aus diesem Biotop, so wird er feststellen, daß er hier eine weitere Farbform angetroffen hat. Sie ähnelt sehr der Kachese-Variante und der weiter im Norden vorkommenden Cameron-Variante. Die Vermutung liegt nahe, daß es sich um eine Übergangsform handelt, die an der Ndole Bay zwar von beiden Rassen deutlich abgegrenzt werden kann, aber zu den Randgebieten hin fließend in die anderen Rassen übergeht. Die Tiere der Ndole Bay Lodge zeigen eine olivgrüne Rückenregion; zum Bauch hin werden rotbraune bis orangebraune Farbtöne sichtbar. Hinter dem Maul, auf der Brust und in der Schwanzwurzel tragen besonders aktive Männchen kräftig rote Farbsignale; sie ähneln in dieser Hinsicht der noch weiter im Norden vorkommenden Kipimbi-Variante. Rücken- und Afterflosse sowie die Bauchflossen sind bei der Ndole-Variante rotorange bis kräftig rot. Alle übrigen Flossen bleiben grau und scheinen teilweise durch. Die Iris ist silbrig, ihr oberer Rand rot.

NDOLE-VARIANTE

CAMERON-VARIANTE

Die „Schwarzrote Variante", auch „Cameron-Variante" genannt, stammt von der gleichnamigen Bucht aus Sambia. Die Tiere sind in den Händlerlisten auch als „Roter von Sambia" oder als „Chimba-Moorii" zu finden. Diese geographische Variante besitzt eine schwarzrote bis braunrote Körperfärbung. Jede einzelne Schuppe ist dunkel gerändert, und es entsteht eine Art „Rhombusmuster" auf den Körperseiten. In der Schreckfärbung verliert sich die schwarzbraune Farbe, und das Rot tritt kräftiger hervor. Ständig rot gezeichnet kann die Wangenregion sein, die Kehle und die Lippen weisen blauschwarze Färbungen auf. Rücken- und Afterflosse sowie die Bauchflossen sind in den Membranen leuchtendrot; die Strahlen bleiben schwarz; dadurch ergibt sich ein kontrastreiches Bild. After- und Brustflossen zeigen eine eintönige schwarzgraue Färbung.

Die Kipimbi-Variante kommt an einer ausgedehnten Felsküste vor und ist daher sehr variabel gefärbt

Neben der roten Kehlregion ist der rote Augenring ein sicheres Bestimmungsmerkmal des „Blutkehl-Moorii“

Aus der Umgebung von Mpulungu soll dieser „Zitronen-Moorii III“ stammen

Vom Murago-Moorii wurden bisher nur Männchen importiert

Ähnliches gilt auch für die aus Zaire stammende Luputa- oder „Rotbrust-Variante“

Erst in jüngster Zeit ist die Zongwe-Variante aus Zaire zu uns gekommen

„BLUTKEHL-VARIANTE“

Im Grunde genommen zeigt auch der sogenannte „Blutkehl-Moorii“ dieselbe Körperfärbung. Augenfälligster Unterschied ist eine kräftig rote Farbzone im unteren Kopf- und Brustbereich. Der Körper ist rotschwarz bis rotbraun, und in der Rücken- und Afterflosse sowie in den Bauchflossen treten herrlich rote Farbtöne auf. In den Händlerlisten finden Sie diese Variante auch als Tropheus moorii „cherry cheek“. Ihr Vorkommensgebiet soll nördlich von Moliro liegen.

KIPIMBI-VARIANTE

Mit zu den schönsten Farbvarianten von Tropheus moorii gehört zweifellos der „Kipimbi-“ oder „Moliro-Moorii“, der aus dem Grenzgebiet Sambias und Zaires stammt. In seinem recht großen Verbreitungsgebiet kommt er in einigen unterschiedlichen Färbungen vor. So sind die Tiere aus der Umgebung von Moliro kräftiger rot gefärbt als die weiter südlich vorkommende Variante; aber im großen und ganzen ist keine klare Abgrenzung möglich. Der Kopf und eine schmale Zone im Rücken sind dunkelbraun. Die Körperseiten bis zur Bauchlinie hinunter zeigen sich hellbraun mit einem leichten rötlichen Einschlag. Auf dem Schwanzstiel befindet sich ein kräftig roter Fleck, der in Form und Ausdehnung recht variabel sein kann. Bei einigen Tieren reicht dieser Fleck von der Schwanzwurzel bis über die Afteröffnung, bei anderen ist diese Farbzone mehrfach unterbrochen. Die Iris leuchtet häufig, vor allem im unteren Bereich, kräftig rot. Maul- und Kehlregion können hellgrau bis blaugrau aussehen. Dasselbe gilt auch für die Basis der After- und Rückenflosse sowie den vorderen Teil der Bauchflossen, die im übrigen schwarz sind. Rükken-, After- und Bauchflossen leuchten je nach Vorkommensgebiet schwach bis kräftig rot.

MURAGO-VARIANTE

Eine Farbform, um deren Verbreitungsgebiet es nach wie vor Rätsel gibt, ist die sogenannte „Murago-Variante“. Die Tiere zeigen ein Farbkleid, wie wir es normalerweise von den südlichen Farbformen her kennen; das gilt auch für das Jungfischkleid. Etwa acht schmale gelblichweiße Körperlinien ziehen sich vom Rücken bis in die Bauchregion. Die Linien wirken durch die Schuppenanordnung leicht gestrichelt. Bei ausgewachsenen Tieren tritt die Streifenzeichnung manchmal völlig zurück. Die Körperfärbung ist ein Graubraun bis Rotbraun. Vor allem im Kopfbereich sind rotbraune Töne sichtbar. Kopf, Nacken und Brust zeigen eine Vielzahl ungeordnet verstreuter weißlichblauer Punkte. Mit dieser Färbung erinnern die Fische ein wenig an die Chaitika-Variante, deren Farbpunkte allerdings kleiner sind. Rücken- und Afterflosse zeigen gelbliche und in den hinteren Bereichen graugelbe Farbtöne. Die Membranen der Bauchflosse sind gelbgrau, der Ventralstachel ist hellblau. Derselbe Farbton liegt auch in den ersten drei Hartstrahlen der Afterflosse. Blaugrau ist die Maulregion.

TROPHEUS POLLI

Erst 1977 beschrieb G. Axelrod *Tropheus polli,* der schon zwei Jahre zuvor von Fainzilber entdeckt wurde. Die Tiere kamen anfangs als „Wimpel-Moorii“ oder „Gabelschwanz-Moorii“ in den Handel. Axelrod studierte das Vorkommensgebiet dieser Art und stellte dabei fest, daß sie Tiefen von sechs bis zehn Metern bevorzugt. Außerdem fand er noch eine

Farbvariante von Tropheus moorii im selben Verbreitungsgebiet, das an der Tansaniaküste in der Nähe des Bulu Point liegt. Es mußte sich also um eine neue Tropheus-Art handeln, da sie eine tiefere Wasserzone aufsuchte als Tropheus moorii und zudem ihren Lebensraum mit dieser Art teilt. Es gibt aber nicht nur Unterschiede in den ökologischen Ansprüchen der beiden Arten, sondern auch Differenzen in körperlicher und farblicher Hinsicht. So zeigt Tropheus polli eine auffallend tiefgespaltene und lang ausgezogene Schwanzflosse, wie wir sie von den beiden anderen Tropheus-Arten nicht kennen. Wenn auch der unterschiedliche Sexualdichromatismus nicht ausschließlich für Tropheus polli zutrifft, so gilt er doch als Ausnahme in der Gattung Tropheus. Erwachsene Männchen zeigen eine mittelgraue Körperfärbung. Das trifft zwar auch für die Weibchen zu, doch tragen sie zusätzlich auf den Flanken neun vertikale, dünne, hellgraue Linien. Männchen besitzen eine solche Streifenzeichnung nur während der Jugendzeit. Die Flossen sind bei beiden Geschlechtern größtenteils grau bis gelbgrau. Besonders in den unpaarigen Flossen werden leichte hellblaue Töne und in den Enden rote Farbtupfer sichtbar. Der Kopf wirkt graubraun bis mittelbraun, und um das Maul erstreckt sich eine dunkelgraue Farbzone. Auf den Kiemendeckeln befinden sich grünlichblaue Glanzpunkte. Die Iris des Auges leuchtet im unteren und mittleren Bereich hellblau. Dadurch, daß die Schwanzflossenspitzen recht lang ausgezogen sein können, kommt Tropheus polli auch schon einmal auf eine Größe von 14 Zentimetern. Für die Zucht und die Ernährung gilt das, was ich auch für die beiden anderen Tropheus-Arten gesagt habe.

PFLEGE IM AQUARIUM

Einige Autoren berichten, Tropheus polli zeige eine schwächere innerartliche Aggression als Tropheus moorii. Ich denke, daß man das nicht so einfach behaupten kann. Es gibt durchaus Tiere dieser Art, die sich paarweise oder in einer kleinen Gruppe sehr gut pflegen lassen, während andere im Aquarium ein ausgesprochen zänkisches Verhalten ihren Artgenossen gegenüber zeigen. Wichtig ist, diesem territorial lebenden Cichliden genügend Reviergrenzen zu bieten, und das ist nur in einem ausreichend großen Aquarium möglich. Je größer das Becken, desto besser, denn dann werden die Reviere größer, und der Pfleger wird mit den verschiedenen Tropheus-Arten seine Freude haben, die er übrigens durchaus in einem Aquarium zusammen pflegen kann, da die Gefahr einer Kreuzung nicht besteht. Außerdem wird dadurch bei den einzelnen Tropheus-Arten die innerartliche Aggression gemindert.

An dieser Stelle sei einmal ein wichtiger Hinweis erlaubt. Da in den Unterkünften am Tanganjikasee immer häufiger Aquarianer anzutreffen sind, besteht die Gefahr einer Verfälschung der Fischfauna in der unmittelbaren Umgebung dieser Lodges. Jeder Aquarianer sollte bestrebt sein, vorher gefangene Fische bei „Nichtgebrauch" wieder in das angestammte Verbreitungsgebiet zurückzusetzen, und nicht etwa bei der Kasaba Bay gefangene Tiere an der Ndole Bay Lodge aussetzen!

Grundelbuntbarsche und Tanganjikaclowns: Der Tribus Eretmodini

Mit Grundelbuntbarschen meint man eine kleine Anzahl nahe miteinander verwandter Cichliden, die alle im Tanganjikasee beheimatet sind. Ihr Lebensraum ist das obere Geröllitoral ab einer Tiefe von 20 Zentimetern bis hinab auf etwa drei Meter. Dabei halten sich diese Cichliden immer nur kurz über oder zwischen den Steinen auf. Sie erinnern in ihrem Verhalten und in ihren Lebensraumansprüchen stark an viele Schleimfische und Grundeln, die man in flachen Uferregionen von Brack- und Meerwassergebieten antrifft. Auch in der Körperform sind Ähnlichkeiten nicht zu übersehen, und somit ist der deutsche Name Grundelbuntbarsch recht gut gewählt.

An ihre spezielle Umgebung des flachen Geröllitorals mußten sich diese Tiere sehr stark anpassen. Sie entwickelten dabei eine Lebensweise, die in gewisser Hinsicht der der Stromschnellencichliden westafrikanischer Flüsse gleicht, die sich darauf spezialisiert haben, nur noch sehr bodenorientiert zu leben, um den starken Strömungen zu entgehen. Ähnlich ist es auch in der Uferzone des Tanganjikasees. Wenn der Wind nur ein wenig kräftiger bläst, und das geschieht fast täglich, werden die riesigen Wassermassen des Tanganjikasees in Bewegung gesetzt. Es entstehen Wellen, wie wir sie sonst nur von den Meeren her kennen, und die brechen sich natürlich an den Gestaden. Fische, die dann im recht flachen Wasser leben und die Uferzonen bei starkem Wellengang nicht verlassen, müssen sich angepaßt haben, um dort überhaupt überleben zu können. Die Grundelbuntbarsche zeigen ein streng bodenorientiertes Verhalten. Ihre Schwimmweise wirkt nicht gerade sehr elegant; häufig bewegen sich die Tiere ruckartig von einem Stein zum anderen. Bei Wellenbewegungen suchen sie Felszwischenräume und Höhlen zum Schutz auf. Sobald das Wasser ruhiger wird, liegen sie wieder, auf die Brustflossen gestützt, auf den

Die südliche Farbform von Eretmodus cyanostictus besitzt leuchtendblaue Farbtupfen auf dem Rücken

Steinen. Im Aquarium kann man dieses Verhalten ebenfalls beobachten. Da aber hier die Strömungen nicht so stark sind, gewöhnen sich die Grundelbuntbarsche schon sehr bald daran, auch einmal das freie Wasser aufzusuchen.

Grundelbuntbarsche gehören zu den Aufwuchsfressern, und Algenkost ist besonders in den stark sonnendurchfluteten Flachwasserzonen des Geröllitorals reichlich vorhanden. Beim Schnorcheln im See kann man regelmäßig beobachten, wie diese Cichliden die Grünkost von den Steinen abzupfen. Genauso wie bei den spezialisierten Aufwuchsfressern aus den Gattungen Petrochromis, Simochromis und Tropheus ist auch bei den Grundelbuntbarschen darauf zu achten, daß nicht durch häufige ballastarme Fleischnahrung ihr Magendarmtrakt überlastet wird. Eine Fütterung mit Algen, die im Aquarium meistens nicht in ausreichender Menge vorhanden sind, sowie mit überbrühtem Spinat und Flockenfutter mit reichlich Grünkostanteil ist anzuraten. Zusätzlich kann man Cyclops, Wasserflöhe, Mückenlarven, wobei man bei den „roten" etwas vorsichtig sein sollte, und Artemien anbieten. Man muß nicht alles in lebender Form reichen; Frostfutter erfüllt dieselben Dienste.

FORTPFLANZUNGSVERHALTEN

Bei den Grundelbuntbarschen handelt es sich um Maulbrüter, die aber abweichend von den meisten anderen Arten ein ausgesprochenes Partnerverhalten haben. Aquarienbeobachtungen zeigen, daß beide Geschlechter eine enge und dauerhafte „Beziehung" miteinander eingehen können. Hat sich ein Pärchen aus einer Gruppe gefunden, so bezieht es ein Territorium, das es vor allem gegen die eigene Art heftig verteidigt. Dabei sind Männchen und Weibchen nicht selten gleichzeitig darum bemüht, das Revier von Artgenossen freizuhalten. Interessant ist die Tatsache, daß drei der vier Grundelbuntbarscharten zu den Maulbrütern gehören, die sowohl im weiblichen als auch im männlichen Geschlecht Brutpflege betreiben.

Das Balz- und Ablaichverhalten läuft aber bei allen vier Arten recht ähnlich ab. Männchen und Weibchen sind gleichermaßen an den Balzhandlungen beteiligt. Einmal übernimmt das Männchen und einmal das Weibchen die Führungsrolle. Sie werben aber nicht mit dem sonst häufig bei Maulbrütern zu beobachtenden Körperzittern, sondern schwimmen hintereinander her, umkreisen einander und stellen sich dann mit den Körpern Seite an Seite. Dabei spreizen sie die Flossen weit ab und schlagen mit der Schwanzflosse leicht in Richtung Partner; dabei stehen sie Kopf an Kopf oder Kopf an Schwanz.

Ein ähnliches Verhalten, das je nach Stimmung nur leicht angedeutet wird oder aber sogar zu heftigem Schwanzflossenschlagen führt, kann man während der Begegnung zweier artgleicher, nicht balzaktiver Tiere sehen. Dann wird auch der Mundboden stärker abgesenkt.

Grundelbuntbarsche laichen auf einer festen Unterlage, in der Regel auf einem Stein. Dabei befinden sich sowohl das Weibchen als auch das Männchen auf der flachen Unterlage und stehen wiederum Seite an Seite, wobei immer ein Tier mit dem Kopf auf Höhe der Genitalöffnung des an-

Aus den nördlichen Seegebieten stammt dieser Eretmodus cyanostictus

Einzige Art der Gattung: Tanganicodus irsacae

Spathodus marlieri kann im Alter eine große Kopfbeule bekommen

deren verharrt. Die bei anderen Maulbrütern häufig praktizierte „T-Stellung“ wird von den Grundelbuntbarschen selten gezeigt.

Nun werden die Tiere immer hektischer in ihrer ruckartigen Schwimmweise und wechseln ständig die Positionen, so daß jeder der Partner einmal die Führungsrolle übernimmt oder mit dem Kopf an der Afterflosse verharrt. Das Weibchen legt jedesmal ein bis zwei längliche, gelborange Eier, die eine Länge von etwa vier Millimetern haben. Anschließend dreht es sich sofort um und nimmt die Eier ins Maul. Das Männchen legt sich nun etwas auf die Seite und präsentiert dem Weibchen die Genitalöffnung. Es kommt zur Spermienabgabe und dadurch, daß das Weibchen die Spermien aufnimmt, zur Befruchtung der Eier in dessen Maul. Dieses Ablaichschauspiel kann sich bis zu einer halben Stunde hinziehen. Danach hat das Weibchen rund 15 bis 25 Eier im Maul, die je nach Grundelbuntbarschart nur vom Weibchen oder auch von beiden Geschlechtern betreut werden, wobei bei der zweiten Brutpflegeform das Gelege in der Regel am zwölften Tag dem Männchen übergeben wird. Insgesamt dauert das Erbrüten der Eier ungefähr dreieinhalb Wochen. Die Jungtiere sind über einen Zentimeter lang, wenn sie das erste Mal das schützende Maul verlassen. Bei dieser Größe gibt es bei der Aufzuchtfutterwahl keine Schwierigkeiten. Da die kleinen Grundelbuntbarsche ebenso wie die Alttiere sehr bodenorientiert leben, kann es Probleme geben, wenn der Bodengrund nicht sauber ist. Man sollte daher besonders im Aufzuchtaquarium die Hygiene ernst nehmen.

Bei den Grundelbuntbarschen sind die Geschlechter nach dem Farbkleid oder der Körperform nicht bestimmbar, das heißt, die Tiere besitzen keinen ausgeprägten Geschlechtsdimorphismus. Eine genaue Bestimmung ist nur durch den Vergleich der Genitalöffnungen möglich.

Die typische Aufwuchsfresser-Bezahnung von Eretmodus cyanostictus

Da die vier bekannten Grundelbuntbarscharten nicht nur einer Gattung angehören, aber sich dennoch im Verhalten und von den Körpermerkmalen her so ähnlich sind, hat sich Staeck 1975 dazu entschlossen, die drei Gattungen mit den insgesamt vier Arten in einer Gattungsgruppe zu führen, nämlich in der Tribus *Eretmodini,* nach der ersten beschriebenen Grundelbuntbarschgattung: *Eretmodus* Boulenger, 1898. Die zweite Gattung wurde ebenfalls von Boulenger aufgestellt, und zwar im Jahre 1900. Er wählte den Namen *Spathodus,* weil die Tiere schwertähnliche Zähne besaßen. Poll beschrieb dann 1950 die dritte Gattung, *Tanganicodus;* dieser Name weist auf den Tanganjikasee, die Heimat dieser Cichliden, hin.

ERETMODUS CYANOSTICTUS

In der Überschrift zu diesem Kapitel tauchte der Name „Tanganjikaclowns" auf. In erster Linie ist hiermit *Eretmodus cyanostictus* gemeint, der bereits 1898 von Boulenger beschrieben wurde. Bis heute ist diese Gattung monotypisch geblieben; das heißt, sie besteht aus nur einer Art. Der Gattungsname weist auf die ruderblattähnlichen Zähne hin und der Artname auf die blauen Tüpfel, die zumindest die südliche Farbform zeigt; womit wir auch schon bei der Tatsache sind, daß Eretmodus cyanostictus in verschiedenen geographischen Rassen vorkommt. Am bekanntesten ist die nördliche Variante, die von der Burundiküste stammt. Die Tiere besitzen eine braunbeige Körperfärbung, die sich zum Bauch hin etwas aufhellt. Auf den Körperseiten befinden sich acht bis neun gelblichbeige, nur wenige Millimeter breite Streifen.

Von der zentralen Ostküste des Sees sind Eretmodus cyanostictus importiert worden, deren Körperstreifen eher eine orangene Farbe besitzen. In den unpaarigen Flossen treten bei diesen Exemplaren rötliche Markierungen auf; leider verlieren die Wildfangtiere nach einigen Hälterungsmonaten die rötlichen Farbtöne. In den Handel kamen diese Fische als „Weinrote Eretmodus".

Aus dem Südende des Tanganjikasees stammt die wohl schönste geographische Farbrasse von Eretmodus cyanostictus. Auch diese Tiere besitzen eine braunbeige Körpergrundfärbung. Im Gegensatz zur nördlichen Variante ziehen sich bei der südlichen die gelbbeigen Körperstreifen nicht bis in die Rückenregion hinein; sie sind stark zurückgebildet und befinden sich nur auf der unteren Körperhälfte. Dafür werden oberhalb der Seitenlinien und auf dem gesamten Kopfbereich etliche unregelmäßig angeordnete, leuchtend hellblaue Punkte sichtbar, die sogar in der Basis der Rükkenflosse vorhanden sein können.

Eretmodus cyanostictus besitzt einen nicht sehr hochrückigen Körper, der seitlich abgeflacht und langgestreckt ist. Die Kopfform sieht recht eigenartig aus, was an der langen Stirnlinie und dem weit unterständigen Maul liegt, das übrigens nur selten ganz geschlossen ist, so daß die spatelförmigen oder ruderblattähnlichen roten Zähne immer sichtbar sind. Sie sind im Oberkiefer in drei, im Unterkiefer in zwei Reihen angeordnet. Auffällig sind, wie bei allen Grundelbuntbarschen, die relativ kleine Schwanzflosse und die sehr weit unten angesetzten Brustflossen, die häufig zum ruckartigen Vorwärtsschwimmen und als seitliche Abstützorgane benutzt werden.

Eretmodus cyanostictus zeigt eine für einen territorialen Cichliden durchaus übliche innerartliche Aggression. Die Tiere sind ständig dabei zu beobachten, wie sie sich durch das Aquarium jagen, und dieses Treiben wirkt bei ihrer Schwimmweise recht komisch, so daß nicht nur von der Körperform, sondern auch vom Verhalten her der Name „Tanganjikaclown" seine Berechtigung findet. Allerdings wird der Aquarianer es gar nicht mehr witzig finden, wenn er einen solchen „Clown" mit beschädigten Flossen oder noch schlimmeren Körperverletzungen in der Aquariumecke wiederfindet. Eine versteckreiche Dekoration ist also notwendig, damit sich unterdrückte Tiere immer wieder zurückziehen können. Ferner sollte das Eretmodus-Aquarium mindestens 250 Liter Inhalt haben; recht groß also für einen ungefähr zehn Zentimeter klein bleibenden Cichliden. Die Vergesellschaftung mit anderen Arten aus dem Tanganjikasee bereitet dagegen keine Probleme.

Wenn sich im Aquarium aus einer Gruppe von erwachsenen Tieren ein Pärchen gefunden hat, so scheint es für Jahre unzertrennlich zu sein. Gemeinsam wird das Revier bewohnt, das durchaus anderthalb Quadratmeter groß sein kann. Andere Artgenossen werden einmal geduldet, dann wieder verjagt. Nun ist es aber keineswegs so, daß das Pärchen gemeinsam ständig auf einem Stein sitzt, sondern die Partner gehen schon gelegentlich ihre eigenen Wege; beim Wiederbegegnen kommt es jedoch nicht zu Kampfhandlungen, sondern zu einer Begrüßungszeremonie.

Spathodus erythrodon erinnert im Farbkleid an die Sambia-Variante von Eretmodus cyanostictus

Eretmodus cyanostictus ist ein monogamer Maulbrüter, der die Brutpflege in einer Vater-Mutter-Familie durchführt. Ab etwa dem zwölften Tag ist es soweit: Das Weibchen hält sich immer häufiger in der unmittelbaren Nähe des Männchens auf. Bei der Larvenübergabe befindet sich das Weibchen im freien Wasser, knapp über dem männlichen Tier, das auf einem Stein ruht. Von der Mutter werden immer nur ein bis drei Larven aus dem Maul gelassen. Das Männchen nimmt die schon zappelnden, mit großen Dottersäcken ausgestatteten Jungen nach ihrem „Freiflug" sofort ins Maul. Mehrmals konnte man beobachten, daß das Weibchen, nachdem sein Kehlsack fast leer war, an die Wasseroberfläche schwamm, um Luft ins Maul zu nehmen. Das Männchen, das mittlerweile ein wenig das Interesse am Weibchen verloren zu haben schien, ließ sich nun dazu bringen, auch noch die letzten Larven zu übernehmen. Für gut zwei Wochen ist nun das Männchen mit der Brutpflege beschäftigt. Da Eretmodus cyanostictus während der Tragezeit kein Futter zu sich nimmt, ist eine Aufteilung der Brutpflege nur von Vorteil.

SPATHODUS ERYTHRODON

Spathodus erythrodon Boulenger, 1900 zeigt dasselbe Brutpflegeverhalten, wenn er auch noch nicht so häufig in Gefangenschaft gezüchtet worden ist. In den Nahrungs- und Pflegeansprüchen kann man diese Art ebenfalls mit Eretmodus cyanostictus vergleichen. In gewisser Hinsicht ähneln sich die beiden auch stark in der Körperform. Er ist mit etwa acht Zentimetern ausgewachsen. Die Kopflinie verläuft langgezogen und endet, von der Seite gesehen, in einem fast schnabelförmigen Maul, das leicht unterständig ist. Die Zähne im Ober- und Unterkiefer stehen nur in einer Reihe nebeneinander; ein sicheres Unterscheidungsmerkmal zu Eretmodus cyanostictus. Auch die Zähne von Spathodus erythrodon sind rot; der Artname weist darauf hin.

Körpergrundfarbe ist Beigebraun mit einem rosafarbenen Einschlag. Auf den Körperseiten befinden sich kleine hellblaue Punkte, die regelmäßig angeordnet sind. Auf der unteren Körperhälfte können gelegentlich einige schmale beige Streifen auftreten. Auf dem Kopf liegen wahllos verstreut hellblaue Flecken.

Auch Spathodus erythrodon kommt in verschiedenen Farbvarianten vor. So sind Tiere bekannt, die zusätzlich zu den hellblauen Körperpunkten eine Vielzahl orangener Punktreihen auf den Körperseiten tragen.

SPATHODUS MARLIERI

Farblich weniger attraktiv ist *Spathodus marlieri,* den Poll 1950 beschrieb und Marlier zu Ehren benannte. Die bislang nur vom Nordende des Sees importierten Tiere scheinen kein großes Verbreitungsgebiet zu haben, da wir sie weder von Sambia, Zaire noch von Tansania kennen. Allerdings sind die Küstenregionen Tansanias und Zaires noch nicht sehr genau untersucht worden. Spathodus marlieri ist der Größte der Grundelbuntbarsche: Ausgewachsene Männchen können knapp zwölf Zentimeter lang werden. Die Tiere zeigen die stärkste innerartliche Aggression in der Gattungsgruppe Eretmodini. Meist sind es die Männchen, die ein Revier besetzt halten. Findet sich ein passendes Weibchen ein, so wird es im Revier geduldet; es kommt aber auch vor, daß es sich einige Prügel gefallen lassen muß. Auch bei dieser Art scheint eine Paarbindung vorhanden zu sein. Genaueres würde sich ganz bestimmt ergeben, wenn Spathodus marlieri häufiger in den Aquarien gepflegt würde. Gelegentlich ist die Art in Gefangenschaft auch schon gezüchtet worden. Dabei zeigte es sich, daß nur das Weibchen die Brutpflege betreibt. Balz- und Ablaichverhalten kann man aber mit dem der anderen Gattungsgruppenmitglieder vergleichen. Spathodus marlieri hält sich gern in Höhlen auf; eine versteckreiche Aquarieneinrichtung sollte also vorhanden sein.

Spathodus marlieri besitzt eine noch eigenartigere Körperform als die anderen Cichliden aus der Tribus Eretmodini. Von der auffallenden Stirnbeule, die vor allem ältere Männchen tragen, verjüngt sich die Rückenlinie stetig zur Schwanzwurzel hin. Auch die Kopfform ist recht eigenwillig: In einem konkaven Bogen verläuft die Kopflinie von der Stirn zum Maul. Der Oberkiefer ist kräftig vorgewölbt und das Maul endständig. Die Zähne stehen im Ober- wie im Unterkiefer jeweils in einer Reihe angeordnet; zwischen den einzelnen Zähnen sind aber größere Lücken. Die Zähne sind weniger spatelförmig und nur leicht nach innen gebogen. An den äußeren Spitzen sehen sie auch bei dieser Art rot aus. Die Körpergrundfärbung ist bei Spathodus marlieri graubraun; gelegentlich treten auch olivgrüne Farben auf.

TANGANICODUS IRSACAE

Monotypisch geblieben ist bislang die Gattung Tanganicodus, die 1950 von Poll aufgestellt wurde. *Tanganicodus irsacae* verdankt seinen Artnamen der abgekürzten Bezeichnung einer hydrobiologischen Unternehmung, dessen Leiter Marlier war. Die Art wurde bisher in den nördlichen, östlichen und westlichen Teilen des Sees nachgewiesen; sie besiedelt dort, wie alle Grundelbuntbarsche, das obere Geröllitoral. Die Tiere werden nur ungefähr sieben Zentimeter groß und sind somit die Kleinsten der Gattungsgruppe. Der Körper ist mäßig hochrückig und seitlich abgeflacht. Auffällig sind bei dieser Art die lange Kopfprofillinie und das ziemlich spitze, leicht unterständige Maul. Die gebogenen Zähne weisen mit ihren roten Spitzen nach vorn und stehen in einer Reihe.

In der Körperfärbung erinnert T. irsacae stark an die südliche Farbform von Eretmodus cyanostictus. Der Körpergrundton ist Braunbeige. Auf der vorderen Körperhälfte, besonders im oberen Bereich, und in der Kopfregion sind einige hellblaue Punkte zu sehen.

Tanganicodus irsacae gehört im Gegensatz zu anders lautenden Behauptungen zu den Maulbrütern, bei denen sowohl die Männchen als auch die Weibchen Maulbrutpflege betreiben. Es bestehen also Parallelen zum Balz-, Ablaich- und Brutpflegeverhalten von Eretmodus cyanostictus und Spathodus erythrodon. Auch Tanganicodus irsacae zeigt innerartliche Aggressionen, die aber nicht so stark ausgeprägt sind wie die der anderen Grundelbuntbarsche.

Die Cichliden dieser Gruppe kann man sehr gut mit den anderen Felsencichliden des Tanganjikasees zusammen pflegen. Sie zeigen anderen Arten gegenüber keine Feindseligkeiten, sind aber dennoch robust genug, um auch mit größeren Arten vergesellschaftet zu werden.

Nicht empfehlenswert: Die Schuppenfresser der Gattung Perissodus

Eine eigenartige Form des Nahrungserwerbs zeigen die Cichliden der Gattung Perissodus. Sie haben es auf die Schuppen anderer Fische abgesehen, die sie ihnen vom Körper reißen. Dieses parasitäre Verhalten ist bisher bei sieben Cichlidenarten des Tanganjikasees nachgewiesen worden; alle werden in der Gattung Perissodus geführt, die nur in diesem großen See vorkommt. Aber nicht nur im Tanganjikasee gibt es schuppenfressende Cichliden, sondern auch vom Malawi- und Viktoriasee sind ähnliche Arten bekannt.

Bis 1976 verteilten sich die Tanganjikaschuppenfresser auf drei Gattungen. Liem und Stewart waren es, die diesen Komplex einer Revision, also einer Überarbeitung, unterzogen. Dabei überführten sie die bis dahin vier Arten aus der Gattung Plecodus und die monotypische Gattung Xenochromis in die bis dato ebenfalls monotypische Gattung *Perissodus*. Der Name Perissodus weist auf die ungewöhnlichen Zähne hin, die alle Schuppenfresser besitzen: in einer Reihe angeordnete kräftige Zähne, die je nach Art mehr oder weniger stark gebogen und außen abgeflacht sind. Mit geöffnetem Maul schwimmen die Schuppenfresser auf die Flanke eines „Opfers" zu, schließen pressend das Maul, so daß sich die Zähne unter die Schuppen des Opfers legen. Dann braucht der Fisch nur noch einen leichten Ruck auszuüben, und schon hat er die Nahrung, also die Schuppen, abgerissen.

Die Wissenschaftler interessieren sich natürlich sehr für solche Nahrungsspezialisten. Unter anderem fragten sie sich, was mit einer solchen schwerverdaulichen Nahrung geschieht. Poll und später auch andere führten Magenuntersuchungen durch. Sie fanden die gefressenen Schuppen zunächst ineinander gestapelt. Wenn sie dann das Verdauungssystem durchlaufen hatten, wurden die Schuppen zu einer zusammenpappenden Masse.

PFLEGE IM AQUARIUM

Da die bisher in Aquarien gehaltenen Perissodus-Arten auch in Gefangenschaft ihr angestammtes Freßverhalten nicht ändern, kann man diese Cichliden für ein Gesellschaftsbecken natürlich nicht empfehlen. Sie gehen zwar verschiedentlich an „Ersatzfutter" heran, können aber das Schuppenfressen nicht völlig sein lassen. Eine Möglichkeit ist vielleicht, sie in einem Artaquarium zu pflegen, vorausgesetzt, die Tiere gehören nicht zu den „Kannibalen". Auch ist die Frage noch nicht beantwortet, ob überhaupt die Möglichkeit besteht, die Schuppenfresser mit anderer Nahrung am Leben zu erhalten. Eine Antwort werden wir nur erhalten, wenn diese Cichliden für die Aquaristik importiert werden. Da jedoch keine Nachfrage besteht, ist in naher Zukunft wohl nicht damit zu rechnen. Alle Perissodus-Arten besitzen auffallend kleine Schuppen auf den Körperseiten. Da bekannt ist, daß diese Arten nur recht große Schuppen als Nahrung betrachten, vermutet man, daß sie durch ihr feines Schuppenkleid vor Angriffen von Artgenossen sicher sind.

Im natürlichen Lebensraum traf ich einige Schuppenfresser regelmäßig in den flachen Fels- und Geröllregionen an. Deutlich war jedes Mal zu erkennen, daß sich die Tiere dort als Einzelgänger aufhielten. Einige Ar-

ten schwammen größere Entfernungen ab, so daß sie vermutlich keine Reviere besetzen. Wie sich die Tiere während der Paarungszeit verhalten, ist bislang nicht untersucht worden. Auch über das Brutpflegeverhalten weiß man recht wenig. Man nimmt aber an, daß es sich um Maulbrüter handelt; zumindest weisen einige Naturbeobachtungen darauf hin.

Nicht nur aquaristisch unbekannt ist dieser Schuppenfresser (?)

PERISSODUS ECCENTRICUS

Erst 1976 beschrieben Liem und Stewart *Perissodus eccentricus.* Dieser Cichlide verdankt seinen Artnamen dem asymmetrisch stehenden Maul, das entweder leicht nach links oder nach rechts gerichtet ist. Bislang hat man die Art nur im südlichen Teil des Tanganjikasees nachgewiesen. Da aber der Lebensraum in größeren Tiefen zu liegen scheint — immerhin wurde Perissodus eccentricus in 60 bis 100 Meter Wassertiefe angetroffen —, ist wohl nicht auszuschließen, daß sich das Verbreitungsgebiet auch weiter nach Norden erstreckt, doch liegen darüber noch keine Untersuchungen vor.

Die Körperform dieses Cichliden ist langgestreckt und mäßig hochrückig. Die recht große, stark eingebuchtete Schwanzflosse weist auf einen ausgezeichneten Schwimmer hin. Auch bei dieser Art fallen die relativ hohe Anzahl von kleinen Schuppen auf den Körperseiten und die großen Augen auf. Ausgewachsen scheint Perissodus eccentricus mit 16 Zentimeter Länge zu sein. Seine Färbung ist recht eintönig. Auf silbriggrauem Grund liegen in der oberen Körperregion einige unscharf begrenzte dunkle Flecken.

PERISSODUS ELAVIAE

Die Hauptverbreitung von *Perissodus elaviae* (Poll, 1949) liegt zwischen 30 und 100 Meter Wassertiefe. Den Artnamen wählte Poll zu Ehren des Kapitäns Elavia, der während der belgischen hydrobiologischen Forschungsmission das Schiff „Baron Dhanis" kommandierte.

Perissodus elaviae, der bis 1976 zur mittlerweile aufgelösten Gattung Plecodus gehörte, besitzt einen gestreckten Körper, der nur wenig hochrückig ist. Die Körperform und der kräftige Schwanz deuten auf einen guten Schwimmer hin. Die Schuppenzahl ist auch bei dieser Art sehr hoch; man zählte bis zu 67 Schuppen auf der oberen Seitenlinie. Ausgewachsen ist dieser Cichlide mit über 30 Zentimetern und auch daher nicht unbedingt für kleine Aquarien geeignet. Perissodus elaviae besitzt ein relativ hoch angesetztes Maul, das leicht nach unten eingelenkt ist. Auf dem Ober- und Unterkiefer steht jeweils eine Reihe stark nach hinten gebogener, einspitziger Zähne. Die Körperfärbung dieses Cichliden ist silbriggrau; unterhalb der Dorsale befinden sich einige schwärzliche, nicht scharf begrenzte Flecken. Besonders im Weichstrahlbereich der Rückenflosse sowie in der Schwanzflosse können auf grauem Grund weißliche Flecken auftreten.

PERISSODUS HECQUI

Die nun folgende Art gehörte früher in die Gattung Xenochromis. Poll bezeichnet *Perissodus hecqui* (Boulenger, 1899) als einen typischen Copepodenfresser. Liem und Stewart untersuchten die Art ebenfalls und fanden im Magendarmtrakt große Mengen von Schuppen. Auch das leicht oberständige Maul mit den in einer Reihe angeordneten einspitzigen, stark nach hinten gebogenen Zähnen weist auf einen Schuppenfresser hin. Bei dieser Art ist der Körper wenig hochrückig und recht gestreckt. Die Körperfärbung ist silbrigbraun bis silbrigoliv; in der Rückenregion treten drei bis vier halbrunde dunkelgraue Flecke auf, von denen der letzte auf dem Schwanzstiel liegt. Wie die meisten Schuppenfresser zeigt auch P. hecqui einen schwarzen Kiemendeckelfleck. Da die Art ebenfalls in größeren Tiefen vorkommt — Poll gibt die mittlere Tiefe mit 32 Metern an — und ihre Gesamtlänge bei knapp 30 Zentimetern liegt, wird wohl nur der Spezialist den Wunsch verspüren, P. hecqui im Aquarium zu pflegen.

PERISSODUS MICROLEPIS

Wie schon der Artname andeutet, handelt es sich auch bei *Perissodus microlepis* Boulenger, 1898 um einen Fisch, der eine große Anzahl kleiner Schuppen auf den Körperseiten trägt. Der Fisch ist langgestreckt und seitlich leicht abgeflacht. Insofern erinnert er ein wenig an die schlanken Lamprologusartigen der „attenuatus-Gruppe". Perissodus microlepis scheint mit elf Zentimeter Länge ausgewachsen zu sein. Um so erstaunlicher ist es, daß bei dieser Art bei Magen-Darm-Untersuchungen festgestellt werden konnte, daß bis zu 13 Millimeter große Schuppen als Nahrung aufgenommen werden. Die Art schreckt also auch vor größeren Cichliden nicht zurück, um an ihre spezielle Nahrung zu kommen.

Von der Größe her ist P. microlepis sicher ein interessanter Buntbarsch, der auch recht ansprechend gefärbt ist, wie das Foto belegt.

Perissodus microlepis weist im Gegensatz zu anderen Cichliden zwei Eierstöcke auf (Poll). Interessante Unterwasserbeobachtungen schildert Brichard. Er ist dieser Art häufig im flachen Wasser begegnet. Die Tiere hielten dabei immer einen gewissen Abstand zum felsigen Untergrund ein. Einmal sah er auch ein Pärchen, das fertig entwickelte Jungfische führte. Die Kleinen schwammen oberhalb größerer Felsen, die sie abweideten. Gelegentlich wurden die Jungen wieder ins Maul genommen, wobei Brichard nicht genau beobachten konnte, ob nur das Weibchen oder beide Geschlechter die Kleinen aufnahmen. Auffällig ist auch die hohe Zahl von Jungfischen, die Brichard mit 350 Stück angibt.

Ebenfalls ein sehr kleiner Schuppenfresser ist *Perissodus multidentatus* (Poll, 1952). Der „Vielzähnige" wird knapp zwölf Zentimeter groß.

Perissodus hecqui ist farblich nicht besonders attraktiv

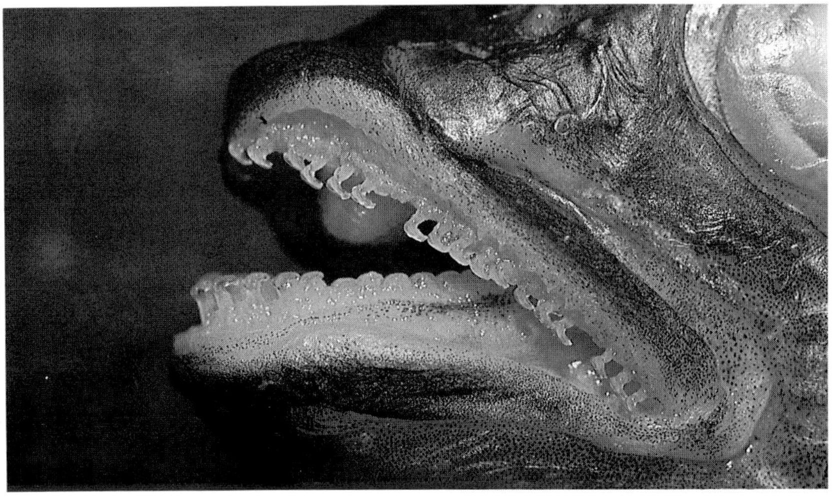

Die gebogenen Zähne dieses Perissodus spec. sind typisch für einen Schuppenfresser

PERISSODUS MULTI-DENTATUS

Der Körper ist langgestreckt und wenig hochrückig. Auf den Seiten befindet sich eine große Anzahl kleiner Schuppen, die auch weit in die Kopfregion hineinreichen. Die Kopfform ist relativ spitz, das Maul endständig und tiefgespalten. Auffällig sind auch die großen Augen. Perissodus multidentatus ist farblich nicht sehr attraktiv: Auf braungrauem Grund zeigt er in der Rückenregion dunkelgraue Streifen und Flecken; zum Bauch hin hellt sich der Körper etwas auf, und silbrige Farbtöne werden sichtbar.

Diesen Schuppenfresser trifft man nicht häufig an. Die Art lebt in Wassertiefen ab sechs Meter, wobei es sich aber um die oberste Vorkommensgrenze handelt. Normalerweise sind die Tiere mit dem Tiefseeschleppnetz über schlammigen Flächen in Tiefen zwischen 35 und 100 Metern gefangen worden. Nachgewiesen wurde die Art sowohl im Norden als auch im Westen und im Osten des Sees.

PERISSODUS PARADOXUS

Seinen wissenschaftlichen Artnamen verdankt *Perissodus paradoxus* (Boulenger, 1898) seinen ungewöhnlichen Zähnen, die für Schuppenfresser aber gar nicht so „paradox“ sind. Auch diese Art zeigt ein sehr kräftiges Gebiß, dessen Zähne in jeweils einer Reihe im Ober- und Unterkiefer sitzen. Der Erstbeschreiber, der die Fische ursprünglich in die Gattung Plecodus stellte, sah die stark nach hinten gebogenen Zähne als sehr ungewöhnlich an.

Wie alle bisher vorgestellen Schuppenfresser besitzt auch diese Art den für einen schnellen Schwimmer typischen Körperbau. Die auffälligsten Merkmale: sehr langgestreckt, wenig hochrückig, seitlich abgeflacht, relativ spitzer Kopf und eine kräftige Schwanzflosse. Gattungstypisch ist die große Anzahl von kleinen Schuppen auf dem Körper. Perissodus paradoxus zeigt eine hellbeige Körpergrundfärbung, die zur Rückenregion etwas dunkler wird. Bei auffallendem Licht schimmern die Flanken silbrig. Unterhalb der Rückenflosse und leicht auf sie übergreifend liegen drei bis vier dunkelgraue bis schwarze Flecken, die eine horizontale Ausdehnung von gut einem Zentimeter haben; in der Vertikalen reichen sie vom Rücken bis zur Körpermitte, wo sie auf eine schwarzgraue, schmale Linie

Sehr hübsch gefärbt ist Perissodus microlepis

Ahmt Perissodus straeleni mit seinem Farbkleid wirklich andere (Beute-)Fische nach?

treffen, die vom Auge bis auf den Schwanzstiel reicht. Ein weiterer runder schwarzer Fleck befindet sich in der Schwanzwurzel. Auch auf der Stirn und zwischen den Augen gibt es schwarzgraue Farbmerkmale. Perissodus paradoxus ist mit fast 30 Zentimetern ausgewachsen. Die Art wird in Tiefen zwischen 5 und 100 Metern nachgewiesen, wobei die durchschnittliche Tiefe bei rund 15 Metern liegt. Ihre Verbreitung erstreckt sich über den gesamten See.

PERISSODUS STRAELENI

Dasselbe gilt auch für *Perissodus straeleni* (Poll, 1948), der seinen Artnamen zu Ehren des Direktors des Belgischen Naturhistorischen Museums, Van Straelen, bekam. Diese Art läßt sich recht gut von den anderen Schuppenfressern unterscheiden. Der Fisch ist wesentlich hochrückiger; seitlich wirkt er dadurch stärker abgeflacht. Außerdem ist die Kopfform nicht so spitz. Gattungstypisch sind die kräftigen, in einer Reihe angeordneten, stark nach hinten gebogenen Zähne.

Einige Male hatte ich das Glück, diesen gar nicht so häufig vorkommenden Cichliden im seichten Wasser des Geröllitorals zu beobachten. Es waren immer nur Einzeltiere, die größere Strecken abschwammen und sich ständig in einiger Entfernung zum Gewässergrund aufhielten. Sie erinnerten in ihrer Färbung stark an Neolamprologus tretocephalus und Neolamprologus sexfasciatus oder an jüngere Cyphotilapia frontosa. Alle diese Arten haben eines gemeinsam: Sie besitzen ein schwarzweißes Streifenkleid auf den Körperseiten, und ein solches zeigt auch Perissodus straeleni. Inwieweit der Schuppenfresser damit seine möglichen Opfer nachahmt, um leichter an sie heranzukommen, müssen noch genauere Beobachtungen ergeben.

Perissodus straeleni ist mit 16 Zentimetern ausgewachsen. Die von mir beobachteten Tiere waren aber immer um einige Zentimeter kleiner.

Einen weiteren Schuppenfresser (?) konnte ich 1986 unweit der Ndole Bay mit der Angel in etwa 15 bis 30 Meter Tiefe fangen. Er zeigte einige Körpermerkmale, die ihn von den bisher bekannten Arten deutlich unterschieden. Auffällig war eine nasenförmige Verdickung der Oberlippe und der zu einem langen Faden ausgezogene untere Flossenstrahl der Schwanzflosse. Aber auch Dorsale, Anale und Ventralen liefen spitz zu und waren verlängert. Eine wissenschaftliche Untersuchung dieses Cichliden steht noch aus, dennoch spricht schon jetzt einiges für seine Eingliederung in die Gattung Perissodus: die stark nach hinten gebogenen Zähne und die vielen kleinen Schuppen.

Körpergrundfarbe war Silbriggrau; besonders im Kopfbereich traten blau irisierende Farbzonen auf, während die Kehlregion gelb war. Die unpaarigen Flossen zeigten eine graublaue Färbung. In der Dorsale befanden sich einige helle und dunkle vertikale Linien, in der oberen Hälfte ein weißgelber Saum. Auf der Basis der Rückenflosse waren einige schwarze Flecken zu sehen, während der Weichstrahlbereich weißblau und gelb gesäumt war. Weißlich waren die Ventralen. Das gefangene Tier hatte eine Länge von 12,5 Zentimetern (ohne den etwa zwei Zentimeter langen Flossenfaden der Schwanzflosse).

Außergewöhnliche und kaum bekannte Tanganjikacichliden

Es gibt eine Anzahl maulbrütender Cichliden, die sich in keine der bisher vorgestellten Gruppen eingliedern lassen. Alle leben endemisch im See und sind in den unterschiedlichsten Biotopen anzutreffen. Eine Gemeinsamkeit besitzen sie aber dennoch, und das ist ihre Körperfärbung. Im allgemeinen zeigen sie silbriggraue Grundtöne, und verschiedentlich irisiert die eine oder die andere Art in metallisch-blauen Farben. Zudem können auch gelbliche Farben, vor allem in den Flossen, auftreten.

ASPROTILAPIA LEPTURA

Asprotilapia leptura Boulenger, 1901 ist einer dieser nur wenig bekannten Buntbarsche und die einzige Art ihrer Gattung. Sie wurde wohl noch nicht importiert. Das liegt vermutlich an dem nicht sehr auffälligen Farbkleid, wie auch das Foto eines soeben gefangenen Exemplares zeigt. Am Cape Chaitika konnte ich die Tiere in ihrem angestammten Biotop beobachten. Sie hielten sich zu mehreren in knapp zwei Meter Tiefe auf und standen dabei, mit dem Kopf zur Wasseroberfläche gerichtet, dicht gedrängt an einer steilen, senkrecht abfallenden Felswand. Sobald der Taucher näher kam, drehte der ganze Pulk blitzschnell um und verschwand, bäuchlings an der Wand entlang huschend, in die Tiefe.

Der Artname deutet schon darauf hin, daß A. leptura einen langen, schlanken Schwanz besitzt, ähnlich wie die Xenotilapia-Arten. Im gesamten Erscheinungsbild wirkt die Art gestreckt. Die großen Augen und das unterständige Maul mit den vielen kleinen Zähnen geben ihr ein interessantes Aussehen. Da dieser Cichlide mit nur etwas über zehn Zentimeter Länge ausgewachsen zu sein scheint, wäre ein Import zum genauen Studium der Tiere sehr wünschenswert. Über das Verhalten im Aquarium liegen bislang keine Erfahrungen vor. Bei Naturbeobachtungen sah man die Fische jedoch immer in „Gruppen" oder Paaren. Einige Tiere — ob Männchen oder Weibchen, konnte nicht geklärt werden — trugen Brut im Maul. Möglicherweise sind beide Geschlechter an der Brutpflege beteiligt.

AULONOCRANUS DEWINDTI

Aulonocranus dewindti (Boulenger, 1899) ist weitaus bekannter. Die Art verdankt den kleinen Grübchen auf dem Kopf ihren Gattungsnamen. Bislang wird nur eine Art in dieser Gattung geführt. Sie hat eine gewisse Ähnlichkeit mit den Fadenmaulbrütern. Die etwa elf Zentimeter großen Fische scheinen ein ausgesprochen weites Verbreitungsgebiet zu haben, denn sie sind in allen vier Anliegerstaaten des Sees nachgewiesen worden. Dort besiedeln sie die ufernahen Übergangszonen vom Geröll- zum Sandlitoral. Bei Windstille und ruhigem Wasser konnte ich genaue Beobachtungen direkt bei der Kasaba Bay Lodge machen. Die Aulonocranus schwammen in nur einen halben Meter tiefem Wasser, und jedes Männchen hatte eine kleine Sandmulde ausgehoben, die es heftig gegen Eindringlinge verteidigte. Weibchen und jüngere Männchen hielten sich meist in Gruppen im freien Wasser auf; sie ließen sich dort von den „Burgherren" anbalzen. Weibchen, die Laich angesetzt hatten, folgten den Männchen in ihre Krater, verließen sie manchmal dann wieder, und es war durchaus nicht selten, daß sie anschließend im Krater eines anderen balzaktiven Männchens verschwanden. Bis jetzt ist A. dewindti noch nicht in Gefangenschaft gezüchtet worden. Sicher ist nur, daß die Weibchen Maul-

Oben links: Ectodus descampsi wurde mehrmals mit anderen Arten verwechselt. Jungtier von Tylochromis polylepis (oben rechts). Links: Asprotilapia leptura kurz nach dem Fang

brutpflege betreiben, denn das konnte man bereits mehrmals in der Natur beobachten.

Aulonocranus dewindti ist keine ausgesprochene Schönheit. Auf silbriggrauem Grund zeigen die Männchen eine Anzahl horizontaler blau irisierender und gelber Punktreihen. Im Kopfbereich glänzt der Fisch bläulich. Rücken-, After- und Schwanzflosse sind zart gelb; ähnlich zeigen sich auch die Bauchflossen, die beim Männchen verlängert sind und in die Afterflosse hineinreichen. Rücken- und Afterflosse enden beim Männchen spitz, während beim Weibchen besonders die Afterflosse gerundet ist. Außerdem sind die Weibchen einheitlich silbriggrau.

Aulonocranus dewindti weicht in der Ernährungsweise erheblich von den Fadenmaulbrütern ab. Während Cunningtonia longiventralis ein reiner Aufwuchsfresser ist, der jedoch auch gern einmal den Bodengrund durchkaut, und Cyathopharynx furcifer und die drei Ophthalmotilapia-Arten sich doch wenigstens zeitweise von Algen und im Bodengrund befindlichen Futterstoffen ernähren, zeigt uns ein Blick auf das tief gespaltene, schräg angesetzte Maul von A. dewindti, daß diese Art sich wohl von fleischlicher Kost ernährt.

CYATHOPHARYNX SCHOUTEDENI

Bei *Cyathopharynx schoutedeni* (Poll, 1942) handelt es sich um einen Cichliden, der Mikroorganismen bevorzugt, wie Magenuntersuchungen ergaben. Auch der herzförmige Schlundknochen mit den vielen kleinen Zähnchen deutet darauf hin. Poll beschrieb die Art ursprünglich als Cardiopharynx schoutedeni. Greenwood stellte sie nach seiner Revision 1984 in die Gattung Cyathopharynx. Er begründete diesen Schritt mit der Ähnlichkeit der Schlundknochen, der Zähne und anderer Merkmale.

Cyathopharynx schoutedeni trifft man im Litoral über sandigem und schlammigem Bodengrund in Tiefen zwischen 3 und 60 Metern an. Das Verbreitungsgebiet erstreckt sich über den ganzen See.

Ausgewachsene Männchen werden gut 15 Zentimeter groß, während die Weibchen einige Zentimeter kleiner bleiben. Der Körper ist gestreckt, hochrückig und seitlich abgeflacht. Besonders bei den Männchen sollen die Rücken-, After- und Schwanzflossen sowie die Ventralen spitzer ausgezogen sein (Poll). Die Körpergrundfärbung ist silbriggrau, und gelegentlich irisieren die Schuppen bläulich, in der Rückenregion grünlich. Stimmungsabhängig treten einige dunkelgraue Flecke auf der Körpermitte unterhalb der Rückenflosse auf. Eine schwärzliche Farbzone reicht von der Kehle über die Bauchregion bis in die Schwanzflosse. Die Flossen sind grau bis transparent. Auf der Basis der Rückenflosse liegt ein länglich-ovaler, schwarzer Fleck, der sich vom sechsten Hartstrahl bis ungefähr zum zehnten Weichstrahl erstreckt.

ECTODUS DESCAMPSI

Ectodus descampsi Boulenger, 1898 trägt einen ovalen, schwarzgelben Fleck fast auf der Mitte der Rückenflosse zwischen dem siebten und dem zwölften Hartstrahl. Je nach Lichteinfall ist er von einem mehr oder weniger stark blau irisierenden Hof umgeben. Die Art ist mit zehn Zentimeter Länge ausgewachsen. Trotz einiger recht eindeutiger Merkmale wurde E. descampsi 1986 als C. schoutedeni importiert. Wiederholte Nachfragen über den Importeur an den Versender Brichard brachten keine Klärung: Brichard blieb bei seiner falschen Bestimmung. Inzwischen geisterte die Art sogar als Trematocara unimaculatum durch die Aquaristik — ein Cichlide, den man aufgrund seiner auffälligen Kopf- und Körpermerkmale überhaupt nicht mit E. descampsi verwechseln kann. Mit C. schoutedeni und E. descampsi wird es da schon schwieriger. Nach meiner Bestimmung muß es sich aber bei den importierten und hier abgebildeten Tieren um E. descampsi handeln. Cyathopharynx schoutedeni hat einen herzförmigen Schlundknochen; die von mir untersuchten Tiere hatten dagegen einen dreieckigen Pharyngealknochen!

Ectodus descampsi besitzt einen gestreckten Körper. Das Maul ist endständig, und die Augen sind groß und leicht oval. Die Beflossung ist nicht sehr auffällig; die unpaarigen Flossen enden gerundet.

Die Körperfärbung ist silbriggrau mit einer currygelben Rückenregion. Rücken- und Schwanzflosse sind gelblich; ferner können in der Dorsale blaue Glanzzeichnungen vorhanden sein; eine hübsche und friedliche Art, die im Aquarium wie im Sandlitoral das freie Wasser bevorzugt. Sie gilt als gieriger Allesfresser. Über das Ablaichverhalten gibt es noch keine

Oben links: Haplotaxodon microlepis besitzt ein stark oberständiges Maul. Oben rechts: Unter Wasser fotografiert: Aulonocranus dewindti. Eine recht friedliche Art ist Lestradea perspicax (links)

Angaben; im See konnte man die Tiere aber bei der Maulbrutpflege beobachten.

HAPLOTAXODON MICROLEPIS

In der Gattung *Haplotaxodon* werden zur Zeit drei Arten geführt, von denen bisher nur *Haplotaxodon microlepis* Boulenger, 1906 öfter importiert wurde. Mit gut 25 Zentimeter Länge handelt es sich um eine recht groß werdende Art, die man im Tanganjikasee in Gruppen über sandigem und steinigem Boden in Ufernähe antrifft. Auffällig sind die riesigen Augen, das oberständige Maul und die vielen kleinen Schuppen auf den Körperseiten (daher auch der Artname). Geschlechtsunterschiede findet man bei H. microlepis vor allem in der Rücken- und Afterflosse: Sie laufen beim erwachsenen Männchen spitz aus, während das Weibchen eher abgerundete Flossenenden besitzt. Die Körperfärbung kann als silbrig-grau bezeichnet werden, und auf den Flanken schillern je nach Lichteinfall einige Schuppenreihen bläulich. Ein schwarzer Fleck befindet sich auf der Schwanzwurzel; weitere dunkle Farbzonen treten in der Rückenregion auf.

Über eine gelungene Zucht gibt es bisher noch keine Angaben. Das gilt auch für *Haplotaxodon melanoides* Poll, 1984. Diese Art wurde schon 1947 im Rahmen der belgischen hydrobiologischen Untersuchungen bei den Ortschaften Tembwe und Kalemie am westlichen Seeufer in größeren Tiefen gefangen. In Polls Arbeit von 1956, die eine Bestandsaufnahme der gefangenen Arten enthält, wird Haplotaxodon melanoides noch als Haplotaxodon tricoti bezeichnet. Poll war damals allerdings schon aufgefallen, daß die Tiere von den genannten Fundorten in einigen Körpermerkmalen von H. tricoti aus anderen Fanggebieten abwichen. Innerhalb dieser Art schloß er deshalb eine gewisse Variabilität nicht aus. In seiner Beschreibung von 1984 geht Poll genauer auf beide Arten ein.

HAPLOTAXODON MELANOIDES

Haplotaxodon melanoides besitzt einen gestreckten Körper, der nur leicht hochrückig ist. Auf den abgeflachten Körperseiten sind sehr kleine und somit viele Schuppen vorhanden. Der Kopf verjüngt sich deutlich zum Maul hin, das fast senkrecht nach oben gerichtet ist und damit das auffälligste Unterscheidungsmerkmal zur nachfolgenden Art darstellt. Haplotaxodon melanoides besitzt sehr große Augen und die für einen guten Schwimmer charakteristische große Caudale. Das bisher größte gefangene Tier maß immerhin 17 Zentimeter.

Männchen zeigen in der oberen Körperhälfte eine bräunliche Grundfärbung; die Schnauze und das Kinn sind ebenfalls braun. Zu den Ventralen hin hellt sich der Körper auf; er wird silbrigweiß, vor allem in der Bauchregion. Für die Gattung typisch sind die schwarzen Flecken auf der Stirn, über dem Auge und oberhalb der Nasenöffnung. Diese schwarzen, scharf begrenzten Zeichnungen waren ausschlaggebend für den Artnamen. Die unpaarigen Flossen sind hell; auf der Caudale liegen einige graue Linien. Dunkelgrau sind die Pectoralen und im Ansatz auch die Ventralen. Weibchen sollen einheitlich braun aussehen; besonders die Flossen sind aber heller als bei den Männchen.

HAPLOTAXODON TRICOTI

Ebenfalls noch nicht eingeführt wurde *Haplotaxodon tricoti* Poll, 1948, die man in zehn bis über 100 Meter Tiefe an küstennahen Uferzonen antrifft. Gelegentlich fangen einheimische Fischer diesen Nutzfisch, der immerhin über 20 Zentimeter groß wird, mit dem Schleppnetz. Die Art besitzt einen langgestreckten Körper. Auffallend sind hier die zahlreichen kleinen Schuppen auf den Körperseiten, die großen Augen und das Maul, dessen Unterkiefer länger als der Oberkiefer ist.

Auch diese Art zeigt in der Grundfärbung ein silbriggraues „Einheitskleid", das in der Rückenregion olivfarben glänzt. Zusätzlich befinden sich in der oberen Körperhälfte zwei horizontale, parallel verlaufende, dunkelgraue Linien, die von der Schwanzwurzel bis auf Höhe der Brustflossen reichen.

Gerade in jüngster Zeit versuchte man, einige dieser „Silberlinge" von Ostafrika nach Europa zu importieren. Mit neuen Sendungen aus Burundi

LESTRADEA PERSPICAX

kam *Lestradea perspicax perspicax* Poll, 1943. Eine zweite Unterart wurde von Poll 1943 als *Lestradea perspicax stappersi* beschrieben. Beide Unterarten unterscheiden sich in der Körperform und vor allem in der Bezahnung; aber auch farbliche Merkmale und ein anderes geographisches Verbreitungsgebiet sind weitere Unterscheidungskriterien. So wird die Nominatform nur im Norden des Sees und bei Karema angetroffen, während Lestradea perspicax stappersi hauptsächlich im Süden, bis zur Ortschaft Toa in Zaire, vorkommt. Poll stellte bei seinen Untersuchungen fest, daß die zweite Unterart an ein und demselben Standort dreispitzige oder konische Zähne besitzen kann; gelegentlich fand er sogar beide Zahnformen in einem Gebiß.

Lestradea p. perspicax bewohnt die steinigen und sandigen Uferzonen zwischen ein und zehn Meter Tiefe. Dagegen trifft man L. p. stappersi häufiger in Tiefen von über zehn Metern an. Beide Unterarten besitzen einen gestreckten, ungefähr zwölf Zentimeter langen, mäßig hochrückigen Körper, auffallend große Augen und ein leicht oberständiges Maul. Auch die Körpergrundfärbung ist bei beiden silbriggrau. Lestradea p. perspicax zeigt zudem drei bis vier blau irisierende vertikale Punktreihen auf den Körperseiten; ähnlich glänzende Farbzonen liegen auch über den Augen und der Maulregion. Ein arttypisches Merkmal ist die Rückenflosse; sie zeigt zwei vertikale schmale Linien. Das ist auch gleichzeitig ein Geschlechtsbestimmungsmerkmal, denn die Weibchen besitzen nur einen Rückenflossensaum.

Lestradea p. stappersi weist auf der Körpermitte sechs dunkelgraue, in einer vertikalen Reihe angeordnete Punkte auf. Darüber in der Rückenregion liegen versetzt ebenfalls sechs schwarzgraue Flecken. Auf der Rükkenflosse befindet sich nur eine gelbgraue Linie. Bisher wurde nur L. p. perspicax importiert. Die Tiere erwiesen sich in der Aquarienhaltung als problemlos und wenig aggressiv. Sie sind in der Hauptsache im freien Wasser anzutreffen und gehören zu den gierigen Allesfressern. Über eine gelungene Zucht gibt es leider noch keine Angaben, aber das wird sich sicher in nächster Zukunft ändern.

TYLOCHROMIS POLYLEPIS

Von den Zierfischfängern noch nicht beachtet wurde *Tylochromis polylepis* (Boulenger, 1900), ein Cichlide, der allerdings auch 30 Zentimeter groß wird und in seiner Heimat ein gefragter Speisefisch ist. Der „Vielschuppige", wie man ihn nach seinem wissenschaftlichen Artnamen nennen könnte, ist der einzige im Tanganjikasee endemische Vertreter seiner Gattung. Die Art lebt in Küstennähe über sandigem, schlammigem und gelegentlich auch steinigem Bodengrund. Auffällig ist seine Vorliebe für Standorte in der Nähe von größeren Flußmündungen.

Der Körper ist sehr hochrückig und seitlich stark abgeflacht. Die Kopfprofillinie verläuft in einem weiten Bogen zum leicht unterständigen Maul. Auch diese Art zeigt eine silbriggraue Körpergrundfärbung, die zur Rückenregion hin teilweise grünlicholive Farbtöne annimmt. Auf den Körperseiten liegen sieben bis acht stimmungsbedingte, schmale, dunkelgraue, senkrechte Streifen, die vom Rücken bis zum Bauch reichen. In der Rückenflosse treten dunkle Punktreihen auf, und an ihrem Ende befindet sich ein roter Saum. Da einige Tiere unmittelbar nach dem Fang Jungtiere im Maul hatten, weiß man, daß T. polylepis zu den Maulbrütern gehört.

Unerreichbare Tiefseecichliden

Schaut sich der interessierte Aquarianer einmal die Importlisten der Händler an, so wird er von den folgenden im Tanganjikasee endemischen Arten wohl nur eine entdecken, die regelmäßig zu uns eingeführt wird. Alle anderen stehen höchstens auf der eigenen Wunschliste und sind im Moment nicht erreichbar. Das liegt einerseits an der noch geringen Nachfrage nach diesen Cichliden und zum anderen an der Tatsache, daß diese Buntbarsche größtenteils in Wassertiefen vorkommen, in denen Taucher noch keinen Flossenschlag gewagt haben. Die Wasserzone des tieferen Gewässergrundes wird Bathybenthal genannt; ein weiterer Lebensraum dieser Arten ist das freie Wasser von der Wasseroberfläche bis zur Sauerstoffgrenze; in diesem Fall spricht man von der pelagischen oder Freiwasserzone, wobei man festgestellt hat, daß einige Arten auch die tieferen Freiwasserzonen aufsuchen; dann spricht der Fachmann vom Bathypelagial. Nun ist es leider so, daß wir über die Buntbarsche der tieferen Regionen des Tanganjikasees nur ungenaue Kenntnisse besitzen. Hilfreich ist in jedem Fall das große Werk von Max Poll. In diesem Buch hat er die Ergebnisse veröffentlicht, die während der hydrobiologischen Untersuchungen zwischen 1946 und 1947 am See gemacht wurden. Häufig sind diese Angaben das einzige, was wir über bestimmte Gattungen und Arten wissen. Aquarienbeobachtungen liegen, wenn überhaupt, leider nur ganz spärlich vor.

GNATHOCHROMIS PERMAXILLARIS

Gnathochromis permaxillaris (David, 1936) ist einer dieser interessanten Cichliden. Der Gattungsname weist auf die Kiefer hin, die die Art sehr weit vorstülpen kann. Auch der Artname bezieht sich auf die Kiefer, genauer gesagt auf den Oberkiefer, den die Art bei der Futtersuche extrem weit vorstreckt. Magenuntersuchungen ergaben, daß dieser Cichlide zu den Planktonfressern gehört. Um die schwebende Nahrung aufzunehmen, stülpt er das Maul trichterartig vor und kann nun das Futter einsaugen. Weil das Maul sehr tief gespalten und schräg nach oben angesetzt ist, ferner die Schnauze sehr spitz zuläuft, entsteht der Eindruck, der Fisch habe einen Schnabel. Das Auge wirkt sehr groß. Gestreckt und hochrückig ist der Körper, die Seiten sind abgeflacht. Rücken- und Afterflosse enden spitz. Sehr weit ausgezogen können die Bauchflossen sein, die weit in die Afterflosse hineinreichen. Ausgewachsen ist die Art mit knapp 15 Zentimeter Länge — eine ideale Größe für die Pflege im Aquarium.

Aber auch farblich hat G. permaxillaris einiges zu bieten, wenn man die Beschreibung von Poll vor Augen hat. Danach tragen die Tiere in der Rückenregion eine olivbraune Zeichnung, sonst eine silbrige Grundfärbung, die auf der vorderen Körperhälfte rosa, auf der Schwanzwurzel gar rot schimmert. Nur schwach ausgeprägt sind drei vertikale dunkle Bänder, die vom Rücken bis knapp zur Körpermitte reichen. Auf der Schwanzwurzel kann eine vierte, gräuliche Farbzone liegen. Auffällig sind einige horizontale Körperlinien mit perlmuttfarbener Punktzeichnung. Teile des Kopfes schimmern grünlich; der vordere Bereich der Oberlippe hingegen ist schwarz, genauso wie der Kiemendeckelfleck. Die paarigen Flossen sind gelblich, und die verlängerten Bauchflossenstrahlen haben einen

Noch nicht importiert wurde Gnathochromis permaxillaris

schwarzen Saum. Dorsale, Anale und Caudale sollen grau getönt sein und zum Teil gewundene Bänder und Punkte tragen.

Eine sehr ähnliche Färbung zeigt ein Cichlide, der 1986 in der Nkamba Bay mit der Angel in 30 Meter Tiefe gefangen wurde. Allerdings besitzt er statt der rötlichen, und grünlichen Farben mehr gelbe Zeichnungen. Auffälligstes Körpermerkmal ist die stark verlängerte Oberlippe. Insgesamt erinnert er aber stark an G. permaxillaris.

Über das Fortpflanzungs- und Brutpflegeverhalten gibt es keine Angaben; man muß aber davon ausgehen, daß die Art zu den Maulbrütern gehört. In älterer Literatur wird G. permaxillaris noch unter dem Gattungsnamen Limnochromis geführt, was aber seit der Revision von Poll (1981) nicht mehr richtig ist.

GNATHOCHROMIS PFEFFERI

Für *Gnathochromis pfefferi* (Boulenger, 1898) gilt ähnliches. Diese Art wurde ursprünglich als Paratilapia pfefferi beschrieben, später dann in die Gattung Limnochromis und vorübergehend auch in die Gattung Haplochromis gestellt, bevor Poll 1981 diesem Fisch den hoffentlich endgültigen Gattungsnamen gab.

Gnathochromis pfefferi besitzt einen hochrückigen Körper, der seitlich stark abgeflacht ist. Auffällig sind der relativ spitze Kopf und die großen Augen. Ich konnte die Art häufig in ein bis drei Meter Tiefe über sandig-mulmigem Bodengrund beobachten.

Männchen zeigen eine silbriggraue Grundfärbung auf den Körperseiten; zudem befinden sich neun wenige Millimeter breite, vertikale Streifen auf den Flanken. Weibchen sehen im allgemeinen blasser aus. Interessant wäre es zu wissen, wie die Tiere während der Balz aussehen. Aber leider gibt es hierüber keine Angaben, obwohl dieser Cichlide schon in Gefangenschaft gezüchtet wurde! Dabei stellte es sich heraus, daß die zwölf Zentimeter groß werdenden Cichliden zu den Maulbrütern gehören.

GREENWOODOCHROMIS BELLCROSSI

Greenwoodochromis bellcrossi (Poll, 1976) ist erst vor kurzem beschrieben worden. Jedoch durchlief diese Art in ihrem kurzen „wissenschaftlichen Leben" schon mehrere Gattungen: Zuerst als Hemibates bellcrossi benannt, wurde sie bald darauf von Bailey & Stewart in die Gattung Limnochromis überführt. Dann stellte Poll sie in die Gattung Lepidochromis. Dem belgischen Wissenschaftler unterlief dabei ein Fehler: Dieser Gattungsname war nämlich schon vergeben, so daß er die Art schließlich in der Greenwood zu Ehren benannten neuen Gattung unterbrachte.

GREENWOODOCHROMIS CHRISTYI

Ein ähnliches Hin und Her machte auch *Greenwoodochromis christyi* (Trewavas, 1953) mit. Diese Art wurde ebenfalls als Limnochromis und Lepidochromis geführt; heute gilt sie als Typusart der Gattung.

Greenwoodochromis bellcrossi ist bisher nur in dem zu Sambia gehörenden südlichen Seegebiet nachgewiesen worden. Dort fing man die Tiere, die zu Ehren von Herrn Bell-Cross benannt wurden, zwischen 80 und 100 Meter Tiefe mit einem weitmaschigen Kiemennetz. Die größten gefangenen Tiere maßen 18,5 Zentimeter. Typische Körpermerkmale sind der besonders im Stirn- und Nackenbereich hochrückige Körper und die dann zum sehr oberständigen Maul hin mit einem deutlichen Knick über dem großen Auge verlaufende Kopfprofillinie. Ferner verfügt die Art über relativ kleine und somit zahlreiche Schuppen auf den flachen Körperseiten. Die lang ausgezogenen Ventralen reichen bis in die Afterflosse hinein.

Greenwoodochromis christyi zeigt graue Streifen auf der hellen Caudale und kleine, längliche, helle Flecken im Weichstrahlbereich der grauen Rückenflosse. Die Körpergrundfärbung ist ein silbriges Olivgrün, und auf den Körperflanken befinden sich fünf bis sechs schmale, dunkle, verschwommene, vertikale Linien. Greenwoodochromis christyi scheint mit 15 Zentimeter ausgewachsen zu sein. Körperform und Beschuppung ähneln denen von G. bellcrossi. Beide Arten wurden noch nicht importiert und werden wohl auch in nächster Zukunft nur als konserviertes Material in den wissenschaftlichen Instituten zu sehen sein.

LIMNOCHROMIS AURITUS

Ebenso verhält es sich mit zwei Cichliden aus der Gattung Limnochromis, die von ursprünglich elf auf drei Arten zusammengeschrumpft ist. *Limnochromis auritus* (Boulenger, 1901) ist die Typusart und die einzige der in diesem Kapitel vorgestellten Arten, die regelmäßig oder überhaupt einmal importiert werden. Man trifft sie in Tiefen zwischen 5 und 100 Metern über sandig-schlammigem Bodengrund. Poll gibt als mittlere Tiefe rund 35 Meter an. Ausgewachsen ist L. auritus, dessen Artname auf die besondere Form der Kiemendeckel hinweist, mit ungefähr 15 Zentimetern. Die Körperform ist gestreckt und nur mäßig hochrückig, das Maul fast endständig und leicht schräg angesetzt. Die Körperfärbung ist ein silbriges Beige, das durch einige waagerechte, perlmutterfarbene Schuppenglanzpunkte unterbrochen wird. In den unpaarigen Flossen, die im großen und ganzen durchscheinend sind, treten etliche gelbe und blaue Glanzpunkte auf; zudem weist die Rückenflosse einen gelblichen Saum auf. Weitere gelbe Farbtöne sind in den Bauch- und Brustflossen sowie in der Schwanzflosse sichtbar.

Im Aquarium zeigte sich diese Art als wenig anspruchsvoll und recht verträglich. Dennoch ist ein Aquarium von 1,20 Meter Seitenlänge angebracht. Die Zucht bereitet nach wie vor Probleme, die vermutlich damit zusammenhängen, daß diese Art eine feste Bindung mit dem Geschlechtspartner eingeht. Aquarianer berichteten von einer Zucht, wonach sowohl das Weibchen als auch das Männchen die Brutpflege betrieben. Beide Geschlechter lassen sich übrigens kaum nach äußeren Körpermerkmalen unterscheiden.

LIMNOCHROMIS ABEELEI

Bei *Limnochromis abeelei* Poll, 1949 weiß man über die Geschlechtsunterschiede bis heute nichts, da die Art noch nicht importiert wurde. Der gestreckte Körper weist eine bräunlich-olive Körperfärbung auf; zudem sind einige silbrige Glanzpunkte sichtbar. Rücken-, After- und Schwanzflosse enden spitz. Auffällig sind bei dieser Art die recht langgezogenen Bauchflossen und die hellen Punkte in der Rücken- und Afterflosse. Erwachsene Limnochromis abeelei (der Gattungsname weist auf sumpfige

Links: Auffällig sind bei G. permaxillaris die nasenförmige Verdikkung und das vorstülpbare Maul. Unten links: Limnochromis auritus ist bei den Aquarianern ein alter Bekannter. Greenwoodochromis bellcrossi hingegen konnte noch nicht eingeführt werden (unten rechts)

Vorkommensgebiete hin) trifft man in Tiefen zwischen 50 und 100 Metern an. Da diese Art zudem sehr selten vorkommt, wird es wohl kaum möglich sein, diesen über 20 Zentimeter groß werdenden Cichliden in nächster Zeit einmal in unseren Aquarien zu pflegen.

LIMNOCHROMIS STANERI

Ausgewachsene *Limnochromis staneri* Poll, 1949 wurden mit knapp 20 Zentimeter Länge gefangen. Sie besitzen etwa dieselbe Gestalt wie L. abeelei, und auch in der Färbung ähneln beide Arten einander sehr. Auffallendstes Merkmal ist der sehr große Kopf mit dem leicht oberständigen Maul. Ferner sind in den Ventralen nicht die ersten Strahlen verlängert, sondern die zweiten.

Bislang monotypisch geblieben ist die Gattung *Tangachromis,* die erst 1981 von Poll aufgestellt wurde.

TANGACHROMIS DHANISI

Tangachromis dhanisi (Poll, 1949), der vorher zur Gattung Limnochromis gehörte, ist mit Sicherheit ein sehr interessanter Cichlide, zumal die angegebene Maximalgröße von nur knapp neun Zentimetern ein ideales Maß für die Aquarienpflege ist. Auch wenn es sich bei dieser Art wiederum um einen Tiefseecichliden handelt, müßte es möglich sein, ihn eines Tages zu exportieren, weil die Tiere gelegentlich in nur zehn Meter Tiefe nachgewiesen wurden. Das Verbreitungsgebiet scheint sich, wie bei so vielen Tiefwassercichliden, auf den ganzen See zu erstrecken. Dieser Cichlide besitzt einen länglichen Körper, der nur wenig hochrückig und seitlich abgeflacht ist. Arttypische Merkmale sind die verlängerten zweiten Ventralstrahlen und die im Vergleich zur Körperhöhe sehr hohe Rückenflosse; ferner ist das Maul oberständig, und der Fisch besitzt relativ große Augen. Die Körperfärbung von Tangachromis dhanisi ist ein recht einheitliches Gelboliv; zudem können noch einige dunkle Zeichnungen auftreten.

Eine Gruppe von recht ähnlichen Cichliden enthält die Gattung *Trematocara.* Der Gattungsname weist auf die zahlreichen kleinen Sinnesgrübchen hin, die sich auf dem Kopf befinden. Damit sind die Fische in der Lage, Druckreize wahrzunehmen und so Nahrung aufzuspüren und sich auch während der Dunkelheit zu orientieren. Eine ähnliche Anpassung an die Dunkelheit zeigen die Cichliden der Gattung Trematocranus aus dem Malawisee, die in Höhlen leben und dank der Sinnesgruben in dieser dunklen Umgebung gut zurechtkommen. Auch in den Tiefen des Tanganjikasees, wo die Trematocara-Arten zeitweise angetroffen werden, ist es nicht sehr hell. Zudem geht man davon aus, daß diese Cichliden auch nachts aktiv nach Futter suchen. Sie ernähren sich in der Hauptsache von den im Wasser schwebenden Kleinstlebewesen, also dem Plankton, das im tageszeitlichen Rhythmus Höhen- und Tiefenwanderungen unterworfen ist. So bewegen sich die Schwebetierchen nachts den oberen Wasserschichten zu und sinken dann in den Vormittagsstunden wieder ab. Diese Wanderungen machen die planktonfressenden Trematocara-Arten vermutlich mit und finden so ständig ein reiches Nahrungsangebot vor.

Diese Planktonfresser besitzen eine für sie typische Bezahnung. Eine Vielzahl kleinster spitzer Zähne befindet sich auf dem Ober- und Unter-

Auch Gnathochromis pfefferi kann sein Maul weit vorstülpen

kiefer, und ebenso winzig sind die Zähnchen auf dem Schlundknochen. Das Maul ist bei den Trematocara-Arten stets tief gespalten, schräg angesetzt und teilweise recht deutlich oberständig. Wenn die Größe der Augen für die Sehleistung ausschlaggebend ist, so kann man davon ausgehen, daß diese Arten mit ihren großen Augen sehr gut sehen können.

Trematocara sind durchweg kleine bis mittelgroße Cichliden mit einer gestreckten Körperform, die nur mäßig hochrückig und zudem seitlich abgeflacht ist. Auffällig sind die im Vergleich zur Gestalt stets hohe Rükken- und Afterflosse; aber auch die Schwanzflosse ist kräftig ausgebildet. Die Körperfärbung ist bei den meisten Arten silbriggrau, wobei blaue, grünliche und gelblich irisierende Farbtöne auf den Seiten auftreten, vor allem bei den Männchen. Zudem zeigen einige Arten schwarze bis graue Körperlängsstreifen und in den Flossen schwarze Farbsignale.

Über das Verhalten im Aquarium kann ich keine Angaben machen; ich weiß lediglich aus Fängen mit dem Tiefseeschleppnetz, daß einige Trematocara in größeren Ansammlungen vorkommen und Maulbrüter sind. Leider ist es bis heute nicht möglich gewesen, auch nur eine Art gezielt zu importieren, obwohl dem eigentlich nichts im Wege stehen dürfte. So weiß man aus Unterlagen von Poll, daß die Fische neben großen Tiefen gelegentlich auch flaches Wasser aufsuchen.

Trematocara caparti Poll, 1948 ist einer der kleinsten Vertreter der Gattung und erreicht fast sieben Zentimeter Gesamtlänge. Nur unwesentlich größer scheint *Trematocara kufferathi* Poll, 1948 zu werden. Beide Arten wurden in Tiefen zwischen 5 und immerhin 200 Metern nachgewiesen, also beinahe an der untersten Sauerstoffgrenze des Sees. Lediglich ein Ex-

TREMATOCARA-ARTEN

emplar mit 4,2 Zentimeter Größe fing man bisher von *Trematocara macrostoma* Poll, 1952. Da diese Art mit einem Grundschleppnetz emporgeholt wurde, ist nur eine etwas ungenaue Tiefenangabe möglich (zwischen 13 und 60 Metern). Auffallend ist das sehr große Maul, daher auch der Artname.

Auf einen Farbsaum weist der Artname von *Trematocara marginatum* Boulenger, 1899 hin. Dieser Cichlide zeigt sowohl in der Rückenflosse als auch in der Afterflosse dunkelgraue Säume. Aber auch über den Körperseiten liegen einige dunkle horizontale Linien. Man fing die Tiere mit Grundschleppnetzen in 6 bis 100 Meter Tiefe, wobei die mittlere vertikale Verbreitungsgrenze bei „nur" 21 Metern lag. Der knapp zehn Zentimeter groß werdende Cichlide ist im gesamten Seegebiet nachgewiesen und konnte stets in großer Anzahl gefangen werden.

Dasselbe gilt für *Trematocara nigrifrons* Boulenger, 1906, einen etwa 11,5 Zentimeter langen Cichliden, der seinen Artnamen seiner schwarzen Stirn verdankt. Weitere schwarze Zeichnungen treten am Kinn, an den Bauchflossen und in Form von Säumen in der Rücken- und besonders der Afterflosse auf. Wenn auch hier das vertikale Verbreitungsgebiet an der tiefsten Stelle rund 160 Meter betrug, kann T. nigrifrons durchaus schon in flacheren Wasserzonen, wie der Burton-Bucht, in nur fünf bis zehn Meter Tiefe zu finden sein.

Trematocara stigmaticum Poll, 1943, der „Gefleckte", wird ungefähr 7,5 Zentimeter groß und ist sehr häufig angetroffen worden. Da auch diese Art nicht nur in großen Tiefen vorkommt, sollte es in Zukunft nicht nur möglich sein, bei der Einführung interessanter Cichliden neue Arten, sondern auch wissenschaftlich schon beschriebene Arten „wieder" zu entdekken.

Vor geraumer Zeit ist *Trematocara unimaculatum* Boulenger, 1901 gelegentlich von Liebhabern angeboten worden. Es stellte sich dabei jedoch heraus, daß eine Verwechslung mit Ectodus descampsi vorlag, verursacht durch den schwarzen Fleck (Artname), den beide Arten in der Rückenflosse zeigen. Von der Körperform her bestehen aber große Unterschiede, und somit ist es wohl noch nie zu einem geglückten Import von T. unimaculatum gekommen. Erstaunlicherweise besitzt diese Art als einzige in der Gattung zwei Eierstöcke. Die größten bisher gefangenen Tiere maßen 15 Zentimeter und gingen zwischen 5 und 170 Meter Tiefe in die Netze (mittlere Vorkommenstiefe 37 Meter).

Trematocara variabile Poll, 1953 ist eine knapp neun Zentimeter groß werdende Art, die man in Tiefen zwischen 4 und 125 Metern antrifft und die ein recht ausgedehntes Verbreitungsgebiet hat. Den Artnamen verdankt dieser Trematocara der unterschiedlichen Anzahl von Sinnesgruben unter dem Auge. Männchen besitzen eine dunkle Körpergrundfärbung, und über die Flanken ziehen sich drei horizontale schwarzgraue Streifen. Die ersten drei Strahlen der Rückenflosse, deren Weichstrahlen länger als die Hartstrahlen sind, sind schwarz. Ähnliche Farbtöne treten in der Afterflosse und in den Bauchflossen auf. Weibchen sehen allgemein blasser aus; ferner fehlt ihnen die Streifenzeichnung auf dem Körper.

Die Bullenklasse: Cyphotilapia und Lobochilotes

Die beiden nun folgenden Arten haben einige Merkmale gemeinsam: Sie sind sehr groß und kräftig gebaut, und — man möge es mir verzeihen — sie schmecken sehr gut. Nicht, daß ich Ihnen raten möchte, nun Ihre Aquarientiere zu probieren, aber wenn Sie einmal den Tanganjikasee besuchen, werden Sie mit Sicherheit eine von diesen beiden Arten serviert bekommen. Ich spreche von Cyphotilapia frontosa und Lobochilotes labiatus, den beiden „Großen" des Tanganjikasees, die für die Aquaristik aber gut geeignet sind. Art- und Gattungsnamen weisen auf besonders auffällige Körpermerkmale hin. In dem einen Fall ist es eine Kopfbeule, und bei der anderen Art wird auf die stark ausgeprägten Lippen aufmerksam gemacht.

CYPHOTILAPIA FRONTOSA

Bereits 1906 beschrieb Boulenger *Cyphotilapia frontosa,* damals allerdings noch unter dem Gattungsnamen Paratilapia. Heute ist Cyphotilapia eine monotypische Gattung, die aber im Tanganjikasee weit verbreitet ist. Der Tanganjika-Beulenkopf, wie C. frontosa in Deutschland auch genannt wird, bevorzugt die küstennahe Gewässerzone mit steinig-sandigem Bodengrund; hier findet man die erwachsenen Tiere schon ab fünf Meter Tiefe, aber meist leben sie zwischen 10 und 30 Metern und müssen dann nach dem Fang im flachen Wasser erst einmal dekomprimieren, bevor sie endgültig an die Wasseroberfläche gelangen. Beim späteren Versand entstehen für ausgewachsene Tiere hohe Frachtkosten, und das ist nicht verwunderlich, denn Cyphotilapia frontosa wird rund 30 Zentimeter lang!

Trotz dieser gewaltigen Größe gilt die Art als angenehmer Aquarienpflegling. Die Tiere sind nicht sehr schwimmfreudig, so daß schon Aquarien ab 450 Liter Inhalt vollkommen ausreichen. Gute Erfahrungen bei der Pflege machte man, wenn nur ein Männchen mit mehreren Weibchen vergesellschaftet war, was im Grunde dem agamen Verhalten der Art nur entgegenkommt. Nachzuchten, aber besonders Wildfänge, werden immer eine gewisse Scheu, ja sogar Ängstlichkeit zeigen. Diesem Umstand muß man Rechnung tragen, und so sollten sich neben freien Sandflächen große flache Steine im Aquarium befinden, die man so zusammenstellt, daß Unterstände und Sichtbarrieren entstehen. Als Beckenmitinsassen kommen nur ruhigere Arten in Frage, zum Beispiel die verschiedenen Cichliden des Sandlitorals und große Lamprologusartige. Ungeeignet sind die stets schwimmfreudigen Felsencichliden aus den Gattungen Tropheus, Petrochromis und Simochromis.

Um Cyphotilapia frontosa in guter Kondition zu halten, ist der Fütterung einige Aufmerksamkeit zu schenken. In der Natur ernährt sich dieser Cichlide wohl hauptsächlich von kleineren Krebstieren; also sind Garnelen, Mysis und andere Süßwassergarnelen im Aquarium genau richtig. Zusätzlich kann man geschabtes Rinderherz und Fischfleisch verfüttern. Dann sind die „Tanganjika-Beulenköpfe" bald wahre Prachtkerle, und vor allem die adulten Männchen bekommen eine kräftige Stirnbeule auf dem Kopf. Das ist aber auch der einzige Geschlechtsunterschied; sonst besitzen Männchen und Weibchen einen gestreckten, recht hochrückigen Körper, der seitlich stark abgeflacht ist. Die Ventralen sind bei alten Tie-

Jungtiere von Lobochilotes labiatus, im Aquarium fotografiert

ren sehr weit ausgezogen, so daß sie bis in die Afterflosse hineinreichen. Cyphotilapia frontosa neigt bei seinem weiten Verbreitungsgebiet zu unterschiedlichen Körpergestalten. So wirkt die Rasse aus dem Norden länger und bulliger, während der Tansania-Typ anscheinend etwas kleiner bleibt.

Die Art zeigt ein sehr auffälliges Farbkleid. Auf silbrig-weißem Körpergrund liegen meist über einen Zentimeter breite schwarze Binden. Die nördliche Farbrasse, die aus Burundi importiert wird, besitzt fünf dieser Streifen; ein sechster, schmalerer liegt auf der Stirn und durchzieht das Auge. Von der Tansaniaküste sind Tiere bekannt, die sechs dunkle Körperstreifen zeigen; zudem liegt bei ihnen eine sehr breite grauschwarze Zeichnung auf dem Kopf, besonders unterhalb der Augen. Eigentümlicherweise besitzen die aus Sambia stammenden C. frontosa wieder dasselbe Streifenkleid wie die nördliche Rasse. Je nach Verbreitungsgebiet variiert die Farbe der Flossen und der Maulregion von Hell- bis Taubengrau; besonders bei der Tansania-Form sind gelbe Zeichnungen in der Rückenflosse vorhanden. Bei einigen Tieren treten auch die silbrigweißen Flächen zurück, so daß sie dann insgesamt sehr düster aussehen.

LOBOCHILOTES LABIATUS

Lobochilotes labiatus (Boulenger, 1898) ist wie C. frontosa ein Maulbrüter im weiblichen Geschlecht. Beide Arten sind nicht gerade produktiv, was die Anzahl der Jungfische angeht. 20 bis 60 Junge verlassen nach gut vier Wochen zum erstenmal das mütterliche Maul und sind dann mit knapp zwei Zentimetern recht groß, so daß die Aufzucht kein Problem darstellt. Lobochilotes labiatus zeigt eine stärker ausgeprägte innerartliche Aggression als der Tanganjika-Beulenkopf. Es ist kaum möglich, in einem Aquarium zwei Männchen miteinander zu vergesellschaften. Aber auch die Weibchen haben einen schweren Stand, so daß im Grunde genommen nur sehr große Aquarien für ihre Pflege in Frage kommen. Ausreichend

Ein großes Exemplar von Lobochilotes labiatus in einem Meter Wassertiefe

Weibchen von Cyphotilapia frontosa, hier die sechsstreifige Variante, zeigen nur eine schwach ausgeprägte Stirnbeule

Ein zweijähriges Männchen der fünfstreifigen Variante mit einer schon ganz beachtlichen Stirnbeule

Lobochilotes labiatus dient der einheimischen Bevölkerung als Nahrung

viele Versteckmöglichkeiten müssen ebenfalls für den im See als Einzelgänger lebenden, rund 35 Zentimeter lang werdenden L. labiatus vorhanden sein. Ein Sandbodengrund ist empfehlenswert, denn man kann die Tiere in der Natur in geringer Wassertiefe dabei beobachten, wie sie den Boden nach Freßbarem durchsuchen; dabei nehmen sie verschiedene Insektenlarven, Süßwassergarnelen und andere Nahrungspartikel zu sich. Aber auch die auf den Steinen wachsenden Algen und sogar Schnecken verschmähen sie nicht. Inwieweit die stark wulstigen Lippen eine Rolle bei der Nahrungsaufnahme spielen, ist nicht genau geklärt. Man nimmt jedoch an, daß sie zum Auffinden der Nahrung von Bedeutung sind. Der „Wulstlippenbuntbarsch" des Tanganjikasees hat auf der Erde noch einige konvergente Ebenbilder, wie die aus dem Malawisee stammenden „Haplochromis" labrosus und „Haplochromis" euchilus. Aber auch in der Neuen Welt sind mit Cichlasoma labiatum und Cichlasoma citrinellum zwei Buntbarsche mit solchen Wulstlippen vertreten.

Lobochilotes labiatus besitzt einen recht hochrückigen, seitlich stark abgeflachten Körper, dessen Grundfärbung hellbeige ist. Diese Farbe kommt aber nicht deutlich zum Vorschein, da elf schmale vertikale Körperbinden für eine Unterbrechung sorgen; zudem sind die dadurch entstehenden weißen Linien wiederum durch noch schmalere, horizontale, braune Linien unterbrochen, die aber nicht immer deutlich abgesetzt sind. Ebenfalls eine braunweiße Streifenzeichnung befindet sich im Kopfbereich. Eine braune Linie durchzieht die weiße Iris. In den Flossen liegen hauptsächlich mittelbraune Farbtöne und in der Rückenflosse ockergelbe und hellblaue Zeichnungen. Auch L. labiatus neigt bei seinem großen Verbreitungsgebiet zur Bildung geographischer Rassen, deren Unterschiede jedoch nicht so gravierend sind wie bei C. frontosa; statt brauner Zwischenlinien zeigen einige Populationen ockerorange Streifen.

Groß und räuberisch, nichts für den Liebhaber: Bathybates und Hemibates

Die Cichliden, über die in diesem Kapitel berichtet werden soll, sind mit Sicherheit keine besonders gut geeigneten Aquarienfische. Nur der Spezialist wird mit der einen oder anderen Art liebäugeln. Voraussetzung für die Pflege sind aber Aquarien von etwa 1000 Liter Inhalt und entsprechende Beckenmitinsassen, die nicht zu klein sein dürfen, da sie sonst im Maul dieser Raubcichliden schnell ein Ende finden. Im großen und ganzen sind diese Fische also nichts für den Liebhaber, und deshalb stelle ich die Cichliden der Gattungen *Bathybates* und *Hemibates* in diesem Kapitel nur kurz vor.

Ihr Vorkommen beschränkt sich auf den Tanganjikasee; dort durchstreifen sie als Räuber das Bathypelagial, also die tiefere Freiwasserzone. Es kommt aber auch vor, daß die großen Cichliden den jahreszeitlichen Wanderungen kleinerer Fische folgen, wenn die zur Fortpflanzung die küstennahen Uferzonen aufsuchen. Ein jagender Räuber braucht einen entsprechenden Körperbau, und so ist es nicht verwunderlich, daß die Cichliden aus der Gattung Bathybates, in der zur Zeit sieben Arten geführt werden, eine extrem langgestreckte, nur wenig hochrückige Gestalt haben, die zudem seitlich abgeflacht ist.

Etwas höher gebaut ist der einzige Vertreter der Gattung Hemibates. Typisch für einen Jäger ist sein kräftiger Schwanzstiel mit der relativ großen Flosse, während die anderen Flossen recht kurz sind und somit der schnittigen Körperform angepaßt. Was wäre ein Raubfisch ohne ein großes Maul? Und das zeigen alle diese Arten; tiefgespalten und häufig leicht

Ein gefräßiger Räuber ist Bathybates ferox

oberständig ist es, zudem befinden sich auf Ober- und Unterkiefer sowie auf dem Schlundknochen viele spitze, leicht gebogene Zähne. Auffällig ist auch die hohe Zahl der Schuppen auf den Körperseiten: 70, bei einer Art sogar über 90 Schuppen befinden sich in einer Längsreihe!

Auch in der Körperfärbung sehen sich die Arten recht ähnlich. Meist liegen silbriggraue Körpergrundtöne vor, und gelegentlich irisieren einige Schuppen bläulichgrün. Auffällig sind die dunklen Flecken- und Streifenzeichnungen auf den Körperseiten und zum Teil auch in den Flossen. Vermutlich dienen diese Farben der Tarnung, die den Tieren beim Jagen ihrer Beute sehr zugute kommt. Die Weibchen sind noch weniger kontrastreich und meist heller als die Männchen.

Auch Bathybates graueri, im Bild oben, und Bathybates fasciatus sind spezialisierte Raubfische

Der Körper ist bei Hemibates stenosoma deutlich hochrückiger als bei Bathybates-Arten

Über das Fortpflanzungsverhalten dieser Buntbarsche liegen nur spärliche Angaben vor. Von einigen Arten hat man jedoch bruttragende Weibchen gefangen, so daß man annehmen darf, daß alle diese doch sehr ähnlichen Arten Maulbrüter sind. Sie zählen in ihrer Heimat übrigens zu den beliebten Speisefischen, die die Einheimischen gern mit der Angel und dem Schleppnetz fangen.

BATHYBATES-ARTEN

Bathybates fasciatus Boulenger, 1901 wird rund 40 Zentimeter groß. Wie der Artname schon andeutet, befinden sich Streifen auf dem Fischkörper dieser Art, die zwischen 3 und 60 Meter Tiefe angetroffen wurde.

Bathybates ferox Boulenger, 1898 mit 36 Zentimeter Länge ist nur unwesentlich kleiner. Boulenger wählte den Namen für den Räuber, weil die Tiere sehr räuberisch und wild aussehen. Diese Art wird sowohl in direkter Küstennähe als auch in über 100 Meter Tiefe angetroffen.

Bathybates graueri und *Bathybates horni*, beide von Steindachner 1911 beschrieben, sind mit ungefähr 25 Zentimetern ausgewachsen und leben in mittleren Tiefen von 20 bis 25 Metern. Bathybates graueri zeigt auf der hinteren Körperhälfte vier Längslinien, die im vorderen Bereich durch vertikale Linien unterbrochen werden. Bathybates horni zeigt ein ähnliches Muster, doch sind die Längslinien auf dem Schwanzstiel aus mehreren einzelnen Punkten zusammengesetzt. Der Hartstrahl- und der Weichstrahlbereich der Rückenflosse sind bei dieser Art durch eine Einbuchtung deutlich voneinander abgesetzt.

Bathybates leo Poll, 1956 muß den Beschreiber an einen kräftigen Löwen erinnert haben; anders ist der Artname wohl nicht zu erklären. In 3 bis 60 Meter Tiefe hat man den 26 Zentimeter groß werdenden Räuber gefangen, der ebenfalls im hinteren Körperbereich horizontale Linien zeigt, während auf der vorderen Körperhälfte vertikale Flecken sichtbar sind.

Bathybates minor Boulenger, 1906 zeigt ausschließlich waagerechte Linien auf den Körperseiten. Der „Kleinste" ist mit 20 Zentimeter Länge aber immer noch eine recht stattliche Erscheinung. Auffällig ist auch bei dieser Art die deutliche Einbuchtung der Rückenflosse, und darin unterscheidet sie sich von *Bathybates vittatus* Boulenger, 1914. 42 Zentimeter groß wird er, der „Gebänderte"; er besiedelt eine mittlere Wassertiefe von 37 Metern.

HEMIBATES STENOSOMA

Hemibates stenosoma (Boulenger, 1901), die bislang einzige Art der Gattung, wurde erst in der Gattung Paratilapia geführt. Regan überführte sie dann in die jetzige Gattung. Der Artname bedeutet „klein und schmal", womit aber eigentlich nicht der Körper gemeint sein kann, denn immerhin ist die Art erst mit 27 Zentimetern ausgewachsen. Der Körper ist hochrückiger als bei den Bathybates-Arten, und das Maul ist noch oberständiger. Grauschwarze Linien, die sich horizontal von der Schwanzwurzel bis über die Körpermitte erstrecken, werden von Fleckenzeichnungen im vorderen und oberen Körperteil abgelöst. Weibchen sind blasser. Dieser Räuber bewohnt ebenfalls das Bathypelagial und die Zone des tieferen Gewässergrundes, wenn er auch gelegentlich flachere Gebiete aufsucht.

Haplochromis- und Tilapiaartige, nicht endemische Buntbarsche

Alle bisher in diesem Buch behandelten Cichliden sind endemische Arten, kommen also nur im Tanganjikasee vor. Die Cichliden, die nun folgen, wurden bis auf drei Arten auch in anderen Gewässern nachgewiesen. Es sind in der Hauptsache Buntbarsche, die früher den großen afrikanischen Sammelgattungen *Haplochromis* und *Tilapia* angehörten. Greenwood, der die Gattung Haplochromis genauer untersuchte, kam dabei zu dem Schluß, daß von den Tanganjikacichliden keine Art in die Gattung Haplochromis gehöre, so daß wir uns heute mit anderen Gattungsnamen auseinandersetzen müssen. Eine Ausnahme ist „Haplochromis" benthicola, dessen Gattungszugehörigkeit noch nicht festliegt. Ähnliches gilt auch für die Cichliden, die früher der Gattung Tilapia und später teilweise dann der Gattung Sarotherodon angehörten und die in den Arbeiten der Ichthyologen Trewavas und Thys auf andere Gattungen und Untergattungen verteilt wurden, weil einige von ihnen Maulbrutpflege betreiben und andere zu den Offenbrütern gehören

HAPLOCHROMIS BENTHICOLA

„Haplochromis" benthicola Matthes, 1962 ist eine der endemischen Arten, die in Tiefen von über zehn Metern über felsig-steinigem Grund angetroffen werden. Brichard weist darauf hin, daß es sich um einen recht seltenen Cichliden handele. Die Art scheint mit über 15 Zentimetern ausgewachsen zu sein und wirkt dabei recht gestreckt. Auffällig sind der kräftige Kopf, das relativ tief gespaltene Maul und einige Sinnesgrübchen, die auf den Kopfseiten liegen und mit Sicherheit den Ferntastsinn unterstützen. Ähnliche Grübchen weisen die Cichliden aus den Gattungen Trematocara und Aulonocranus auf. Bislang ist „H." benthicola, der im männlichen Geschlecht eine dunkelbraune Grundfärbung besitzt, noch nicht importiert worden. Adulte Weibchen zeigen hellere, teilweise orangebraune Farbtöne, und die Flossen leuchten kräftig gelb.

ASTATOTILAPIA BURTONI

Astatotilapia burtoni (Günther, 1893) ist ein Buntbarsch, der schon sehr früh Einzug in unsere Aquarien hielt. Er gehörte früher ebenfalls zur Gattung Haplochromis. Dieser Cichlide ist einer der bekanntesten Maulbrüter. Die Art diente wissenschaftlichen Studien, und viele Aquarianer erfreuten sich schon an A. burtoni. Dabei gehört er zu den sehr aggressiven Arten, wobei diese Aggression nicht nur innerartlich ist. Selbst in einem großen Aquarium ist es fast unmöglich, mehrere Männchen zusammen zu pflegen. Aber auch die Weibchen haben einen schweren Stand. Ausreichend viele Versteckmöglichkeiten müssen vorhanden sein, und das Aquarium sollte über 1,50 Meter lang sein.

Sonst ist diese Art, die gut zwölf Zentimeter lang wird, nicht sehr anspruchsvoll. Gierig nimmt sie alle gängigen Futtermittel, und sie pflanzt sich auch regelmäßig im Aquarium fort. Während der Balz ist das Männchen der aktivere Fisch, aber danach trennen sich die Partner, und das Weibchen setzt die Brutpflege allein fort. Über mangelnde Produktivität kann man sich auch nicht beklagen: Mehr als 50 Junge verlassen nach rund drei Wochen zum erstenmal das mütterliche Maul.

Männchen sind recht hübsch gefärbt. Eine taubenblaue Grundfärbung mit einigen stimmungsbedingt gezeigten vertikalen dunklen Linien

Astatotilapia burtoni (oben) wurde im Gegensatz zu Astatoreochromis straeleni (unten) schon häufig von Aquarianern gepflegt

ist die Normalzeichnung. Auf Höhe der Brustflossen zieht sich bis in die Nackenregion eine breite orangerote Binde, die aus mehreren kleinen Flecken zusammengesetzt ist. Die Lippen schillern meist bläulich. Die unpaarigen Flossen zeigen ebenfalls blaue Farben; unzählige rotorange Punktreihen zieren sie. In der Afterflosse befinden sich auffallend große, schwarzgesäumte, gelbe Eiflecken. Da das Verbreitungsgebiet von Astatotilapia burtoni nicht nur auf den Tanganjikasee begrenzt ist, haben sich weitere, von der hier beschriebenen abweichende Farbformen gebildet. Man trifft die Art im See an den Flußmündungsgebieten und in seichten, sandigen, schilfigen Uferzonen an, so zum Beispiel direkt bei der Kasaba Bay Lodge, wo wir die Tiere in knietiefem Wasser mit der Senke fangen konnten.

ASTATOTILAPIA STAPPERSI

Astatotilapia stappersi (Poll, 1943) ist nicht nur im See, sondern auch in den Flußmündungsgebieten und in einigen Flußsystemen zu Hause. Die Art, die ursprünglich zur Gattung Haplochromis und zeitweise auch zur Gattung Serranochromis gehörte, trat bislang in der Aquaristik noch nicht in Erscheinung. Das größte Tier, das man 1946 in Lukuga fing, maß 11,5 Zentimeter. Die Körperfärbung gibt Poll wie folgt an: Die Rückenregion ist bräunlich. Zu den Ventralen hin hellt sich der Körper auf und zeigt gelbliche bis silbrige Farbtöne. Auf den Körperseiten befinden sich sowohl vertikale dunkle Linien als auch einige schmale horizontale Bänder. Weitere grauschwarze Streifen ziehen sich über die Stirn und durch das Auge. Die Flossen sind in der Regel grau; in der Afterflosse treten ein oder zwei rötliche Eiflecken hervor. Im großen und ganzen ähnelt A. stappersi von der Gestalt her A. burtoni. Beide Arten besitzen einen recht hochrückigen Körper, der seitlich deutlich abgeflacht ist. Auffällig ist der sehr bullige und kräftige Kopf. Bei A. stappersi wirkt außerdem die Afterflosse sehr groß.

ASTATOREOCHROMIS

Astatoreochromis straeleni (Poll, 1944) und *Astatoreochromis vanderhorsti* (Greenwood, 1954) sind zwei weitere Arten, die früher zur Gattung Haplochromis gehörten und in den Flüssen rund um den Tanganjikasee leben. Beide sind mit einer Länge zwischen zehn und zwölf Zentimetern ausgewachsen. Die erste Art wurde sogar schon gelegentlich importiert. Sie ist recht ansprechend gefärbt: Im hinteren Körperteil treten vorwiegend hellblaue Farbtöne auf, während die Nacken-, Brust-, Bauch- und hintere Kopfregion gelb-orange Farben zeigen. Etwa derselbe Farbton liegt auch in den Ventralen und in der Anale. In der Dorsale kommen etwas schwächere gelbliche Farben zum Vorschein. Auffällig sind auch die „Eiattrappen“: Immerhin können über zehn rotorange Eiflecken in der Afterflosse liegen. Sehr schön hellblau irisieren die Kehle und die Lippen des Fisches.

Das trifft auch für Astatoreochromis vanderhorsti zu. Diese Art besitzt eine zur Rücken- und Schwanzflosse hin grüngraue Körperfärbung, während die vordere und untere Körperhälfte gelborange Farbtöne vorweisen. Über die Flanken ziehen sich mehrere horizontale rote Punktreihen, und die gelbe Rückenflosse weist ebenfalls rote Punkte vor. Gelb sind auch die anderen Flossen, wobei die Afterflosse leuchtend hellgelbe Eiattrappen zeigt.

Obwohl über die beiden Astatoreochromis-Arten und über Astatotilapia stappersi keine Aquarienbeobachtungen vorliegen, kann man wohl damit rechnen, daß sie wie Astatotilapia burtoni agame Maulbrüter sind, wobei nur die Weibchen Brutpflege betreiben. Betrachtet man die Maulformen aller vier Arten, so darf man annehmen, daß sie zu den Allesfressern zählen, was A. burtoni ja auch im Aquarium bestätigt hat. Obwohl sie keine eigentlichen Seecichliden sind, kann man sie doch mit einem pH-Wert um den Neutralbereich und Härtegraden zwischen 5 und 20° dGH zufriedenstellen.

CTENOCHROMIS HORII

Ctenochromis horii (Günther, 1893) ist wieder ein echter Endemit des Tanganjikasees, den man recht häufig in Flachwasserzonen des Sand- und gemischten Sand-Pflanzen-Litorals antreffen kann. Es handelt sich um eine recht hübsche Art: Auf silbrigblauem bis silbriggrauem Untergrund liegen sieben bis acht dunkelrote, horizontale Punktreihen, die sich von den Kiemendeckeln bis in die Schwanzflosse erstrecken. Gelegentlich weist auch die Dorsale ein bis zwei gepunktete rote Linien auf. In dieser Flosse befinden sich zudem schwarze Markierungen auf den einzelnen Strahlen. In der Afterflosse fällt der einzelne orangegelbe „Eifleck“ auf. Stimmungsabhängig treten unterhalb der Augen, auf der Stirn und auf der Schnauze etliche schwarze Flecke oder Linien auf, und auf den Körpersei-

Wenn Oreochromis tanganicae doch bloß nicht so groß wäre!

ten sind dann neun dunkelgraue vertikale Streifen zu sehen. Weibchen sehen eintöniger aus; ihnen fehlt die rotgepunktete Körperzeichnung.

Da C. horii als sehr streitsüchtig gilt, wird ihm wohl keine große Verbreitung in der Aquaristik vergönnt sein. Sollte jedoch der eine oder andere Aquarianer Interesse an diesem rund 18 Zentimeter groß werdenden agamen Maulbrüter haben, dann sei ihm geraten, ein Männchen mit mehreren Weibchen zusammen zu pflegen. Die innerartliche Aggressivität wird mit „Sparringspartnern" aus den Gattungen Simochromis, Tropheus oder Petrochromis ein wenig gebremst. Darüber hinaus sollte man dem gern im Sandboden gründelnden Fisch ausreichend Raum und Versteckmöglichkeiten bieten.

ORTHOCHROMIS MALAGARAZIENSIS

Orthochromis malagaraziensis (David, 1937) weist schon mit seinem Artnamen auf das Herkunftsgebiet hin: Man trifft ihn im Malagarasi an, der südlich von Kigoma in den Tanganjikasee fließt. Im See selbst hat man diese Art noch nicht nachgewiesen. Die in den angrenzenden Flüssen lebenden Cichliden werden wohl immer im Schatten der „Seecichliden" stehen. Anders ist es nicht zu erklären, daß diese kleine Art mit knapp zwölf Zentimeter Länge noch nicht regelmäßig importiert wurde, denn auch von den Farben her kann sie sich durchaus sehen lassen: Neben einer bräunlichen Körpergrundfarbe, die zum Rücken hin olivbraun und zur Bauchregion weißlich wird, fallen besonders die gelbe Rückenflosse, die durch einige dunkle Streifen gemustert ist, und bei einigen Männchen die kräftig roten Lippen auf. Aber auch in der Afterflosse treten gelegentlich rote Farbtöne auf. Bräunlichgelb sind die Bauchflossen. Orthochromis malagaraziensis gehörte früher zur Gattung Haplochromis, obwohl auch eine nähere Verwandtschaft zu der im Tanganjikasee endemischen Gattung Telmatochromis in Betracht käme. Von beiden Gattungen weichen die Fische in morphologischer Hinsicht jedoch recht deutlich ab, so daß Greenwood sie in eine neue Gattung überführte. Da die Art in schnell fließenden Gewässern vorkommen soll (Brichard), hat sie sich in der Körperform recht gut angepaßt: Der Kopf ist ziemlich kräftig; anschließend verjüngt sich der Körper rasch zur großen Schwanzflosse hin.

Einen ganz anderen Körpertypus zeigen die folgenden Cichliden. Es sind große, hochrückige Arten, die seitlich deutlich abgeflacht sind und einen bedeutenden Wert für die Nutzfischerei haben. In der Aquaristik spielten sie bislang keine große Rolle, dennoch sollen sie hier kurz erwähnt werden.

OREOCHROMIS TANGANICAE

Oreochromis (Neotilapia) tanganicae (Günther, 1894) ist die einzige im Tanganjikasee endemische Oreochromis-Art. Früher wurde sie zur Gattung Tilapia, dann zu Sarotherodon gezählt. Im See wird man O. tanganicae an den flacheren Uferzonen antreffen, wobei heranwachsende Exemplare dieser Cichliden häufig in Schwärmen umherziehen. Aber auch adulte Tiere, die immerhin 40 Zentimeter lang werden, sind in Gruppen im Sandlitoral, aber auch über steinigem Bodengrund zu beobachten. Von den Steinen raspeln sie im Schwarm die Algen ab. Wie mit Blattgold überzogen leuchten ihre Körperseiten; zur Bauchregion hin kommen grünlich-

Starke innerartliche Aggressivität zeigt Ctenochromis horii

blau irisierende Schuppenfelder hinzu. Ähnliche Farben zeigen sie auch in der Rücken- und der Schwanzflosse. Zudem besitzt die Dorsale einen schmalen roten Saum. Türkistöne sind hauptsächlich in der Afterflosse und den Ventralen zu finden.

Ein solcher großer Cichlide braucht eine stattliche „Behausung" und eine ausreichende Menge an kräftigen Futtermitteln. Da die Art zu den agamen Maulbrütern gehört, ist es von Vorteil, wenn man mit einem Männchen mehrere Weibchen pflegt. Die Weibchen betreiben ganz allein die Brutpflege der weit über hundertköpfigen Jungfischschar.

OREOCHROMIS KAROMO

Oreochromis (Nyasalapia) karomo (Poll, 1948) ist ebenso produktiv, wird über 30 Zentimeter lang und gehört zu den sogenannten Geißelmaulbrütern: Männchen bekommen einen beigefarbenen Genitalanhang, der über zehn Zentimeter lang werden kann und den das Weibchen während des Ablaichvorganges zur Befruchtung der Eier ins Maul nimmt. Die Brutpflege übernimmt ausschließlich das Weibchen; es findet keine Partnerbindung statt. Somit sollte auch O. karomo in kleineren Gruppen mit nur einem Männchen gepflegt werden.

Das Vorkommensgebiet dieser Art sind nicht nur der Tanganjikasee, sondern auch die Mündungsarme des Malagarasi und deren Sumpfzonen; darüber hinaus trifft man sie auch weiter flußaufwärts an.

OREOCHROMIS NILOTICUS

Oreochromis (Oreochromis) niloticus (Linné, 1758) ist ebenfalls nicht nur im Tanganjikasee beheimatet, sondern auch im Edward- und im Kivusee sowie im Rusisifluß, der westlich von Bujumbura in den Tanganjikasee fließt, recht häufig. Gute 50 Zentimeter kann ein ausgewachsener O. niloticus lang werden. Die graugelben Fische fallen eigentlich nur durch ihre gelben Flossen auf. Einen so großen Maulbrüter kann und sollte man nur in Aquarien mit über zwei Meter Seitenlänge pflegen.

Der Größte ist ein Offenbrüter: Boulengerochromis

Sind wir im vorigen Kapitel mit den Oreochromis-Arten schon recht beachtlichen Cichliden begegnet, so riecht die Größenabgabe des einzigen endemischen Offenbrüters unter den Cichliden des Tanganjikasees schon beinahe nach Anglerlatein. Bei den alljährlich stattfindenden Sportfischereiwettkämpfen im südlichen Teil des Sees spielt gerade diese Art eine bedeutende Rolle; zum einen handelt es sich um einen sehr schmackhaften Fisch, und zum anderen ist auch besonders viel Fleisch an ihm. Die Rede ist von *Boulengerochromis microlepis* (Boulenger, 1899), der über 70 Zentimeter groß wird und dabei gute drei bis vier Kilogramm schwer sein kann. Nur gelegentlich werden Jungtiere dieser Art als „Exportbeigaben" mit verschickt, und dann will kein Aquarianer diesen Cichliden besitzen. Bei den einheimischen Fischern wird diese Art Nkupi genannt, und es wird erzählt, daß sogar schon 80 Zentimeter lange Nkupis gefangen wurden!

Wie dem auch sei, er ist einer der größten Cichliden dieser Erde. Man trifft ihn im flachen Wasser, aber auch in Tiefen bis 100 Meter. Die Art ernährt sich in der Hauptsache von Fischen, die sie regelrecht erjagt, wie ich im flachen Wasser der Nkamba Bay beobachten konnte. Für diesen Jäger charakteristisch sind der langgestreckte Körper sowie der kräftige Schwanzstiel mit der großen sichelförmigen Schwanzflosse. Auffällig sind auch die vielen kleinen Schuppen (microlepis) auf den abgeflachten Körperseiten.

Die Grundfarbe ist ein silbriges Grau. Rücken-, Bauch- und Kopfregion erstrahlen goldgelb; einzelne Pünktchen befinden sich auch auf der Körpermitte, die zudem von vier kreisrunden schwarzen Zeichnungen markiert wird. Weitere graue, unscharf begrenzte Flecken treten stimmungsbedingt unterhalb der Rückenflosse auf; bei brutpflegenden Tieren formen sie sich zu acht vertikalen Streifen. Kiemen und die Region unterhalb der Augen sind glänzend blaugrau getüpfelt. Alle Flossen zeigen mehr oder weniger gelbliche Farben, und über die Rücken- und Afterflosse verteilen sich unzählige blaugraue Farbtupfer.

FORTPFLANZUNGSVERHALTEN

Aus Naturbeobachtungen weiß man, daß B. microlepis zu den Offenbrütern gehört, wobei aber die Angaben über den Durchmesser der Laichkrater, den dieser Cichlide während der Paarungszeit baut, recht unterschiedlich sind. Ich selbst konnte wenige ausgehobene Sandmulden sehen, über denen sich jeweils zwei ungefähr 30 bis 40 Zentimeter große B. microlepis aufhielten. Diese flachen Sandkrater waren nicht breiter als zwei Meter; leider betrieben die von mir beobachteten Paare gerade keine Brutpflege. Brichard weist aber in einer Arbeit von 1978 darauf hin, daß „die Brut", die in einer drei bis vier Meter breiten Mulde untergebracht war, von beiden Elterntieren bewacht wurde. Er schätzte die Anzahl der gerade frisch geschlüpften Jungen auf 12 000 bis 15 000 Stück; selbst für einen Offenbrüter eine sehr hohe Reproduktionsrate! Da die Gelege der Offenbrüter jedoch recht ungeschützt im Gegensatz zu denen der Versteckbrüter sind, hat die Natur die daraus resultierenden Verluste durch reichlichen „Kindersegen" wieder ausgeglichen. Ferner sind die Eier weniger dotterreich, so daß die Entwicklung bis zum fertigen Jungfisch schneller abläuft als etwa bei den Maulbrütern. Weiter darf man nicht außer acht lassen, daß beide Elterntiere recht aktiv an der Betreuung des Geleges beteiligt sind. Dennoch muß es große Verluste unter den Jungen geben, denn sonst wäre der Offenbrüter Boulengerochromis microlepis der häufigste Fisch des Tanganjikasees.

Es gibt noch einen zweiten Offenbrüter im See, der dort jedoch nicht endemisch, sondern über weite Teile des südlichen Ostafrika verbreitet ist. Gemeint ist *Tilapia (Coptodon) rendalli* (Boulenger, 1896), die in zwei Unterarten vorkommt. Dieser Cichlide kann über 30 Zentimeter groß werden und ist ebenfalls ein Speisefisch, der allerdings einen hochrückigen Körper besitzt. Die Art ernährt sich überwiegend von pflanzlicher Kost und hält sich bevorzugt in den Flußmündungsgebieten und den Pflanzen- und Röhrichtzonen auf. Für die Aquaristik ist dieser silbriggraue Cichlide noch nicht importiert worden.

Ob Höhlen-, Maul- oder Offenbrüter — die Buntbarsche des Tanganjikasees zeigen stets interessante Verhaltensweisen, die die meisten Arten zu beliebten Aquarienfischen werden ließen, so daß sie aus der heutigen Aquaristik nicht mehr wegzudenken sind. Immer noch werden neue Cichliden aus dem See importiert. Die Aquarianer sollten darauf achten, daß sie aber nicht nur diesen Neuheiten „nachlaufen", sondern sich auch einmal wieder auf die „alten Bekannten" zurückbesinnen.

Schöner kann ein Tag an der Ndole Bay gar nicht beginnen!

Schon wieder umlernen!

Erst nach Abschluß der Satz- und Layoutarbeiten zu diesem Buch erhielten der Verfasser und der Verlag Kenntnis von einer Revision über die Tanganjikacichliden, die Poll kürzlich veröffentlichte und die wir nicht unberücksichtigt lassen möchten. Poll stellt in seiner Arbeit neue Gattungsgruppen (Tribus), Gattungen und Arten auf.

Der Tribus Tilapiini enthält folgende Gattungen: Tilapia, Boulengerochromis, Oreochromis (Oreochromis), Oreochromis (Neotilapia) und Oreochromis (Nyasalapia).

Im Tribus Haplochromini werden geführt: Ctenochromis, jetzt mit C. benthicola, Astatotilapia mit einer weiteren Art, A. paludinosa Greenwood, 1980 (aus den Malagarasisümpfen), Astatoreochromis und Orthochromis.

Für Tylochromis wird der Tribus Tylochromini aufgestellt.

Tribus Lamprologini: Folgende Arten werden aus der Gattung Neolamprologus in die ursprüngliche Gattung Lamprologus zurückgestellt: Lamprologus lemairii, L. callipterus, L. ocellatus, L. stappersi, L. ornatipinnis, L. signatus und L. kungweensis. Auch L. finalimus ist in der Gattung geblieben. Für N. compressiceps und N. calvus wird die neue Gattung Altolamprologus beschrieben. Bei den anderen Neolamprologus gibt es keine Änderungen. Hinzu kommen aber N. moorii (vorher Variabilichromis), N. boulengeri (Steindachner, 1909), vorher ein Synonym zu N. hecqui, N. toae (früher Paleolamprologus). Die „Prinzessin von Burundi" wird bei Poll wieder als N. brichardi (Poll & Trewavas, 1952) geführt, da der Name N. elongatus für eine bereits 1909 von Steindachner beschriebene Art verwendet wird, die bisher von Wissenschaftlern und Aquarianern immer übersehen wurde. Den Status eigenständiger Arten erhalten N. leleupi und N. longior; N. leleupi melas wird nicht mehr aufgeführt. Ferner gehören in den Tribus Lamprologini die Gattungen Lepidiolamprologus, Julidochromis, Chalinochromis und Telmatochromis. Telmatochromis caninus wird Synonym von T. dhonti.

Der Tribus Tropheini enthält folgende Gattungen: Tropheus, Simochromis, Petrochromis, Lobochilotes, Limnotilapia, Cyphotilapia und Pseudosimochromis. Die Gattung Tropheus ist mit sechs Arten aufgeführt: Tropheus moorii, T. annectens, T. duboisi, T. brichardi, T. kasabae und T. polli. Simochromis dardennii kehrt in die Gattung Limnotilapia zurück.

Bei der Gattungsgruppe Eretmodini gibt es keine Änderung.

Tribus Ectodini: Ectodus, Ophthalmotilapia, wobei O. heterodonta nun nicht mehr als Unterart, sondern als eigenständige Art geführt wird, Cunningtonia, Cyathopharynx, Cardiopharynx (nun wieder mit C. schoutedeni), Lestradea — beide Unterarten erhalten den Status einer eigenen Art (L. perspicax, L. stappersi), Asprotilapia, Aulonocranus, Callochromis mit den Arten C. macrops, C. melanostigma, C. pleurospilus und C. stappersi (Boulenger, 1914). Die zuletzt genannte Art war früher ein Synonym von C. pleurospilus. Ferner gehören in die Gattungsgruppe die Xenotilapia-Arten, wobei Poll auch hier alle Unterarten zu eigenständigen Arten

Nach der Revision durch Poll heißt dieser Buntbarsch Paracyprichromis brieni. Das Foto zeigt ein brütendes Weibchen

erklärte (X. ochrogenys, X. bathyphilus, X. longispinis und X. burtoni). Auch Enantiopus melanogenys (früher Xenotilapia) und Microdontochromis tenuidentatus (früher Xenotilapia) sowie Grammatotria gehören in diese Gattungsgruppe.

Tribus Trematocarini: Trematocara und Telotrematocara mit der Art Telotrematocara macrostoma (früher Trematocara).

Tribus Bathybatini: Gattungen Bathybates und Hemibates mit keiner Veränderung.

Die Gattungsgruppe Limnochromini enthält die Gattungen Limnochromis, Reganochromis, Baileychromis (B. centropomoides, früher Reganochromis), Triglachromis, Gnathochromis, Greenwoodochromis sowie Benthochromis mit B. tricoti und B. melanoides (früher Haplotaxodon).

Tribus Cyprichromini: Cyprichromis und Paracyprichromis mit den Arten C. leptosoma und C. microlepidotus sowie P. nigripinnis und P. brieni.

In die Gattungsgruppe Perissodini stellt Poll die Gattungen Perissodus, Plecodus, Xenochromis und Haplotaxodon mit den Perissodus-Arten P. microlepis und P. eccentricus. In der Gattung Plecodus führt Poll nun P. paradoxus, P. straeleni, P. elaviae und P. multidentata. Xenochromis hecqui ist in die alte Gattung zurückgeführt, und Haplotaxodon microlepis gehört nun in die ehrenwerte Gruppe der Schuppenfresser.

Poll, M. (1986): Classification des Cichlidae du lac Tanganika, Tribus, genres et espéces. Ac. Roy. de Belg, Mémoires de la classe des sciences, Collection in—8° — 2 série, T.XLV Fascicule 2.

Die Zukunft wird zeigen, ob diese Revision große Zustimmung erhält. Bemerkenswert ist die Tatsache, daß Poll den Schritt zurück in die Gattung Lamprologus vollzieht und dabei dem Augenschein nach nahe miteinander verwandte Arten, wie Lamprologus ocellatus und Neolamprologus wauthioni, in verschiedene Gattungen stellt. Poll korrigiert aber noch weitere Teile der Revision von Colombe und Allgayer. Letztlich überrascht Poll mit der Trennung der Cyprichromis-Arten in zwei Gattungen, der Aufstellung „neuer“ Tropheus-Arten sowie der Eingliederung von Haplotaxodon microlepis in den Tribus Perissodini.

Botschaften und Touristikbüros der vier Tanganjikasee-Anliegerstaaten

Burundi

Botschaft der Republik Burundi,
Drosselweg 2,
5307 Niederbachem b. Bonn,
Tel. (02 28) 34 50 32.

Office National du Tourisme du Burundi,
B.P. 902 Bujumbura,
Burundi.

Sambia

Botschaft der Republik Sambia,
Mittelstraße 39,
5300 Bonn 2,
Tel. (02 28) 37 68 11.

Zambia National Tourist Board
Head Office,
P.O. Box 30017,
Lusaka/Sambia.

Tansania

Botschaft der Vereinigten Republik Tansania,
Theaterplatz 26,
5300 Bonn-Bad Godesberg 2,
Tel. (02 28) 35 34 77.

Zaire

Botschaft der Republik Zaire,
Im Meisengarten 133,
5300 Bonn-Bad Godesberg 2,
Tel. (02 28) 34 60 71.

Office National du Tourisme,
1259 Boulevard du 30 Juin,
Kinshasa/Zaire.

Zeitschriften und Vereine:

Die Aquarien und Terrarien-Zeitschrift (DATZ), Verlag Eugen Ulmer, Stuttgart.
Das Aquarium, Albrecht Philler Verlag, Minden.
Aquarium heute, Aquadocumenta Verlag, Bielefeld.
TI international, Tetra-Verlag, Melle.
DCG-Informationen, monatliche Vereinszeitschrift der Deutschen Cichliden-Gesellschaft, Eigenverlag; Präsident: Prof. Dr. Wolfgang Heyser, Goseriede 41, 2833 Harpstedt.
Nederlandse Vereniging van Cichlidenliefhebbers; Vorsitzender: W. van Dullemen, Lepelaarplantsoen 147, NL 3145 XD Maassluis.
Belgische Cichlidenliefhebbers Vereniging; Vorsitzender: Ludo Segal, Beukenhofstraat 49, B 2060 Merksem.
Association France – Cichlid; Präsident: Jean-Pierre Guemas, 23 av. de Bellevue, F 44800 St. Herblain.
Dansk Cichlide Selskab; Vorsitzender: Leif Petersen, Ørnevej 58 st. tv., DK 2400 Kopenhagen NV.

Literatur

Apfelbach, R. (1968): Entwicklung der Brutpflege beim Buntbarsch Tilapia. Aquarien Magazin 2: 212—213.
Axelrod, G. S. (1977): A New species of Tropheus (Pisces: Cichlidae) from Lake Tanganyika. J. L. B. Smith. Inst. of Ichthyol., Rhodes. Univ. S. A., Spec. public. No. 17: 1—2.
— (1978): A contribution to a generic revision of Simochromis and Tropheus (Pisces: Cichlidae) from Lake Tanganyika, with a special reference to the pharyngeal apophysis and its taxonomic importance. M. Sc. thesis. Rhodes Univ. S. A.
— & J. A. Harrison (1978): Simochromis margaretae. A new species of cichlid fish from Lake Tanganyika, J. L. B. Smith Inst. of Ichthyol., Rhodes. Univ. S. A. Special publication No. 19: 1—4.
Axelrod, H. R. (1973): African Cichlids of Lake Malawi and Tanganyika. Neptune, N. J.
—, W. E. Burgess, N. Pronek & J. G. Walls (1985): Dr. Axelrod's Atlas of freshwater aquarium fishes. T.F.H. Neptune City.
Bailey, R., & D. J. Stewart (1977): Cichlid fishes from Lake Tanganyika: Addition to the Zambiafauna including two new species. Occ. Papers Mus. Zool. Univ. Michigan, n° 679: 1—30.
Bassleer, G. (1983): Bildatlas der Fischkrankheiten. Neumann-Neudamm, Melsungen.
Bell-Cross, G. (1975): A revision of certain Haplochromis Species (Pisces, Cichlidae) of Central Afrika. Occ. Papers nat. Mus. Rhod. B 5 (7): 405—464.
— & J. Kaoma (1971): Additions and amendments to the check list of the fishes of Zambia, No. 3. Fish. Res. Bull., Zambia (5): 235—244.
Brichard, P. (1978): Fishes of Lake Tanganyika, Neptune City T.F.H.
— (1984): Conference á Strasbourg, September 83. Rev. Franc. d. Cichlidophiles, No. 35: 28—34.
Büscher, H. H. (1982): Wo sind die Weibchen von Lamprologus brevis? DCG-Informationen 13 (12): 221—223.
— (1985): Beobachtungen an Lamprologus buescheri. DATZ 38 (2): 57—60.
— (1985): Von Moliro nach Kalemie. DCG-Informationen 16 (9): 166—173.
— (1986): Tropheus moorii — auch ein Schwarmfisch. DATZ 39 (1): 11—13.
— (1986): Ihr Lebensraum sind Ruinen: Verhaltensstudien an Lamprologus multifasciatus und Telmatochromis spec. aff. vittatus im Tanganjikasee. DATZ 39 (4): 155—158.
Burgess, W. E. (1977): Leptochromis: not a genus of Lake Tanganyika Cichlid. T.F.H. 26 (1): 70.
Colombe, H., & R. Allgayer (1985): Description de Variabilichromis, Neolamprologus, et Paleolamprologus genres nouveaux du Lac Tanganyika, avec redescription des genres Lamprologus Schilthuis, 1891 et Lepidiolamprologus Pellegrin, 1904 (Pisces, Teleostei, Cichlidae). Rev. Francaise des Cichlidophiles no. 49: 9—28.
Coulter, G. W. (1965/66): The Deep Benthic Fishes at the South of Lake Tanganyika with Special Reference to Distribution and Feeding in Bathybates species, Hemibates stenosoma and Chrysichthys species. Fish. Res. Bull. Zambia, 4.
— (1967): Low Apparent Oxygen Requitement of Deep-Water Fishes in Lake Tanganyika. Nature 215: 317—318.
Dickmann, H.-B. (1986): Reganochromis calliurum. Der Sanfte aus dem Tanganjikasee. Bericht über erste (?) Nachzuchten. Das Aquarium 206 (8): 402—406.
Eysel, W. (1985): Zwei neue Schneckencichliden, Maxi-Lamprologus und Mini-Telmatochromis, Das Aquarium 189 (3): 124—128.
Fryer, G., & T. D. Iles (1972): The cichlid fishes of the Great Lakes of Africa. Their biology and evolution. Edinburgh.
Geerts, t'Hooft, Konings & Heijns (1985): Cichliden van de Wereld. Zuid Boekprodukties, 5680 AH.
Greenwood, P. H. (1978): A review of the pharyngeal apophysis and its significances in the classification of African cichlid fishes. Bull. Br. Mus. nat. Hist. (Zool.) 33 (5): 297—323.
— (1979): Toward a phyletic classification of the „genus" Haplochromis (Pisces, Cichlidae) and related taxa. Part I. Bull. Br. Mus. nat. Hist. (Zool.) 35 (4): 265—322.
— (1983): The Ophthalmotilapia assemblage of cichlid fishes reconsidered. Bull. Br. Mus. nat. Hist. (Zool.) 44 (4): 249—290.
Guggisberg, C. A. W., & R. Guggisberg (1975): Der Große Polyglott. Ostafrika. Polyglott, München.
Herrmann, H.-J. (1986): Ein „Sandfisch" aus dem Tanganjikasee, Xenotilapia melanogenys. DCG-Informationen 17 (1): 6—10.
Kühme, W. (1962): Das Schwarmverhalten elterngeführter Jungcichliden. Zeitschr. f. Tierps. 19: 513—539.
Ladiges, W. (1959): Beiträge zur Kenntnis der Cichliden des Tanganjikasees I. Intern. Rev. d. ges. Hydrobiol. 44: 431—438.
Larsen, B. B. (1985): Focus på Tanganyijasøens sneglehuslegende Cichlider. Akvariet, Göteborg.
Liem, K. F., & D. J. Stewart (1976): Evolution of the scale-eating cichlid fishes of Lake Tanganyika: A generic revision with a description of a new species. Bull. Mus. Com. Zool. 147 (7): 319—350.
— (1979): Modulatary multiplicity in the feeding mechanism in cichlid fishes; as exemplified by the invertebrate picker of Lake Tanganyika. J. Zool., Lond. 189.
— (1981): A phyletic study of the Lake Tanganyika Cichlid Genera Asprotilapia, Ectodus, Lestradea, Cunningtonia, Ophthalmochromis and Ophthalmotilapia. Bull. Mus. Comp. Zool. 149 (3): 191—214.
Londiveau, J. M. (1984): Trois Bazumbus au pays des Tropheus. Rev. Francaise des Cichlidophiles, No. 35: 21—27.
Marlier, G. (1959): Observations sur la biologie littorale du lac Tanganika. Rev. Zool. Bot. afr., 59 (1—2): 164—182.
Matthes, H. (1959): Un Cichlide nouveau du lac Tanganika: Petrochromis orthognathus n. sp. Rev. Zool. Bot. afr., 60 (3—4): 335—341.
— (1959) Une sous-espéce nouvelle de Lamprologus leleupi: Lamprologus leleupi melas ssp. n. (Cichlidae), Fol. Scient. Afr. Centr., V. 3: 62.

— (1962): Poissons nouveaux ou interessants du lac Tanganika et du Ruanda. Ann. Mus. Roy. d. Afric. centr. Sc. Zool., 111: 27—88.
— & E. Trewavas (1960): Petrochromis famula n. sp., a cichlid fish of Lake Tanganyika. Rev. Zool. Bot. afr., 61 (3—4): 349—357.
Mayland, H.-J. (1978): Cichliden und Fischzucht. Landbuch, Hannover.
Meyer, M. K., W. Foerster & H. W. Dieckhoff (1986): Eine neue Lamprologus-Art von der Kigoma-Bay, Tanganjikasee (Tanzania). Das Aquarium 209: 578—579.
Neergaard, S. (1982): Tanganjikacichliden. Alfred Kernen Verlag, Stuttgart.
Nelissen, M. (1976): Contribution to the Ethology of Tropheus moorei Boulenger (Pisces, Cichlidae) and a Discussion of the Significance of its Colour Patterns. Rev. Zool. afr. 90: 17—29.
— (1977): Description of Tropheus moorii kasabae n. sspec. (Pisces: Cichlidae) from the South of Lake Tanganyika. Rev. Zool. Afr. 91 (1): 237—242.
— (1977): Pseudosimochromis, a new genus of the family Cichlidae (Pisces) from Lake Tanganyika. Rev. Zool. Afr. 91 (3): 730—731.
— (1978): Description of Simochromis pleurospilus sp. nov., a sibling species of S. babaulti from Lake Tanganyika. Rev. Zool. afr. 92 (3): 627—638.
— (1979): A Taxonomic Revision of the Genera Simochromis, Pseudosimochromis and Tropheus (Pisces, Cichlidae), Ann. Mus. r. de C'Afr. Centr. Tervuren, Sci. Zool. 229: 1—54.
— & D. F. E. Thys van den Audenaerde (1975): Description of Tropheus brichardi sp. nov. from Lake Tanganyika (Pisces, Cichlidae). Rev. Zool. afr. 89 (4): 974—980.
Nichols, J. T., & F. R. Lamonte (1931): A new Lamprologus from Lake Tanganyika. American Museum Nov. n° 478: 1—2.
Ohm, D. (1959): Das Sozialverhalten von Fischen. Aquarien und Terrarien 6: 229—233.
Paulo, J. (1986): Anmerkungen zur systematischen Stellung zweier Schneckencichliden. DCG-Informationen 17 (3 & 4): 46—51, 62—66.
Pellegrin, J. (1927): Lamprologus stappersi nov. sp. Rev. Zool. Bot. afr. 15 (1): 53—55.
Peters, H. M., & S. Berns (1978): Über die Vorgeschichte der maulbrütenden Cichliden. 1. Was uns die larvalen Haftorgane lehren. 2. Zwei Typen von Maulbrütern. Aquarien Magazin (12): 211—217 u. 324—331.
Poll, M. (1942): Cichlidae nouveaux du Lac Tanganika appartenant aux collections du Musée du Congo. Rev. Zool. Bot. Afr. XXXVI, 4: 343—360.
— (1953): Poissons non Cichlidae. Explorations hydrobiologique du Lac Tanganika (1946—1947). Res. scient, vol. 3, fasc. 5 a.
— (1956): Poissons Cichlidae. Rés, scientif. Explorat. hydrobiolog. L. Tang. vol. III, fasc. 5 B.
— (1974): Contribution a la faune ichthyologique du Lac Tanganika d'après les récoltes de P. Brichard. Rev. Zool. Afr. 88 (1): 99—110.
— & D. F. E. Thys van den Audenaerde (1974): Genre nouveau Triglachromis proposé pour Limnochromis otostigma Regan, Cichlidae du Lac Tanganika. Rev. Zool. afr. 88: 127—130.
— & D. J. Stewart (1975): A new cichlid of the genus Xenotilapia from Lake Tanganyika, Zambia (Pisces, Cichlidae). Rev. Zool. afr. 89: 919—924.
— (1976): Hemibates bellcrossi sp. n. du Lac Tanganika (Pisces, Cichlidae). Rev. Zool. afr., 90, n° 4: 1017—1020.
— & D. Stewart (1977): Un nouveau Lamprologus du sud du Lac Tanganika (Zambia). Rev. Zool. afr. 91, n° 4: 1048—1056.
— (1978): Contribution à la connaissance du genre Lamprologus Schth. Description de quatre espèce nouvelles, réhabilitation de Lamprologus mondabu et synopsis remanié des espèces du Lac Tanganika. Acad. Roy. Belge., Bull. Cla. Sci. 5 scr. Tome LXIV: 725—758.
— (1981): Contribution a la Faune ichthyologique du Lac Tanganika. Revision du genre Limnochromis Regan, 1920. Description de trois genre nouveaux et d'une espece nouvelle: Cyprichromis brieni. Annls. Soc. v. Zool. Belg.-T 111-fasc. 1—4: 163—179.
— (1984): Haplotaxodon melanoides sp. n. du Lac Tanganika (Pisces, Cichlidae). Rev. Zool. afr. 98 (3): 677—681.
— (1985): Description de Xenotilapia flavipinnis sp. n. du Lac Tanganika (Pisces, Cichlidae). Revue Zool. afr. 99: 105—109.
Regan, C. T. (1920): The Classification of the Fishes of the Family Cichlidae. I. The Tanganyika Genera. Ann. Mag. Nat. Hist. 9 (5): 33—53.
Scheuermann, H. (1977): A partial revision of the genus Limnochromis Regan, 1920. Cichlidae, Brit. Cichlid. Ass. 3 (2): 69.
Schmettkamp, W. (1985): Die Namen unserer Aquarienfische. Landbuch, Hannover.
Schupke, P. (1984): Noch ohne Namen: Ein neuer Buntbarsch aus der Gattung Lamprologus aus dem Tanganjikasee. Das Aquarium 181: 352—353.
— (1985): Fadenmaulbrüter: Beobachtungen an Ophthalmochromis-Arten im Tanganjikasee. Das Aquarium 192: 287—290.
Staeck, W. (1974): Cichliden — Verbreitung, Verhalten, Arten. Band I. Engelbert Pfriem Verlag, Wuppertal.
— (1974): Tropheus duboisi im Tanganjikasee beobachtet und fotografiert. Das Aquarium (8): 504—509.
— (1975): Als Duboisi-Fänger in Kigoma. Aquarien Magazin 9: 470—477.
— (1975): A new cichlid fish from Lake Tanganyika: Julidochromis dickfeldi sp. n. (Pisces, Cichlidae). Rev. Zool. afr. 89 (4): 981—986.
— (1977): Cichliden — Verbreitung, Verhalten, Arten. Band II. Engelbert Pfriem Verlag, Wuppertal.
— (1978): Ein neuer Cichlide aus dem südlichen Tanganjikasee, Lamprologus nkambae n. sp. (Pisces, Cichlidae). Rev. Zool. afr. 94 (1): 11—14.

— (1979): Beobachtungen an Kärpflingscichliden: Zur Fortpflanzungsbiologie und Ökologie der Cyprichromis-Arten. Aquarien Magazin 13: 99—104.
— (1980): Ein neuer Cichlide vom Ostufer des Tanganjikasees, Lamprologus leleupi longior n. ssp. (Pisces — Cichlidae). Rev. Zool. afr. 94 (1): 11—14.
— & H. Linke (1982): Afrikanische Cichliden II, Buntbarsche aus Ostafrika. Tetra-Verlag, Melle.
— (1983): Cichliden — Entdeckungen und Neuimporte. Band III. Engelbert Pfriem Verlag, Wuppertal.
— (1983): Lamprologus buescheri n. sp. from the Zambia part of Lake Tanganyika (Pisces: Cichlidae). Senck. Biol. 63 (5—6): 325—328.
— & L. Seegers (1986): Neolamprologus cylindricus spec. nov. Beschreibung eines neuen Tanganjikacichliden aus dem südlichen Tansania und dem östlichen Sambia. DATZ 39 (10): 448—451.
Thys van den Audenaerde, D. F. E. (1964): Révision systématique des espéces Congolaisas du genre Tilapia (Pisces, Cichlidae). Ann. Mus. Roy. Afr. Cent. Sci. Zool.
— (1964): Revision systematique des espéces Congolaises du genre Tilapia. Ann. Mus. R. Afr. sci. Zool.: 1—155.
— (1968): An Annotated Bibliography of Tilapia. Mus. Roy. de l'Afr. Centr. Document. Zool. 14: 1—406.
— & M. Poll (1952): Three new species and two new subspecies of the genus Lamprologus, Cichlid Fishes of Lake Tanganyika. Bull. Inst. Roy. sc. natur. Belg., XXVIII, No. 50.
Trewavas, E. (1953): A new species of the cichlid genus Limnochromis of Lake Tanganyika. Bull. Inst. Roy. sci. nat. Belg. 29 (6): 1—3.
— (1981): Nomenclature of the Tilapias of southern Africa. Jour. Limnol. Soc. sth. Afr. 7 (1): 42.
— (1983): Tilapiine fishes of the genera Sarotherodon, Oreochromis, and Danakilia. Fr. Mus. Nat. Hist.
Tvedegaard. J. (1983): Generelle Bemaerkninger om slaegten Tropheus. Tvedegaard, Dänemark.
von Drachenfels, Ernst (1985): Die Tropheus-Legende. DCG-Informationen 17 (2): 21—26.
Wickler, W. (1962): Ei-Attrappen und Maulbrüten bei afrikanischen Cichliden. Zeitschr. f. Tierps. 18: 129—164.
— (1963): Zur Klassifikation der Cichlidae, am Beispiel der Gattungen Tropheus, Petrochromis, Haplochromis und Hemihaplochromis n. gen. Senck. Biol. 44: 83—96.
— (1969): Zur Soziologie des Brabantbuntbarsches Tropheus moorei. Zeitschr. f. Tierps. 26: 967—987.
Yamaoka, K. (1982): A Revision of the Cichlid Fish Genus Petrochromis from Lake Tanganyika, with Description of a New Species. Jap. Journal of Ichthyology, Vol. 30, No. 2: 129—141.

Sachregister

* = Abbildung